U0139999

Die Kunst des guten Lebens

52 überraschende Wege zum Glück

作者
Rolf Dobelli
魯爾夫·杜伯里
《思考的藝術》暢銷作家

繪者
El Bocho
艾爾·波丘

譯者
王榮輝

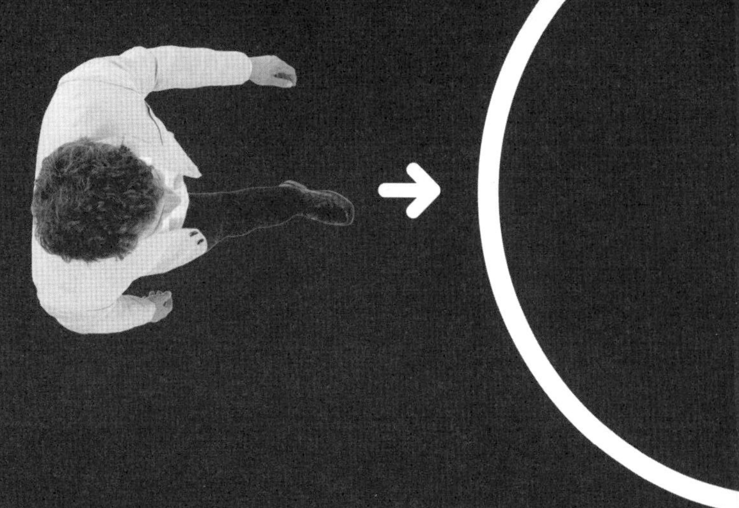

生活的藝術

52個打造美好人生的思考工具

獻給我的妻子 Sabine
與我們的雙胞胎兒子 Numa 與 Avi

目錄

CONTENTS

前言

兩千五百多年來，或從更久以前開始，人們就一再探索什麼是「美好的人生」：我該如何生活？美好的人生是由什麼所構成？命運扮演了什麼樣的角色？金錢扮演了什麼樣的角色？美好的人生是態度、個人想法的問題，或者是成就人生的種種目標？趨樂避苦眞的比較好嗎？

每個世代都會重新提出這些疑問。無奈的是，答案總是令人失望。爲何？因爲人們總是在尋找「一項」原則、「一項」規則、「一項」法則。然而，這個美好人生的「聖杯」並不存在。

過去幾十年當中，許多不同的領域都發生了一場思想上的寧靜革命。在科學、政治、經濟、醫學及其他許多方面，人們都認識到：這個世界太過複雜，複雜到無法僅用某個偉大的觀念或少許原則便得以掌握。爲了理解這個世界，我們需要一個裝有各種思考方法的工具箱。在現實生活中，這樣一個工具箱同樣不可或缺。

在過去的兩百年裡，我們創造了一個再無法以直觀的方式理解的世界。是以，在沒有牢靠的思考工具或模式可以憑藉下，企業家、投資者、管理人、醫師、記者、藝術家、科學家，還有像你我這樣的升斗小民，無可避免地，就會在人生中失足。

你可以把這套思考方法與心理態度的集合稱爲「人生作業系統」。我個人則比較喜歡古人所使用的「工具箱」這個比喻。重點在於：心理工具遠比事實知識來得重要，也比金錢、關係和智力更爲舉足輕重。

從幾年前起，我開始爲自己收集種種打造美好人生的心理工具。我不僅挖掘了上古時期部分已遭人遺忘的古典思考模式，更爬梳了當代心理學研究的最新知識。這本書堪稱是「爲廿一世紀量身訂作的古典人生哲學」。

多年來，我天天利用這些工具，藉以克服出現在我人生中的各種大大小小挑戰。如今，在我的人生幾乎就各方面來說皆有所改善的此時（直至今日，我的頭髮已不再如往昔濃密，臉上也多了許多皺紋，但這完全無損於我的幸福），我可以本著自己的良心，衷心地將這些工具推薦給你。雖不能保證給你一個美好的人生，但這五十二個思考工具卻能明顯提高創造一個美好人生的可能。

01 心理會計

你該如何將損失化為收益

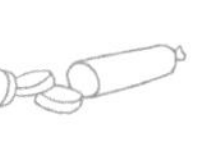

我明明是知道的。在快到伯恩的交流道前，路旁有個灰色的測速照相箱。它已經佇立在那裡許多年。我忘了當時正在想什麼。閃光燈一把將我從沉思中拉了出來。我很快地瞥了車速表一眼，至少超速二十公里，四下也沒有任何可以充當替罪羔羊的車輛。

第二天，場景轉換到蘇黎世的路邊。我大老遠就看到有位警察把一張罰單夾在我的汽車雨刷下。好吧，我違規停車了，因爲停車場已經客滿，我又趕時間；此外，蘇黎世市區的停車位簡直就跟南極洲的躺椅一樣稀有！有那麼一瞬間，我還想衝上前去。我在心中暗自描繪了一下，自己會如何氣喘吁吁地跑到警察面前，以一副狼狽的模樣向對方解釋我所面臨的兩難。不過後來我沒有這麼做。這些年來，我已經學會了，這麼做不過是讓自己更顯得可笑，讓人覺得我小鼻子小眼睛，之後還會睡得不平靜。

以前收到罰單會令我火冒三丈，如今我已能「笑納」這些罰單。我會乾脆從我的「捐款戶頭」支出這些罰款。每年我都會預留一萬瑞士法郎在那裡，用以做善事，也包括繳交罰單。在心理學中，人們將這個簡單的招數稱爲「心理會計」（mental accounting）。這其實是一項典型的思考錯誤：依據來源，人們會以不同的態度看待金錢。舉例來說，如果我在街上撿到一百元，我會比較漫不經心地看待這筆意外之財，比起費盡心力賺來的血汗錢，我可能會更迅速、更輕率地花掉這一百元。前述罰單的例子顯示出，我們可以如何善加利用這樣的思考錯誤。我們可以刻意欺騙自己，好獲得心靈平靜。

想像你去到某個貧窮國家，弄丟了皮夾。不久之後，皮夾失而復得，除了現金以外，其餘東西都還在。你會把這件事情說成是失竊，或視爲做善事？換言之，就是救濟那些可能過得比你更差的人。誠然，錢被偷走的事實無法藉由思想加以改變。然而，事件的意義，亦即對事情的詮釋，卻操之在你。

活出美好人生的關鍵在於對事實做具有建設性的詮釋。我總會在商店或餐廳的定價上多加個百分之五十。這是我消費一雙鞋子或一份香煎比目魚實際所需支出的費用……這還是在扣除所得稅之前。假設我需要花十歐元才能買杯紅酒，那麼，爲了消費得起這杯紅酒，我就必須賺十五歐元。這樣的心理會計於我十分有益於控管花費。

投宿旅館時，我喜歡先把費用付清，如此一來，就不會因爲最後的結帳，糟蹋了例如在巴黎所度過的一個浪漫週末。誠如諾貝爾經濟學獎得主丹尼爾．卡納曼（Daniel Kahneman）的「峰終定律」（peak-end rule）所示，人們只會記得假期的高潮與結尾，其他部分則會被遺忘。關於這項效應，我還會在本書的第二十章做更詳細的說明。在假期結束時，如果有位態度傲慢的法國接待員，頤指氣使地拿出鉅額帳單擺在你面前，尤有甚者，因為你不會說完全沒有口音的法語，他還故意偷偷給你加了一些莫名其妙的附加費，你的夢幻之旅將僅剩夢魘般的回憶。心理學家非常清楚這種「預先承諾」（pre-commitment）的策略：先付款，後消費。這是一種讓人比較容易忘卻付錢的痛苦的心理會計。

稅款我也繳納得同樣灑脫。的確，我無法隻手翻轉整個稅賦體系。因此，我會拿我美麗的家鄉伯恩的種種建設，和科威特市或利雅德的建設相比，或是和摩納哥擁擠的混凝土沙漠，甚至是和月球表面相比。後面這幾個地方都是不課所得稅的。相較的結果就是：我寧可留在伯恩！此外，為了逃稅而不惜遷居到某些醜陋的地方，這種人總流露出一種斤斤計較、心胸狹窄的感覺。這絕不是打造美好人生的有益基礎。有趣的是，到目前為止，我和這樣的人總是做不成生意。

眾所周知，金錢不代表幸福。儘管如此，我還是要誠心地勸你，切勿為了幾歐元或多或少地鑽牛角尖。一瓶啤酒比平常貴兩歐元或便宜兩歐元，如今我都能平靜以對。不必因那些小錢而情緒激動，畢竟我股票投資組合的價值每分鐘波動就遠不止兩歐元。就算德國DAX指數跌個千分之一，我也不會惶惶不安。請你為自己設定一個金額，一個你完全無動於衷的金額。別把這個金額內的金錢當作金錢，就把它們視為白雜訊。秉持這樣的態度並不會讓你損失什麼，更不會讓你失去內心的平衡。

曾經有一回，當時我年約四十歲，在秉持無神論觀點很長一段時間後，我最後一次鼓起所有傻勁去尋找上帝。一連數週，艾因西德倫修道院（Kloster Einsiedeln）的本篤會修士都邀請我去作客。我很喜歡回憶那段遠離俗世的時光，沒有電視和網路，手機訊號也幾乎無法穿透修道院厚厚的圍牆。因爲院內有完全禁止交談的禁令，我格外享受用餐時的寧靜。雖然我沒有因此找到上帝，但倒是發現了一個心理會計的招數；只不過這回不是關乎金錢，而是用在時間方面。在齋堂裡，餐具被放在一個大約二十公分長的黑色小棺材中。開始用餐時，大家會把棺材蓋打開，取出擺放整齊的刀子、叉子和湯匙。其中的寓意就是：基本上，你已經死了，往後所發生的一切，對你來說都是種恩賜。這是種絕佳的心理會計。我就是這樣學會珍惜光陰，不把它們浪費在無謂的情緒波動上。

討厭在結帳櫃檯前大排長龍、在候診室枯等、在高速公路上塞到昏頭？轉眼間，你的血壓飆破一五〇，壓力賀爾蒙大量分泌。與其放任情緒起伏，你應當想一想：如果沒有這些既浪費時間，又傷害身心的無謂的情緒波動，你將能整整多活一年！你大可把獲贈的這一年花在等待上頭。總之，雖然你無法挽回時間與金錢上的損失，卻可以對這些事實做不同的詮釋。請將能夠用在各種人生處境的心理會計招數加入工具箱，你會發現，當你越是熟練於避免思考錯誤，爲了你自己好，三不五時地刻意落入一項思考錯誤，將爲你帶來更多的樂趣。

02 高超的修正技巧

為何沒有完美的設定

你坐在一班從法蘭克福飛往紐約的飛機上。你認爲飛機完全保持在航線上的比例有多高?飛行時間的百分之九十?百分之八十?還是百分之七十呢?正確答案是:〇。如果你的座位靠窗,往外瞧瞧機翼的邊緣,你會發現副翼一直在抖動。它們的作用便是不斷修正航線。自動駕駛會以每秒數千次的頻率計算實然狀態對應然狀態的偏移,並將修正指令傳送給尾翼。

我滿享受不靠自動駕駛飛行小飛機的樂趣,時常會將執行微小修正的工作掌握在自己手裡。要是我稍微放開操縱桿一兩秒,就會受風力影響而偏航。如果你開過車,相信不難理解這種情況。舉例來說,即使是在一條筆直的高速公路上,你也無法在放開方向盤的情況下,完全不偏離車道、徹底杜絕車禍的危險。

人生的運行方式就有如飛機或汽車,雖然我們希望其進行方式有所不同,是能夠計畫、預見、不受干擾的,如此一來,我們只要關注設定、關注最好的初始狀態即可。換言之,只要在一開始時,針對學業、事業、愛情生活與家庭生活,做好完美的設定,就能按照計畫抵達目標。令人遺憾的是，事情並不是這樣進行的！人生難免會受到各種亂流的干擾，我們總得對抗各種可能襲來的側風，或是難以逆料的風暴。儘管如此，我們的舉止卻像是天眞的「好天氣飛行員」，總是高估設定所扮演的角色，系統性地低估修正。

身爲一個業餘機師，我學會起飛並沒有那麼重要，升空後的修正技藝才是關鍵。在數十億年前，大自然就已經明白這層道理。細胞分裂時，總會一再發生遺傳物質的複製錯誤。而在所有的細胞裡，都能找到事後修正這種複製錯誤的分子。如果沒有所謂的「DNA修復」，我們肯定會在生殖後數小時內死於癌症。人體的免疫系統也遵循著同樣的原則；總體規畫並不存在，因爲威脅是無法預見的。病毒和細菌總是不斷地變種，身體的自我防衛只能透過持續修正來運行。

如果你又聽說某對人人稱羨的神仙眷侶勞燕分飛，無須太過驚訝。這可說是高估設定的典型事例。事實上，曾維持伴侶關係超過五分鐘的人應該都曉得：如果沒有持續地微調與修正，關係根本維持不下去！每段伴侶關係都需要不斷地小心維護。最普遍的誤解就是：美好人生是種固定的狀態。錯！唯有藉由不斷地重新調整，才能促成並維繫美好的人生。

爲什麼我們不喜歡修正或調整呢？因爲我們會把每個小小的修正都詮釋成計畫錯誤。原定計畫未能奏效，這會讓我們陷於難堪，覺得自己是個失敗者。然而，幾乎沒有計畫可以百分之百成功，如果它能例外地在完全未加修正下實現，也單純是意外。後來成爲美國總統的艾森豪將軍（Dwight David Eisenhower）曾說：「計畫無用，但『做計畫』卻是一切。」重要的並不是一套一成不變的計畫，而是無止盡地反覆計畫。艾森豪將軍曉得，兩軍對陣的當下，每個計畫都是派不上用場的。

憲法是一個國家的所有其他法令據以爲基礎的根本大法。相應地，它應當是永恆的。然而，從沒有哪部憲法是不需要修正的。制定於一七八七年的美國憲法，至今已修訂了二十七次；瑞士聯邦的聯邦憲法，自一八四八年起草至今，也曾經歷兩次全面性大修及十幾次局部性小修；制定於一九四九年的德國基本法，至今也做過六十次調整。這絕非恥辱，反倒是十分明智的事。修正的能力可謂是民主制度順利運行的重要基礎。民主所關乎的並不是選出正確的領導人（換言之，不是關乎「正確的設定」），而是萬一選錯了領導人，如何在不流血的前提下換人試試。在所有的國家體制中，唯有民主制度內建了修正機制。

遺憾的是，在其他的領域裡，我們顯然不太具有修正的意願。舉例來說，教育系統就有很大一部分是根據一個設定值設計的。專業知識與文憑暗示著，人生所關乎的無非就是：盡可能從好的學校畢業、帶著良好的起跑條件投入職場。然而，文憑與事業成功的關連性卻日益薄弱，反倒是修正方向的能力日趨重要；而這卻是學校沒教的事。

在個性發展上，也能觀察到同樣的現象。你肯定認識至少一個你能將他描述爲成熟、睿智的人。在你看來，那個人之所以如此成熟、睿智，難道只因爲他擁有完美的出身、父母的好榜樣、一流的教育，換言之，擁有良好的「設定」嗎？還是說，這得歸功於他不斷

針對自己的不足與短處下功夫，在人生的過程中逐步將它們消除，換言之，關鍵在於持續修正？

結論：甩開修正被冠上的汙名。比起煞費苦心地做成完美的設定，並且期望計畫能夠一如事先所盤算地順利進行，及早修正才是有益之舉。並不存在理想的教育、唯一可能的人生目標、在完美的經營策略、最佳的股票投資組合，以及唯一正確的工作。這一切全是迷思，正確的是：我們就從某個設定出發，然後持續修正。世界越複雜，出發點就越不重要。切勿讓你的寶貴資源陷在「完美的設定」裡；無論是在工作方面，抑或是在私生活領域都一樣。練習修正的技藝，藉由不斷修正那些經受不住考驗的事物，進行練習。你大可即知即行，不需為此感到良心不安。我的這行文字之所以會用 Word 14.7.1 版寫下，這點絕非偶然。因為 1.0 版早已停售了！

03 誓言
策略性的僵固

西元一五一九年，西班牙征服者埃爾南・科爾特斯（Hernán Cortés）從古巴出發，抵達墨西哥的海岸。他不假思索地宣布墨西哥為西班牙的殖民地，並自封為當地總督。不久之後，他命人將船艦鑿沉，不讓自己和部隊有返航的機會。

從經濟學的角度看來，科爾特斯的決定不具意義。為何要從一開始就排除返航的機會？為何要放棄可以擁有的選項？管理的重要原則之一不就是：有越多可支配的選項越好。既然如此，為何科爾特斯要放棄自己的選擇權利呢？

每一年，在某個不得不出席的經濟餐會上，我都會遇到某跨國集團的CEO。幾年下來，我注意到他總是會放棄飯後甜點。直到不久之前，我還是覺得他的行為不合邏輯，甚至有點掃興。為何要根據原則完全排除甜食這個選項？為何不能視情況而定？為何決定不能夠根據體重、主餐的豐盛程度或甜點的誘人程度來做成呢？因堅守原則性而放棄飯後甜點，或許不比阻斷歸鄉之途更具戲劇性，但乍看之下，這兩種決定似乎都是沒有必要的。

克雷頓・克里斯汀生（Clayton M. Christensen）是當前全球最重要的管理思想家之一，

身爲哈佛大學教授的他，以《創新的兩難》（*The Innovator's Dilemma*）這本暢銷書聞名於世。這位有著堅定信念的摩門教徒向來謹守「誓言」。「誓言」是用來指涉「堅定不移的承諾」的古老用語。如果「誓言」一詞在你聽來太過老掉牙，你不妨改稱它爲「絕對的承諾」。但我個人偏好使用這個古老的用語。一來是因爲「承諾」一詞往往被人膨風、虛僞地濫用，例如「我們承諾將改善世界的狀態」。二來則是因爲，唯有個人，而非某個組織，才能立下誓言。

克雷頓．克里斯汀生年輕時曾觀察許多管理者，這些人爲了能在後半生（在財務無後顧之憂下）全心全意地照顧家庭，將前半生幾乎全部奉獻給了事業。愚蠢的是，如此一來，他們往往不是婚姻破裂，要不就是家人各分東西。於是，克里斯汀生對上帝起誓，週末絕不工作，工作日則一定要回家與家人共進晚餐。這代表有時他得凌晨三點就出門工作。

第一次聽到這件事情時，我深自以爲克雷頓．克里斯汀生的行爲既不理性，又不知變通，而且還很不經濟。幹嘛非得那麼硬性？爲何不能視情況而定呢？有時人們不得不在週末加班，之後大可拿週一和週二來彌補。靈活確實是種寶貴的資產，特別是在這麼一個快速流動的時代裡。

然而，時至今日，我的看法卻完全改變。在重要的事情上，靈活不見得是好事，反倒可能是個陷阱。科爾特斯、敵視飯後甜點的ＣＥＯ以及克雷頓．克里斯汀生，這三人有個

共同點：他們都本著徹底的硬性，完成了憑藉靈活的行爲所無法達成的長期目標。爲何會如此呢？原因有二。一是：一個人如果總是得要視情況重新做決定，那會不斷消磨掉他的意志力。「決策疲勞」（decision fatigue）是描述這種情況的學術用語。一顆被許多決定累翻的大腦，往往會因爲貪圖方便，趨向選擇最省事的選項，遺憾的是，這樣的選項經常都是最糟的選項。因此，誓言其實深具意義。如果你立下一個誓言，你就無須每回都得權衡利弊得失。你的決定已然存在，不必再花任何精力去傷腦筋。

硬性之所以具有價值，第二個原因與名聲有關。藉由在特定主題上一貫秉持的不妥協態度，你清楚地展現立場，也明白地表達那裡不存在討價還價的空間。你會顯得信心十足，並且讓自己至少在某種程度上無懈可擊。冷戰中的相互威懾，便是以此作用爲基礎。當時美國和蘇聯都心知肚明，只要自己動用核武，對方一定會立即還以顏色。因爲根本沒什麼好考慮的，也無須沙盤推演。按下或不按下紅色按鈕的決定，從一開始便已做成。當第一個按下按鈕的人，絕對不是他們雙方的選項。

適用於國家的這個道理，同樣也適用於你。如果你一以貫之地根據自己的誓言而活，如你所見，隨著時間經過，他人便不會再來質疑、煩擾你。舉例來說，傳奇投資人華倫·巴菲特（Warren Buffett）放棄了重新談判的選項。如果有人想把公司賣給巴菲特，他就只有一次機會。賣家只能夠出價一次。巴菲特要不就以所提報的售價收購該公司，要不就拒絕這筆交易。如果該公司的售價在巴菲特看來太貴，賣方也不用再試著以一個折讓後的售價來促成交易。眾人皆知，巴菲特一向說一不二。就這樣，巴菲特建立了絕不討價還價的名聲，也從而確保自己從一開始就能獲得最好的報價，不必將時間浪費在無謂的叫賣中。

承諾、誓言、絕對的原則，這些聽起來容易，做起來卻不簡單。假設你正開著一輛載滿甘油炸藥的貨車，行駛在一條筆直的單線道路上。這時有另一輛同樣載滿甘油炸藥的貨車朝你迎面駛來。誰要先讓路呢？如果你能讓另一位駕駛相信，你比他更堅守承諾，絕對不會讓路，那麼你就贏了。這意味著另一個人會先讓路（如果他理性地行為）。舉例來說，如果你能證明你的方向盤已經用大鎖鎖死，開鎖的鑰匙也已經丟棄，這便顯示你信守承諾的態度有多麼堅定。你的誓言也必須如此強烈、可信、徹底，如此一來，它才能發揮傳遞信息的作用。

結論：別再崇尚靈活性。靈活性會讓人疲累、不快樂，會讓人在不知不覺中偏離目標。請你牢牢地守住誓言，毫不妥協。百分之百遵守誓言，會比只有百分之九十九遵守誓言來得容易！

04 黑盒子思考

現實不在乎你的感受如何，或者說，為何每次墜機都能讓你的人生變好

英國的哈維蘭彗星一型（De Havilland Comet I）是全球最早以系列方式建造的噴射客機。在一九五三、五四這兩年裡，哈維蘭彗星一型發生了一連串神祕的飛航意外，許多同型號的飛行器都相繼在空中解體。有架飛機從加爾各答機場起飛後不久便墜毀。沒過多久，又有一架飛機在義大利的厄爾巴島（Elba）上空解體。幾週之後，另一架哈維蘭彗星一型的飛機又墜毀於那不勒斯附近的海域。這三場飛航意外全都無人生還。因此，同型的機隊遭到了禁航。但因爲無人能夠查出確切的事故原因，禁航的命令獲得取消。不料在獲准重新營運才短短兩個星期後，居然又有一架同型的飛機墜毀於那不勒斯附近的海域。這起事件讓哈維蘭彗星一型永遠被判出局。

最終，人們發現問題原來出在哈維蘭彗星一型的正方形機窗上。機窗的角落成了微小裂隙的起點，這些微小的裂隙會擴及機身，進而導致整部飛機解體。這也就是爲什麼如今搭乘飛機的乘客只能透過四邊修成圓形的機窗觀賞機外的風光。不過更爲重要的卻是另一

項結果：事故調查員大衛・華倫（David Warren）建議，在每架客機上都安裝一個難以毀損的「飛行記錄器」（flight recorder），也就是俗稱的「黑盒子」（black box）。這項建議後來獲得採納。黑盒子每秒鐘能記錄數千筆資料，包括飛行員在駕駛艙裡的對話，這使得人們能在事後對墜機原因做精確的分析。

幾乎沒有哪個行業像航空業那麼嚴肅看待錯誤。在戲劇性地迫降於哈德遜河後，著名的「薩利」機長（Chesley Burnett "Sully" Sullenberger）曾寫道：「所有存在於飛航方面的知識，每項規則、每項程序，無不是因爲有某人在某處墜機。」每次墜機都讓日後的每次飛行更安全一點。這項原則是種細膩的心理工具，我們可以將它稱爲「黑盒子思考」（black box thinking），並套用到其他生活領域。「黑盒子思考」的概念源自馬修・席德（Matthew Syed），他曾爲這項心理工具寫了一本書。

人類與航空業的情況正好完全相反。不妨想像一下，數年前，你曾以每股一百歐元的價格買了一些股票，如今那些股票卻慘跌到每股只剩十歐元。這時你的腦袋裡會有什麼想法？你當然會希望或祈禱股票能夠暴漲。或許你會詛咒股票經紀。又或許你會借酒澆愁。只有極少數的人願意接受現實，然後分析自己的「黑盒子」。這兩件事情是不可或缺的：⑴徹底接受，⑵黑盒子思考。且容我依序進行說明：

華倫・巴菲特曾經表示：「股票並不曉得人們擁有它……你們都對股票有感。你們都記得自己花了多少錢買股票、明牌是誰報的，所有這些瑣瑣碎碎的小事。但股票根本不鳥你們這些!」巴菲特談論股票的這番道理放諸所有事情皆準。不管你現在心情怎樣,帳面的虧損就在那裡。你發給老闆表示憤怒的電子郵件,信寄了出去,石沉大海,你要用多少杯酒來表達這場小小的暴怒。你再怎麼癡心妄想,你體內增生的腫瘤依然不痛不癢。

倫敦政治經濟學院(The London School of Economics and Political Science)的心理學家保羅．多蘭(Paul Dolan)曾指出,體重增加的人會把焦點逐漸轉往與體重不太相關的事情上,例如工作。爲何?因爲轉移焦點比減重來得容易。可是現實根本就不在乎你的焦點、興趣或動機。你對這個世界有何想法、有何感受,這個世界根本完全無所謂。所以,請阻止你的大腦使出這種霧化手法。

英國哲學家伯特蘭．羅素(Bertrand Russell)曾指出:「抽離自欺欺人的立足之地,是穩固且長久的幸福不可或缺的先決條件。」這話說得雖然有點過頭,因爲根本不存在「穩固且長久的幸福」,不過羅素倒是說對了一件事:自欺欺人與美好的人生並不相容!接受樂意接受的現實是簡單的。但我們也必須接受我們並不樂意接受的現實,特別是那些會讓我們深感痛苦的現實。羅素隨即舉了一個例子:「終生不得志的劇作家應當坦然考量自己的劇本一無是處的可能性。」也許你沒寫過劇本,但你肯定能想到類似的例子。有沒有可能,你就是對外文沒天分?有沒有可能,你就是沒能力擔任管理者?有沒有可能,你天生就沒有運動細胞?你應當看清楚這些事情,還要看清楚與它們相應的結果。

然而,要如何才能徹底接受諸如虧損、失敗或墜毀這些令人痛苦的事情呢?單憑一己之力恐怕很難辦到。觀察別人，往往比觀察自己來得更加清楚、仔細。這也是爲什麼我們經常會對別人失望，卻鮮少對自己感到不滿。如果得以仰仗會直說逆耳忠言的伴侶或朋友，那就再好不過了。但即便如此，大腦還是會嘗試美化現實。不過，隨著時間經過，你依舊能夠學著認眞看待他人的評斷。

如前所述，除了徹底接受之外，你還需要一個「黑盒子」。請爲自己打造一個專屬於你的黑盒子。做出某項重要決定時，把這時你的腦袋裡在想些什麼通通記錄下來，包括你的假定、思路及結論。如果這個重要決定後來被證明是錯誤的，請回頭檢視自己的「黑盒子」（它不需要堅固到不怕墜毀，一本小筆記本足矣），仔細分析到底是哪些思慮鑄成了錯誤。就這麼簡單！如果你能了解事情到底是怎麼搞砸的，那些搞砸的事情就能讓你的人生變得更好。如果你無法清楚解釋你錯在哪裡，表示你根本就不了解這個世界或你自己。換言之，如果你搞不清楚自己爲何會「墜機」，你就會再次「墜機」。分析過程中所付出的辛勞終會有所回報。

順道一提，黑盒子思考不僅有益於私生活，同樣也對商務有益。所有企業都應當將它列爲標準配備。

然而，光是具備「徹底接受」與「黑盒子思考」還是不夠。這時你還得爲了未來，排除所發現的錯誤原因。對此，巴菲特的夥伴查理・蒙格（Charlie Munger）曾說：「如果你不解決問題，只是眼睜睜看著問題惡化到無法解決的地步，那你就眞的蠢到活該你要面臨那樣的問題！」切勿等到火燒眉毛才有所反應！美國知名作家艾力克斯．哈利（Alex Haley）曾說：「如果你不解決現實，現實就會解決你！」

結論：接受現實，徹底地接受它；特別是那些你不樂於接受的部分。請務必勉爲其難地這麼做。你當下的勉爲其難將來定能獲得回報。人生並不是件容易的事。即使你目前處於人生順境，有朝一日，你也可能必須面對足以撼動順境的失敗。偶爾失敗、犯錯其實無傷大雅，重要的是，你必須找出背後眞正的原因，繼而將它們去除。問題並不像老酒那樣，會越陳越香！

05 反生產力

為何節省時間的人往往是浪費時間的人

相較於步行或馬車，關於效率，汽車無疑是種「量子躍進」（quantum jump）。取代以每小時六公里的時速在市區散步，或是以時速十五公里在滿是樹枝和石塊的路上顛簸前行，如今人們能以時速一百六十公里，輕輕鬆鬆地在（德國的）高速公路上飛馳。而這樣的疾駛完全無須耗費體力。在你看來，即便不是一路暢行無阻，汽車行駛的均速究竟有多高呢？繼續往下閱讀前，請先把答案寫在本頁邊緣。

你是怎麼估算的呢？應該是將汽車每年行駛的公里數，除以粗估的每年行駛時間。這也正是每台車載電腦的計算方式。我目前駕駛的 Rover Discovery 所顯示的數據約爲每小時五十公里。然而，這個計算結果卻是錯的！因爲我們還得考慮到：⑴爲了買車必須耗費的工作時間；⑵爲了支付保險、保養、汽油和罰單等所耗費的工作時間；⑶爲了履行⑴與⑵所必須耗費的行車時間，其中包括了塞車時間。天主教教士伊凡·伊利奇（Ivan Illich）正是以這樣的方式，爲美國的汽車做了一番計算。結果呢？一部美國汽車所能達到的均速，正好是每小時六公里，大約等於行人的速度。伊利奇在一九七〇年代做出這項計算，當時美國的人口要比今日少了四成左右，卻早已有了一個同樣龐大的高速公路交通網。如今所計算出的均速，肯定會低於每小時六公里。

伊利奇將這種效應稱爲「反生產力」（counterproductivity），意思是說，許多科技乍看之下似乎節省了時間與金錢，然而，一旦將所有相關成本一併計入，這些節省將化爲烏有。無論你最喜歡以什麼方式東奔西跑，請你謹記：「反生產力」是種你最好遠遠避開的決策陷阱！

以電子郵件爲例。單獨來看，它可謂是種好東西。撰寫和寄送一封電子郵件是何等方便、迅速，甚至還不用郵資！但這其實是種假象。每個電子郵件信箱都會收到必須加以過濾的大量垃圾郵件。更糟的是，還會有一連串內容多半無關緊要的消息。儘管如此，爲了辨明是否有必要處理，我們仍得花費時間閱讀這些消息。這可是巨大的時間耗費！具體來說，我們還得將電腦和智慧型手機的支出算進去，更新軟體的時間也得計入。粗略估算，每封重要的電子郵件大概得花費一歐元，相當於郵寄舊式信件的費用。

再以簡報爲例。從前，無論是在老闆或客戶面前做簡報，內容無非就是一連串結論性的論點。手寫的筆記已經綽綽有餘，頂多在高射投影器上畫幾個重點作爲輔助。一九九〇年時，「PowerPoint」問世。一時間，數百萬的管理者及其助理得要耗費數百萬小時在製作簡報上。這裡把顏色調亮一點，那裡改用一些奇特的字體，就連翻頁效果等細節也馬虎不得。那麼這些舉措的淨利呢？〇！因爲突然間，每個人都在用 PowerPoint，新鮮感很快就喪失殆盡。這是種典型的「軍備競賽」效應（參閱第四十六章）。這一切甚至還沒計入反生產力的成本，也就是爲了學習使用軟體、不斷更新軟體，還有設計和修改投影片所投入的數百萬小時的時間。PowerPoint 普遍被認爲是「生產力軟體」。但正確說來，它其實應該被稱爲「反生產力軟體」。

反生產力的負面效應往往是我們所始料未及。對此，生物學家並不感到意外。數百萬年前起，大自然就知道這樣的效應。爲了與同性爭奪雌孔雀，雄孔雀展開了某種華麗的「武裝」競賽，牠們身上的羽毛越長越長、越長越美，長期下來，一旦遇上狐狸，反生產力便會顯現。如果一隻雄孔雀的羽毛越長、越華麗，牠就越有機會獲得雌孔雀的青睞；相對地，在掠食者眼裡，牠也會成爲更醒目的獵物。因此，經過了數百萬年的演化，在性吸引力與確保生存的不起眼之間，達到了一個平衡。羽毛每多長一公分，就會造成反生產力的效應。鹿角或鳴禽爲了展現雄風的啼叫也可見同樣的現象。

請務必留心反生產力。必須細察才能發現它們。我個人習慣只使用「一部」筆電（家裡沒有固網），手機上的應用程式限縮在最小的數量，經常使用的小工具如果還堪用，就盡量不更新。其他的科技產物，我也是能不用就不用；沒有電視、沒有收音機、沒有遊戲機、沒有智慧手錶、沒有智能語音助手。「智慧家庭」（smart home）對我來說是種恐怖的點子。我寧可自己動手開關家裡的電燈，也不想透過某個還得安裝、連網、更新的應用軟體。而且我那老舊的電燈開關還不用擔心會被「駭」；說到這點，這又是另一項抵銷生

產力的反生產力因素。

你是否還記得數位相機問世前的那個時候？當時許多人都認爲，數位相機的問世簡直是一大解放，人們再也不必使用昂貴的軟片，再也不必花時間等待沖片，再也不必忍受照起來不好看的照片，從這時起，就算立刻再加拍個好幾打也沒關係。當時看來，這似乎是個巨大的簡化。但如今回過頭看，這顯然是種反生產力。時至今日，許多人都坐擁堆積如山的照片和影片，但裡頭可能有百分之九十九是多餘的，我們根本就沒有時間好好地加以整理，於是乎，不是把它們埋進備份裡，就是送上雲端，這也使得它們暴露在大型網路集團盜用的風險中。不僅如此，爲了修圖、搞定複雜的應用軟體（它們三不五時就得更新一下，要是換部新電腦，還得進行繁瑣的整合），我們還得耗費大量的時間。

結論：令人興奮的科技往往會對生活品質帶來反生產力的影響。美好人生的基本規則之一就是：不如省省並不會眞正讓我們有所得的東西吧，特別是那些嶄新的科技。下回，當你想要下載什麼小玩意前，最好三思而後行！

06 美好人生的負面藝術

不要做任何錯的事，就會發生對的事

「有老的飛行員，也有大膽的飛行員，但就是沒有既老又大膽的飛行員。」身爲業餘飛行員，我總是將這句諺語銘記在心。有朝一日也能算是位老的飛行員，我挺喜歡這樣的想法，喜歡的程度明顯高過另一種選項。

每當我坐進舊式單引擎飛行器（一九七五年出廠）的駕駛艙裡，我腦袋裡所想的，從來就不是等一下會有何等壯觀、華麗的飛行。我總只是戰戰兢兢地想著：不要墜機就好！在惡劣的天候下飛行、在疲勞的狀態下飛行、沒有事先依據檢查清單做好檢查、沒有充足的燃料儲備，這些都是眾所周知可能導致墜機的原因。

在投資方面，雖不一定攸關生死，但至少關乎大量的金錢。投資者經常會談論「有利面」（upside）與「不利面」（downside）。「有利面」概括了一項投資可能具有的一切正面結果（例如高於平均的報酬率），「不利面」則含納一切可以想見的負面結果（例如破產）。這組概念同樣也能套用到飛行上：在飛行前與飛行途中，我總是高度關注不利面。我會想方設法，不讓它們有機會發生。至於有利面，我則是毫不關心。阿爾卑斯山上剛降下的雪有多麼壯觀、天上的雲朵有多麼漂亮、我帶上半空中品嚐的三明治有多麼可口，這一切我到時自然都能體驗。只要將不利面關閉，有利面就會顯現。

著名投資家查爾斯．艾利斯（Charles Ellis）也以同樣的原則勸告所有的業餘網球選手。職業網球選手幾乎每球都能打到自己想要的落點，與他們相反，業餘選手卻經常犯錯，他們若不是掛網、打得太遠或太高，就是打到錯誤的象限裡。職業網球的比賽截然不同於業餘網球，職業選手「贏」分，業餘選手「輸」分。因此，當你與一位業餘選手比賽時，只要專注於別犯錯；你不妨打得保守一點，刻意地穩扎穩打，在比賽中盡量將來回擊球拖久一點。由於對方並非像你一樣刻意穩扎穩打，他所犯的錯將會比你多。在業餘網球中，比賽不是「贏來的」，而是「輸掉的」。

不在意有利面，反而是將心思擺在不利面，這是種極具價值的思想工具。古希臘人、古羅馬人和中古世紀的思想家爲這種方法取了一個名字，叫作：「否定神學」（via negativa；或稱「反面神學」）。這是種否定的方法，是種捨棄、刪除、縮減的方法。也就是：我們不能說神是什麼，只能說神不是什麼。套用在我們的主題上，那就是：我們不能說什麼保證會帶來美好的人生，只能說什麼肯定會妨礙美好的人生。

打從兩千五百多年前起，就有許許多多的哲學家、神學家、醫生、社會學家、經濟學家、心理學家、大腦專家和廣告專家試圖找出什麼能夠讓人幸福。這方面的知識收益貧乏得可以。有人說，社會接觸很重要；有人說，人生的意義很有幫助；也有人說，來點性愛

也不賴；更有人說，遵循道德的行爲也不壞。好吧，這些點子其實我們都想得到，而且還能想到更多，不是嗎？然而，答案都很不明確。到底什麼才是幸福眞正的要素，或什麼才是幸福的有利面？關於這個問題，我們依然得在黑暗中摸索。

相反地，若把問題反過來問，「什麼會嚴重影響我們的幸福或危害美好的人生？」我們就能準確地找出相關的因素。像是酗酒、藥物濫用、長期處於高度壓力之下、噪音、通勤時間過長、從事某個令人厭煩的工作、失業、破碎的婚姻、愚蠢地對自己抱有過高的期望、貧窮、債務、經濟不獨立、孤獨、常和怨天尤人的人混在一起、過度看重外界的評價、總愛與他人相比、抱持受害者心態、討厭自己、長期失眠、抑鬱、緊張、憤怒和嫉妒等等。無須擁有高深的學問，我們自己就能觀察得出這些因素；無論是從我們自己身上、從朋友身上，還是從鄰居身上。不利面總是比有利面來得明確。不利面就宛如花崗岩，具體、清晰、容易理會。相反地，有利面則猶如空氣一般。

請嘗試在人生中有系統地關閉不利面。如此一來，你就確實能有機會額外獲得美好的人生。當然，命運也總有可能給予我們重擊。天外飛來的隕石可能砸毀你的房子，戰爭可能爆發，你的小孩可能生病，公司可能倒閉。然而，就定義而言，命運是你無法影響的範疇，所以大可不必多想。

在上面所列舉的事情中，你或許會覺得少了些什麼，例如生病、身障、離婚等等。無數的相關研究指出，這些打擊的影響會比我們所認爲的更快消散。在事故發生後的頭幾個月裡，半身不遂的人會將整副心思都放在自己的身體癱瘓上。這是可以理解的。相應地，他們也會覺得自己實在是太不幸了！然而，再過幾個月，他們的心情便會逐漸平復。不久之後，心思會跟著慢慢轉移到日常生活中各種尋常的大小事情上，身體的癱瘓則逐漸被他們拋在腦後。離婚的情況也是一樣。過了幾年以後，曾經的淚海便會乾涸。然而，諸如酗酒、藥物濫用、長期處於高度壓力之下、噪音、通勤時間過長等前面所列舉的事情卻無法靠時間加以化解。我們無法輕易地擺脫這些因素，它們始終存在於當下，阻礙了實現美好人生的可能。

華倫．巴菲特與查理．蒙格這類長期成功的投資者總會在心態、心理技巧和心理工具方面下功夫，並且將它們套用到人生當中。他們首重避免不利面。當他們進行投資時，在放眼有利面之前，巴菲特與蒙格總會特別留心，什麼事情應該避免，也就是他們不該做什麼。巴菲特曾說：「我們並未學習在商業活動中解決難題，我們只是學著避免它們。」為此，我們不必非得特別聰明才行。巴菲特的生意夥伴查理．蒙格也曾表示：「像我們這樣的人，只是試著別做傻事，而不是想著要幹大事，卻能取得長期的成功，這眞是令人訝異。」

結論：美好人生的一大部分在於避開愚行、蠢事及隨俗浮沉，而非追求終極的幸福。使人生豐富的，不是你所添加的，而是你所省卻的。如同在幽默方面同樣令人激賞的查理．蒙格所言：「我最想知道我會死在哪裡；如此一來，我將永遠不會去那個地方。」

07 卵巢樂透

為何你不配擁有你的成功

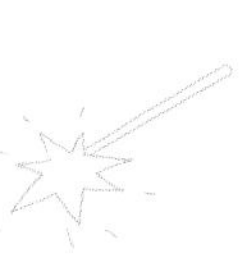

幸運是上天給的，成功則得靠自己打拚，這是社會大眾普遍的看法。請你回顧自己的一生，問問自己：至今爲止，我的人生有多成功？請你以從正十（超級巨星）到負十（如假包換的魯蛇）的數値來評價自己。將答案寫在本頁的邊緣。接著再請你自問：關於你的成功，你會將多少比例歸功於你個人，歸功給自己的努力、自己的投入、自己下的功夫，簡言之，歸功於自己的表現？又有多少比例是出於偶然、出於那些你完全使不上力的因素？請你同樣寫下這兩個比例。我個人的答案是，自己的表現佔了大概六成，偶然的因素則佔大概四成；我從別人那裡聽到的答案大多也是如此。

現在請你做個小小的思想實驗，這個實驗是我在華倫·巴菲特那裡讀到的：「想像有位孕婦懷著一對同卵雙胞胎，這對雙胞胎一樣聰明、有活力。突然間，有個仙女飛來表示：『他們其中之一會在美國長大，另一位則會在孟加拉長大。在孟加拉長大的那位，日後將不必繳稅。』你願意奉獻未來收入的多少比例，好成爲在美國出世的那個？」巴菲特稱這種情況爲「卵巢樂透」（ovarian lottery）。你當然也能用德國、瑞士或某個已開發國

家來取代美國。你的答案是多少呢？

在我問過的人當中，大多數人的答案都是八成。我也不例外。換言之，我們都願意「贈與」收入的很高一部分，藉以換取在心目中的理想國度長大。如果一流出身這麼值錢，顯然它也應該對我們的成功造成影響。

卵巢樂透並非只停留在出身國度這個層次上。你並不只是出生於某個特定的國家，還出生於某個特定的地區、家庭。這一切都不是你所能夠控制的。在你的成長過程中，人們賦予你某些價值、態度、原則，如今它們對你有所阻礙或有所幫助，你對此同樣使不上力。你被丟進某個教育體系裡，無法自行挑選老師。你罹患疾病，遭受（或逃過）命運的打擊，你完全無須為此負責。你鑽進一連串的角色裡，並且做了選擇，根據什麼標準呢？也許你讀了某本改變你人生的書，但你究竟是如何翻到那本書的？你遇到某個幫助你打開重重關卡的貴人，沒有他，現在的你或許就不會待在你如今所在之處；這份結識的機緣，你又該歸功於誰呢？

就算你該埋怨自己的命運，你也必須承認，自己其實幸運無比。所有曾經住在這個地球上的人，目前約有百分之六活著。換個方式來說：打從智人居住在這個世界上開始，在過去三十萬年裡出生的所有人當中，約有百分之六的人活在我們這個時代。他們同樣也有可能出生在別的時代，其機率為百分之九十四。你不妨想像一下，自己可能是古羅馬帝國的奴隸、明代的藝妓或古埃及的水夫。在上述幾個環境中，你的種種天賦究竟會有多少價值？華倫・巴菲特這位當今全球最富有的人士之一曾感嘆道：「如果我誕生在數千年前，我或許是某隻動物的午餐，因為我既跑不快，又不會爬樹。」

內人和我共同養育了一對雙胞胎，不過他們是異卵雙生。哥哥金髮碧眼，晚了四十秒鐘出生的弟弟則是黑髮黑眼。雖然我們盡可能給予兩兄弟同樣的養育資源，他們的個性卻截然不同。其中一個總是開開心心，經常笑臉迎人；另外一個對待他人就沒有那麼熱情，他頂多只會不情願地跟人握握手。這一切都是天生的。偶然將我太太的基因和我的基因混合在一起，跟著就將兩個新生兒帶來人世間。你的基因同樣也是由你父母的基因偶然混合，你父母的基因又是由你（外）祖父母的基因偶然混合，以此類推。在太陽王路易十四的時代裡，約有為數四千多人，他們的生物後代偶然混合就成了今日的你。下回，當你前往凡爾賽宮遊覽時，不妨想想這一點。

你是什麼人，這得感謝你的基因，也得感謝讓你的基因藍圖得以實現的環境。就連你的聰明才智，泰半也取決於遺傳。此外，你是內向或外向、大方或膽小、細心或粗心，同樣大多取決於遺傳。如果你認為自己的成功奠基於努力地工作、夙夜匪懈地加班、一往無前地力爭上游，這麼想固然沒錯，只不過是除了你引以為傲的意志力以外，你漏掉了你的基因和你所身處的環境在其中的相互配合。

且讓我們再次檢視這項事實：你認為成功有多少比例來自你自己的表現？沒錯，合理的答案是：◯。基本上，你的成功仍奠基於你根本使不上力的事情。你其實「不配」擁有你的成功！

兩點結論。第一，請保持謙卑，特別是在你成功時。你越是有成就，就越不該張揚。如今謙卑已然退流行。時至今日，人人都想將自己一點雞毛蒜皮的小成就，在網路或媒體上吹噓成傳奇性的英雄事蹟。請你保持低調。我所指的並非虛假的謙卑，而是眞誠的謙卑。自鳴得意的人往往會在幻象中重摔。驕傲不僅不會帶來任何東西，它在本質上也是錯誤的。消除驕傲是美好人生的一個重要基石；更多相關的內容，我將留待第五十一章再做說明。請你每天都提醒自己，你所是、所有、所能的一切，都是盲目的偶然的結果。對於你我這樣的幸運兒來說，「感恩」是唯一合適的人生情感。其中一項美好的副作用就是：事實證明，心懷感恩的人大多都是比較幸福的人。

第二，請你自願且大方地將自己（不配擁有）的部分成功，讓與帶著錯誤的基因、出生在錯誤的家庭或地區的人。此舉不僅高貴，而且理性。捐款與納稅並非只是財務的相關事項，更與道德相關。

08 內省錯覺

請你認真地對待情感，但不是你自己的情感

此刻你看到了什麼？你能認出什麼東西？請你盡可能詳細描述。繼續往下閱讀前，請先花幾分鐘時間做這件事。

接著我還想請問你：此刻你有何感覺？你感受到什麼樣的情緒？請你同樣盡可能詳細地描述。繼續往下閱讀前，請你先花幾分鐘時間做這件事。

在第一種情況裡，你的答案肯定相當明確，你看見自己面前有攤開的書本頁面，上頭是白底黑字。也許你抬頭望了房間一眼，見到了家具、盆栽、掛畫等等。無論你看見什麼，都很容易描述。

現在，且讓我們瞧瞧你對第二個問題，也就是針對你的感覺所做的回答。我猜想答案應該是頗爲模糊的描繪。也許此刻你的心情恰巧不是很好，可是你確切的感受究竟是什麼呢？生氣、失望、煩惱、悶悶不樂、抑鬱不振？如果是的話，爲何？相反地，如果你此刻心情很好，你的好心情又是因何而來？也許在你的內心當中，此刻並無特別的情緒波動，又或者，當你被問起時，某些情緒才油然而生？

如果你難以描述自己的感覺，請你別生氣。問題並非出在你的語言能力。在德文裡，大約有一百五十多個描述不同情緒的形容詞。在英文裡，這類形容詞的數量甚至是德文的一倍。雖然關於情緒的詞彙多過顏色，我們卻很難把情緒說清楚、講明白。對於這樣的無能為力，史丹佛大學的教授艾瑞克·史瓦茲蓋伯（Eric Schwitzgebel）曾評論道：「自我觀察當下的感受……可說是錯誤百出、不可靠，而且容易誤導；並不只有出錯的可能，事實上是會大量且普遍地出錯。我不相信只有我自己的內心晦暗不明，恐怕所有人的內心都是如此。」

既然「跟著感覺走！聽從自己的心聲！」並不是必須做到的要求，我們大可不必為這樣的無能為力介懷。我的建議是：千萬不要嘗試跟著感覺走，切勿讓情感成為你的羅盤！如果把內心比喻成一個羅盤，那麼它便是由一打以上的指針所組成，這些指針全都指向不同的方向，會不停地晃動、旋轉。難道你會想要憑藉這樣一副羅盤在汪洋中闖蕩？不會吧！既然如此，請你也別拿它作為人生中的導航。

你不會藉由探詢自我找到美好的人生。心理學稱這種誤解為「內省錯覺」（introspection illusion）。也就是說，我們誤以為只需單純透過思想上的內省，就能探究出內心傾向、人生目標、人生意義（亦即幸福的黃金核心）。然而事實卻是，一旦我們跟著感覺走，深入情感世界的迷霧森林，肯定會誤入歧途，掉入由情緒、思想混亂和情感衝動所構成的泥淖。

如果你曾面試過求職者，對這個問題肯定不陌生。你先與某位應徵者交談了半小時左右，再以此爲根據，做出判斷。相關研究顯示，這樣的求職面試根本不中用，還不如好好分析應徵者一路走來的成績紀錄。如此的研究結果其實十分合理。試想，短短三十分鐘的時間和三十年來的總結，哪個更具有說服力？自我探究無非就是對自己進行的面試，十分不可靠。你應當觀察的是你的過往。哪些主題確實貫穿了你至今爲止的人生？請你把眼光放在清清楚楚的證據上，而非著眼於你事後再加以詮釋的事情。

爲何自我探究是如此地不可靠呢？原因有二。第一，如果你越頻繁且越強烈地聽從自己，你就「再也」無法將你的基因拷貝傳給下一代。從演化的角度看來，能夠察知「他人」的感受，遠比能夠察知自己的感受來得重要。你不必感到不安，因爲事實證明，我們確實比較能夠察知「他人」的感受。這意味著：你最好問問你的朋友或你的生活伴侶，在你的心裡發生了什麼。她或他會比你自己更能客觀地評斷你。

爲何自我探究是如此不可靠的第二個原因則是：誰不喜歡自己是空間中唯一的權威呢？不管我們認爲自己在內心裡感受到了什麼，沒有人會反對我們。這樣的感覺雖然很棒，卻沒什麼好處，因爲它缺乏了修正的機制。

感覺是如此地不可靠，一般說來，理應別對它們太認眞，尤其是對那些負面的情感。古希臘哲學家稱這種對負面情感視而不見的能力爲「心神安定」（ataraxia），這個概念相當於「心安」、「心靈平靜」、「堅定」、「沉著」或「鎭靜」。能夠做到「心神安定」

的人，即使泰山崩於前也面不改色。更高一層的境界，則稱為「不動心」（apathy），換言之，就是將情感完全封閉（古希臘人也曾嘗試追求這樣的境界）。「心神安定」與「不動心」是很難達到的理想境界。但請別擔心，這裡所要講述的與它們完全無關。事實上，我認為我們應該和自己的內心培養一種新的、保持距離的、質疑的、遊戲的關係。

以我自己為例，我會以彷彿它們不屬於我的方式來對待自己的情感。它們不知從何方突然前來拜訪我，接著又拍拍屁股走人。如果你需要一個比較具體的描繪，且容我這麼說：我經常會把自己看成是一個開放的、通風的市場大廳，各式各樣的小鳥都會從中穿堂而過。有時牠們只是隨性地飛過大廳，有時牠們則會逗留稍微久一點，有時牠們甚至會「墜落」。無論如何，最終牠們都會離開。有些小鳥深得我心，有些小鳥我就不太喜歡。自從我想出市場大廳這樣的描繪，我就不再「擁有」這些情感，我再也不覺得自己是它們的所有人。它們之中雖然有些會被我看成是不受歡迎的不速之客，但我也不至於過分受到打擾，正如市場大廳裡那些來來去去的鳥，我會忽略牠們，或是從遠處觀賞牠們。鳥的比喻甚至還有更進一步的妙用：如果你把各種情緒分類成不同的鳥，你就更能以遊戲的方式去面對它們。在我的想像中，嫉妒是嘰嘰喳喳的綠色小麻雀，緊張是連續敲擊的啄木鳥，憤怒是火冒三丈的獵鷹，害怕則是撲撲振翅的畫眉鳥。你應該能懂我的意思！

或許你基於個人的經驗曉得，一個人若想憑藉意志力去壓抑負面情感，只會適得其反。相反地，如果能以比較輕鬆的態度面對，雖然不一定能達到全然的「心靈平靜」（沒

有人能夠達到這樣的境界），但至少能夠達到某種程度的鎮定。

某些情緒特別具有「毒性」，像是自憐、憂愁和嫉妒，光是以遊戲的態度因應，或許尚無法對付它們，還需要額外的思想反擊策略。關於這一點，我會分別在第二十四、二十九與三十二章進一步說明。總而言之，切勿相信自己的情感！隱藏在一個大麥克裡的東西，要比你在品嚐一個大麥克時所感受到的更多。認眞對待他人的情感，至於自己的，則不妨任令它們展翅，隨心所欲地來來去去。

09 率真陷阱

為何你需要一位外交部長

你是否喜歡率眞的人？當然。與率眞的人在一起，你總能知道他們在想什麼、做什麼、盤算什麼、感覺什麼。自然、不造作的人不會在心裡隱藏祕密。這讓人與人之間的接觸如此緊密、舒適、有效率。這也難怪率眞會那麼夯。幾乎沒有哪個訓練課程漏掉關於這個主題的訓練，幾乎沒有哪本領導類書籍缺乏專章介紹「率眞的領導」，也幾乎沒有哪個成功的部落格不提點讀者，如何才能盡可能「素樸」、率眞。正如同不值得投資畢卡索的贗品，同樣也不值得投資「虛假的」人，無論付出的是時間還是金錢。

然而，你有多喜歡率眞呢？且讓我們做個思想實驗。假設你與「超率眞」的麗莎約好共進午餐，在遲到二十分鐘之後，她總算出現了，頭髮一團凌亂，彷彿剛被貓抓個亂七八糟。她一邊喃喃地道歉，一邊又以整個餐廳都能聽見的音量大聲感嘆：「我現在實在沒有心情吃午餐，特別是在這間『老摳摳』的餐廳！」隔壁桌的人聽了，不禁放下手上的餐叉。一陣沉默之後，麗莎開始高聲讚賞你的服裝，卻又嫌你手上那隻錶「完全不搭」，至少它的樣式很不搭。正在說話的同時，麗莎忽然曲身向前，一把抓起你剛剛點的紅酒，不由分說地一飲而盡，接著才對你說：「抱歉，我剛剛實在太太太……口渴了！」吃完前菜之後，她把頭趴在桌上，直接呼呼大睡了起來，這時你只能默默承受四面八方投射而來的異樣眼光。五分鐘之後，義大利麵上桌，麗莎隨即因撲鼻的香氣醒轉過來，她伸了個懶腰，打了個猛獸嘶吼般的呵欠，笑著對你說：「你知道嗎，若不來場活力小睡，我彷彿就不是我自己！」說著說著，她用手指捏起一根麵條，蘸過盤裡的醬汁，接著將長長的麵條高高舉起，滑進自己的嘴裡，因為這麼做「眞是樂趣無窮」。吃完麵後，正當你要叫人前來結帳，她又開始講起昨晚所做的夢，完全就是廢話連篇，但她就是「不吐不快」。我親愛的讀者，純然的率眞，大抵就是如此。

在《魔鏡，魔鏡》（*Mirror, Mirror*）一書裡，英國哲學家賽門．布雷克本（Simon Blackburn）提到人們在西敏寺為達爾文（Charles Darwin）舉行葬禮的故事。威廉．達爾文是這位偉大的生物學家的長子，也是葬禮中最重要的送葬者，當時他坐在教堂第一排的位子上。忽然間，他感覺有陣涼風輕拂過他的光頭，於是便把自己的黑色手套脫下，蓋在光禿禿的頭頂上。在整場儀式進行的過程中，那雙手套就在全世界眾目睽睽下，一直留在他的禿頂上。

威廉．達爾文的行徑或許不像前述虛構的與麗莎的午餐約會那麼誇張，但有一點倒是很清楚，那就是：人們還是不該太過率眞。我們還是會期待某種程度的禮儀、禮貌、自我控制，換言之，期待「文明的彎曲」。至少在面對面接觸的情況下理當如此。在網路上，

如今我們早已達到如麗莎般的等級。什麼人不在睡前透過直播向世人抒發一下自己的心情，就會被認為是虛偽與假掰。然而，即使是網路上最率真的賣弄，也都是純然的表演。使用者們當然也都曉得這一點。

我想建議的是：別去摻和那些率眞騙局！理由有很多。第一，我們並不眞正知道自己是誰；光是這項簡單的事實，便足以阻止我們那麼做。誠如上一章所見，我們的內心是個不可靠的羅盤，是由各種矛盾的衝動所構成的一團混亂。我們並不了解自己。既然如此，該由率眞揭露的，究竟是什麼呢？在生活伴侶的關係或交情深厚的友誼中，率眞的確有其合理的地位，可是在面對泛泛之交，甚至是社會大眾時，情況則不然。

第二，那會讓你變得可笑。請舉出一個人，可以是國家元首、將軍、哲學家、財經巨擘或科學家等等，這個人不僅令你肅然起敬，還隨時隨地公開地掏心掏肺。你找不到這樣的人！一個人之所以會受到尊敬，是因為他信守承諾，而非與我們分享他內心的獨白。

第三，細胞是生命的建材。每個細胞都被一個細胞膜給包覆。細胞膜的功能在於防禦有害的入侵物質，準確地調控哪些分子能夠通過這個邊界。在有機體的層次上，我們也能觀察到具有同樣功能的相同組織。動物有皮膚，植物有外皮。一個不具有外部邊界的有機體會立刻死亡。率眞無非就是在心理層面上取消這項阻攔。如此一來，你等於在敦促他人，利用你去達成他們的目的。你不但讓自己變得可笑，也變得容易下手。

日後成為美國總統的二戰名將艾森豪將軍便刻意對外形塑某種人格。《紐約時報》

（*New York Times*）的專欄作家大衛・布魯克斯（David Brooks）曾表示，艾森豪所補充的是「第二自我」，這有別於今日普遍所認爲的，只存在唯一一個「眞實的」自我。這個第二人格並非矯揉造作的姿態，它其實是對外的一種專業、一貫、可靠的態度。懷疑、沮喪和失望被略而不提，僅保留給日記、伴侶或枕頭。我建議你，如同艾森豪將軍那樣，爲自己補上一個這樣的第二人格。將你的率眞降至「信守承諾」、「根據原則行事」就好。至於其他的一切，對任何人都無關緊要。

如果你覺得自己不適合這種「第二人格」的思考模式，不妨試試以下方法：每個國家都有外交政策及外交部長，把自己視爲一個國家，明確地爲自己的外交政策立下基本原則，至於外交部長的角色，則必須由你自己來扮演，這就像是一人身兼數職或分飾多角。人們不會期待一位外交部長會掏心掏肺、自曝其短、崩潰在自我懷疑中。相反地，人們會期待他能信守承諾、信守約定、展現專業能力、不搬弄是非、不唉聲嘆氣、表現出最低限度的禮儀。請你隨時檢驗自己在擔任外交部長這個工作上的表現，是否應該重新選任一位外交部長。

無論是「第二人格」還是「外交部長」，你會發現，這層阻攔、皮膚、外皮，不僅屏蔽了有毒的影響，更穩定了你的內在。如同所有的分界，這項外部結構也創造了很大的內在清晰。即使公眾、你的同事或點頭之交三不五時要求你該「更率眞」，你也千萬別落入這個陷阱裡。狗是率眞的，但你是個人！

10 五秒鐘的不
小幫忙是大陷阱

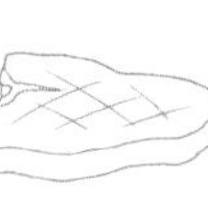

肯定有人請你幫個小忙。你有多常會一時衝動地答應？你有多常會拒絕？你有多常在事後為了答應而懊悔？你又有多常在後來懊悔自己說了不呢？

數年前，我曾針對這件事情做了個統計，我發現自己常常會答應別人一些小請求，像是幫忙做個演講、寫篇文章、做個簡短的專訪等等。而往往浪費的時間之多、對所有參與者的助益之低，都是我在第一時間始料未及的。當初我只不過是想幫別人一個忙，結果卻令我不太滿意。

這種「取悅症」、「想要討好別人的毛病」究竟從何而來？在一九五〇年代，生物學家們曾試著探究，為何沒有親屬關係的動物會相互合作。舉例來說，為何黑猩猩會與別的黑猩猩分享肉？為何一隻狒狒會幫同類清理毛皮？若是有親屬關係的動物，答案很清楚：牠們具有大量相同的基因。合作可以幫助牠們維持這個共同的基因庫；不計任何代價，即使某個單一個體必須為此蒙受損害，甚至死亡。然而，為何沒有親屬關係的動物要去承受這種風險呢？換個方式來問：為何沒有親屬關係的動物有時會有無私、利他的行為？為何

一隻黑猩猩不把肉留給自己吃，反而要跟一隻陌生的黑猩猩分享？爲何一隻狒狒不自個懶洋洋地躺著休息，卻要消耗珍貴的熱量，花上數小時的時間幫一隻沒有親屬關係的狒狒清理毛皮上的小蟲？這絕非毫無意義的問題。

數學，或更準確地來說，「博弈理論」（game theory）道出了這個問題的答案。美國政治學家羅伯特．阿克塞爾羅（Robert Axelrod）曾讓不同的電腦程式相互競爭，每個電腦程式都遵循著某種對付對手的特定策略，像是與對方合作、欺騙對方、自私地行爲或總是屈服等等。長遠來看，最成功的策略莫過於「以牙還牙」（tit for tat；或「投桃報李」）。這項策略十分簡單，大抵來說就是：第一步先合作，在接下來的所有步驟中，則都拷貝對手的行爲。具體來說：在我完成首次的預付後，如果我的對手同樣表現出合作的態勢，我在下一步就繼續合作。相反地，如果我的對手並不合作，反倒利用了我，那麼我也不再合作。如果我的對手後來又改變態度開始合作，在接下來的一步裡，我也會再度合作。

動物界確實存在這樣的行爲方式，人們將之稱爲「交互利他行爲」（reciprocal altruism）。黑猩猩之所以會分享獵物，是因爲牠們假定別的黑猩猩下回也會分享獵物給牠們。對於下回打獵可能空手而歸的黑猩猩而言，這可說是一個好消息。

交互利他行爲唯有在具備良好記憶能力的動物身上才行得通。唯有當黑猩猩能夠想起，之前曾有其他的黑猩猩分過肉給自己，牠們才能遵循這項成功的策略。這種記憶能力只有少數高度發展的動物物種才具備，主要是猿猴。當然，黑猩猩並非有意識地以策略的方式進行「思考」。事實上，這種行爲方式是在演化中實現。那些不遵循「以牙還牙／投桃報李」策略的猿猴族群早已從基因庫裡消失。由於人類也是一種高度發展的動物物種，這種交互利他行爲的衝動依然存在於我們身上。

「以牙還牙／投桃報李」的策略維持了世界經濟的運行。我們每天都會和許許多多沒有親屬關係的人合作，有些合作甚至跨越了半個地球。憑藉合作的巨大成功，我們享有高度的富裕。

但請注意，在交互利他行爲裡，同樣隱藏著危險。如果有人幫你做了什麼事，你就會覺得自己有義務回報對方，例如滿足對方向你提出的某種請求。在這種情況下，你就會變得可操縱。每個「以牙還牙／投桃報李」的策略，都是始於一個「履行預付」和一個「信賴預付」，都是始於一個初始的、自發的「是」。事後讓我們氣惱、懊悔的，往往就是這個初始的、自發的「是」。一旦我們脫口而出這個自發的「是」，就會傾向於將它合理化。我們會設想提出請求的好理由，卻不會想到實現那個請求可能需要耗費的時間。對理由的評價高過時間；這是種思考錯誤，因爲理由可以無限多，時間卻是有限。

自從我了解這個自發的「是」是種根深柢固的生物反射，我便借用查理．蒙格的「五秒鐘的不」作爲因應之道。蒙格曾表示：「卓越的事物難尋。所以，就算你對百分之九十的狀況都說『不』，你在這世上也不會錯失些什麼。」如果有人請我幫個忙，我會先給這個請求五秒鐘時間，接著做出決定，雖然泰半的結果都是婉拒。我寧可原則性地拒絕過多的請求，冒著不被大家所喜愛的風險，也不願倒過來。你不妨也這麼做。很少會有請求者因此就認爲你不通人情，相反地，如果你的態度前後一致，反倒會受人欽敬。

距今兩千多年前，古羅馬哲學家塞內卡（Lucius Annaeus Seneca）就曾寫道：「所有那些把你呼來喚去的人，都硬是把你從你的自我拖走。」是以，他比華倫．巴菲特更早指出：「成功的人與非常成功的人差別在於，非常成功的人幾乎對所有的事情都說不。」因此，請你也借用這套「五秒鐘的不」，對於美好的人生而言，它可算是最佳的經驗法則之一。

11 聚焦錯覺

為什麼住在加勒比海並不會比較幸福

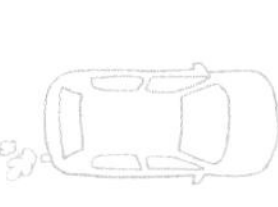

假設你住在德國，時值冬季，街上滿是髒兮兮的積雪。你正忙著給車子的擋風玻璃除冰。寒風將刮下的冰粒吹到你的臉上，汙泥則沾滿了你腳下的鞋子。你的指尖猶如同時被萬千根針扎那般刺痛。一陣猛力拉扯後，你好不容易打開冰封的車門，坐進車裡的皮椅，頓時一陣寒意遍布全身，彷彿坐在一個大冰塊上。你奮力舉起瑟縮的雙手，搭在凍得要命的方向盤上，呼出的熱氣搞得車裡一面霧茫茫。請問：如果你住在邁阿密海灘，享有陽光、宜人的氣溫、輕柔的海風，你會覺得幸福感提升多少？請以從〇到十的數值來給分（〇是一點也不會更幸福，十是幸福無極限）。

在我詢問過的人當中，大多數人所給的答案都在四到六之間。

現在你把車子開出停車處，準備上班，卻因碰到塞車，整整遲了半小時才到公司。上司照例大發雷霆地訓了你一頓，搞得你也滿肚子火。接著你趕忙回覆一大堆電子郵件。下班後，你進行了一週的採買。回到家裡，煮了心愛的菜餚（味道好極了）。飽餐一頓之後，你放鬆地坐在沙發上，看了部有趣的電影。到了深夜，你稍加盥洗，隨即上床睡覺。

同樣地，你在佛羅里達所做的事也大同小異：開車出門、塞車、被老闆刮一頓、回覆一大堆電子郵件、一週採買、美味的菜餚、有趣的電影。現在讓我再問一次：如果你住在邁阿密海灘，你的幸福感會提升多少？就我詢問的結果，答案大多落在○到二之間。

我曾在邁阿密海灘住了十年，那之前和之後則都住在瑞士，一個還滿常遇到積雪泥濘和擋風玻璃結冰的地方。我住在邁阿密海灘時，更幸福的給分來到多少？答案是○！

這便是「聚焦錯覺」（focusing illusion）。關於這種效應，諾貝爾獎得主丹尼爾・卡納曼曾指出：「人生中沒有什麼事情是如你正在想著它們很重要時所以爲的那麼重要。」越是強烈地聚焦在人生中某個特定的面向，就越會高估這個面向影響人生的重要性。在本章開頭，我們只聚焦在對「天氣」的描述：冰天雪地的德國、豔陽高照的邁阿密海灘。初次評比在兩地的生活滿意度時，「天氣」這個面向在其中佔據了主導地位。

接著我們描繪整個日常生活的經過；從早晨開車出門上班，一直到累了一天晚上回家賴在沙發上。這時天氣只是日常生活的部分面向。如果我們把時間拉長來看，一星期、一個月、一年、一輩子，那麼天氣在生活滿意度中就會頓時變成一個可以忽略的面向。

美好人生的工具箱包含了掌握「聚焦錯覺」的能力。借助這項能力，你就能排除大量愚蠢的決定。如果你把事物（例如汽車、事業、旅遊目的地）拿來相互比較，你會傾向於特別集中在某個面向的比較，從而忽略其他成千上百個面向。在聚焦錯覺下，你會賦予那個面向過高的重要性，誤以爲那個面向比它實際上更爲關鍵。

你能做些什麼來防止這種情況呢？你要不把所有成千上百個面向拿來一起比較，可是這麼做的代價高昂。要不就是實際一點，試著把你想要相互比較的兩種事物看成兩個整體。你可以隔著更遠的距離去比較它們，如此一來，就不會高估任何面向。但知易行難。且讓我舉個具體一點的例子：小孩總是只想著眼前發生的事，要是我拿走一個三歲小孩的玩具，他會大哭大鬧，彷彿世界就要毀滅，即便他還坐擁一打以上的玩具，而且我很快就會把拿走的玩具還給他。所幸在人生的過程中，我們學會了將自己從眼前的情況中釋放。在某個炎熱的夏日夜晚，如果我忽然想來罐清涼的啤酒，打開冰箱卻發現裡頭空無一物，我並不會因此大哭大鬧。我會把焦點從啤酒上轉移，空空如也的冰箱只會小小地減損我的幸福感。這個夜晚不會因此就被毀掉。

遺憾的是，我們在這方面的發展只停留在半途，很難以超廣角視野來觀察眼下的情況，否則我們根本不會爲種種雞毛蒜皮的瑣事煩心。

你有多常問自己，要是你有別的事業、住在別的地方、擁有別的房屋、頂著別種髮型，你的人生或許會好上許多，或肯定有所不同？如今你知道改變的效應明顯比你所想的要小得多。請從盡可能遙遠的距離來觀察自己的人生。你會發現，那些你當下覺得很重要的事物會萎縮成一些小小的點，對全局幾乎毫無影響。唯有三不五時就以廣角鏡頭來觀看自己的人生，才有可能通向美好。

我上回去巴黎旅遊時，選擇入住位在托卡德侯花園旁的香格里拉飯店。我在辦理入住手續時，旁邊有位先生正在責罵櫃檯的服務人員，因爲她當時顯然無法提供能夠看見艾菲爾鐵塔的房間。這位先生爆氣地怒吼：「妳毀了我的巴黎之旅！」我在一旁看了直搖頭。是否能從飯店房間的床上看到艾菲爾鐵塔，這真的不太重要。更重要的應該是入住的房間能否讓人睡得安穩、舒適。鐵塔的景觀只是一趟成功的巴黎之旅的一個小小面向。況且只要步出飯店，就能飽覽艾菲爾鐵塔。然而那位氣急敗壞的美國人卻火冒三丈，活像一隻煮熟了的螃蟹。他的聚焦錯覺讓他一整個小題大作。

事關金錢時，我們特別容易產生聚焦錯覺。如果你是位億萬富翁，你會覺得更幸福幾分？華倫．巴菲特是全世界最富有的人之一，他曾把自己的生活和某位尋常老百姓的生活做個比較，絲毫不覺得兩者有多大的差別。生活中約有三分之一的時間，巴菲特都睡在一個普通的床墊上，就和你我一樣。巴菲特所買的服裝也是一般的成衣，不會比你我的更貴。他最愛喝的飲料是可口可樂，飲食不比一個學生更好或更健康。工作時，他用的是普通的書桌，坐的是普通的椅子。從一九六二年起，他的辦公室始終都在同一個地方，位於內布拉斯加州奧馬哈市一棟單調的辦公大樓裡。如果你一分鐘一分鐘地去比較自己與巴菲特的生活，他的財富效應就會變得微不足道。

唯一小小的不同就是：巴菲特坐擁私人噴射機，我們卻得搭乘經濟艙。但讀完本章後可知：比起狹小的機位（你待在上頭的時間，最多只佔你人生的百分之〇．一），狹隘的思考其實更糟。聚焦在無足輕重的小事上，只會糟蹋了美好人生！

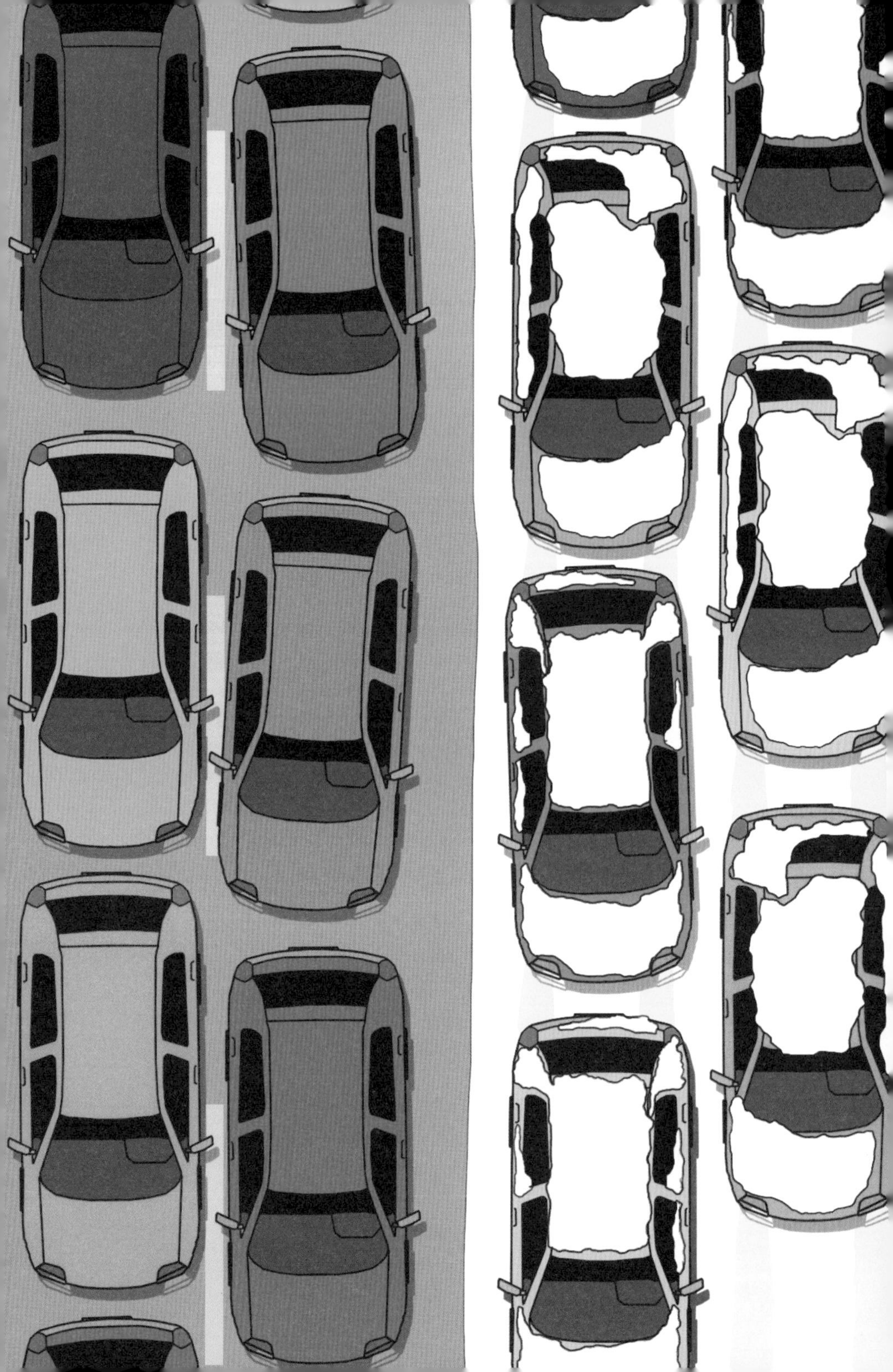

12 種種的購置是如何消失在空氣中

為何你該少買東西、多做體驗

汽車能讓你獲得多少快樂？請以從〇到十的數值給分。如果你沒有汽車，請改為評價房子、住宅、筆電或你擁有的某種東西。心理學家諾伯特·施瓦茨（Norbert Schwarz）、丹尼爾·卡納曼和徐菁（Jing Xu）曾對許多車主提出這個問題，並將他們的答案與汽車的價值交互參照。得出的結果是：汽車越豪華，車主從中獲得的快樂就越大。BMW七系列的車平均會比福特Escort給人多百分之五十的快樂。到此為止，一切都沒有問題。如果有人將大筆金錢花在汽車上，至少他的投資能以快樂的形式還以美好的回報。

接著來想另一個問題：最近一次開車時，你感到多麼幸福、快樂呢？學者們也提出這個問題，並再次將車主的答案與汽車的價值交互參照。結果竟是：沒有關連！無論車子多豪華或多鄙陋，快樂值一樣掉落谷底。上述第一個問題顯示汽車價值與所感受到的快樂之間存有關連性，汽車越豪華，就越令人幸福、快樂。第二個問題卻顯示兩者並無相關，豪華的汽車不會讓駕駛人更為幸福、快樂。怎麼會這樣？道理很簡單：在第一個問題裡，我們所想的是汽車；在第二個問題裡，我們想的卻是完全不同的事，像是開車途中被迫接聽電話、煩惱工作、塞車或馬路三寶等等。簡言之，當我們「想著」汽車，汽車會帶來快樂；當我們「開著」汽車，情況則不然。這是前一章提過的「聚焦錯覺」效應。

這種情況當然不只發生在汽車上。聚焦錯覺會在所有你購置的東西上影響你的快樂。當你想著X時，你就會傾向過分高估X對你人生的影響。無論事關一棟度假別墅、一部超大型電漿電視，還是一雙魯布托鞋（Louboutin），聚焦在上頭的心思雖然帶給你快樂，可是在日常生活的使用中，這些事物卻會沉沒在你的思想汪洋裡，快樂的效應也就隨之降低。不僅如此，這還涉及「反生產力」（參閱第五章），那是一些祕密的副作用，以及你爲了保有某些美好的事物，必須以時間和金錢的形式付出的暗藏代價。相互結合後，這些效應導致的結果是：在購置各種東西時，你所結算出的結果經常會是快樂損失。

難以置信？不妨看看以下這個例子：你在市郊買了一棟豪華別墅。在搬進去住的頭三個月裡，你充分享用裡頭的十五個房間，別墅裡的每個小小細節都能取悅你。一晃眼半年過去，你逐漸對身處的豪華生活環境無感。再度回歸一般的生活常態，你得處理許多更爲要緊的事情。可是，有些情況已然改變。十五個房間外加一個花園，完全有別於當初你在市中心所租的四房住宅，你需要一位清潔婦幫忙打掃房間，需要一位園丁協助整理花園，此外，如今你也不能走路去購物，從前上班只要騎幾分鐘腳踏車，現在你卻得每天來回兩小時。簡單來說，那間豪華別墅給你帶來的是快樂的淨損失。你的幸福損益是負的！

雖然上述例子純屬虛構，但我倒是見過不少實際的事例。我有個朋友有艘遊艇，或準確點來說，「曾」有艘遊艇，因爲他後來把它賣掉了。無論如何，那艘遊艇顯然讓他變得更聰明。他曾言簡意賅地對我說：一位遊艇主人感到最幸福的兩個日子就是，買下遊艇的那一天，以及把它賣掉的那一天。

如你所見，想要追求美好人生的人，都會做好「節制購買」。不可諱言，確實有某種「財富」能帶給人們不被聚焦錯覺所減損的快樂，那就是：體驗。當你在體驗什麼美好的事物時，你所有心思都浸淫其中。請試著少投資在物質事物上，多投資在體驗上。絕大多數的體驗，例如閱讀一本好書、與全家人一同郊遊、和三五好友一起打牌，都不需太多花費，幾乎不會招致什麼反生產力效應，是件好事。當然，也有某些體驗會耗去你不少銀兩，像是環遊世界或私人的太空之旅。但若你有錢去做這樣的事，它們肯定會是比收集保時捷更好的投資。

很重要的是：你的工作也是一種體驗。工作之際，它並非就只是存在在那裡。保時捷就只是存在在那裡，當你駕駛它時，它便會消失在思想的背景裡。但工作卻會佔據你的思想，總是讓你忙得團團轉。如果你喜歡你的工作，那有多麼美好；但如果你討厭自己的工作，你就面臨一個嚴重的問題：無法指望其他想法能幫你從自己的爛工作中轉移。

這點也是讓我成爲作家的一項重要考量。我很喜歡寫作，對我來說，寫作遠比寫出的書更爲重要。當然，每回收到剛上市的第一本樣書，我都很高興。我會輕拂書本的封面，小心地翻閱書頁，享受新鮮紙膠的美妙氣味。然而，過不了多久，新書就會被束之高閣，

我幾乎不會再想到它，因爲我的心思早已擺到下一本書上。

沒有比從事一項雖能帶給你許多金錢，卻無法帶給你快樂的工作更笨的事了！特別是，如果你總是把許多金錢投資在物質，而非體驗上。華倫·巴菲特曾說：「爲那些會讓人胃痛的人工作，就如同爲錢結婚；無論如何，那都是個壞主意，如果你已經很富有，那就是絕對的愚蠢。」

婚姻也是一種體驗。基於純粹的忠貞，或因爲缺乏選擇而死守一段根本不會帶來快樂的關係，其實毫無意義。「聚焦錯覺」不會趕來幫你。當然，並非每段關係都是由陽光燦爛的日子所組成，但烏雲密佈的日子也不應佔大多數。當雲起時，請試著轉向（參閱第二章）。萬一你眞的辦不到，請拉開降落傘。一段關係，特別是人生伴侶的關係，絕對不會退入思想的背景中。

結論：我們往往高估物質、低估體驗的快樂效應。如果你有一間房子，即便你住在裡面，你想著這間房子的念頭也會消失在日常生活其他念頭的雜音中。體驗則截然不同。不過，要是你已經買了雙魯布托鞋，那該怎麼辦呢？至少確定你可以完全有意識地樂在其中。你最好每天早上都清潔、擦亮它們，在入睡之際，心無旁鶩地想著那亮紅的鞋底。在這種情況下，聚焦錯覺就能例外地爲你的幸福加溫。

13 去你的錢

儲存的自由

太陽在你的背上燃燒，空氣在沙子上像玻璃一樣反射，你的上顎彷彿一張沙紙。兩天前，你已經喝掉最後的幾滴水。從那時起，你就改用四肢朝你在天邊遠遠望見的一個綠洲爬行。在這種情況下，你願意花多少錢買一公升的水？

假設你買到了水，總算解了有生以來最嚴重的乾渴。請問：這時候你願意花多少錢買一公升的水？又願意花多少錢買第三公升的水呢？

如果你不是具有超人忍耐力的苦行僧，或許願意傾盡積攢的所有家產，包括養老金和別墅，用以換取第一公升的水、用勞力士交換第二公升的水、用耳機交換第三公升的水，至於第四公升的水，你可能只願意用鞋墊來換取。經濟學家稱此爲「邊際效益遞減」。後續每公升水帶給你的效益越來越少，到了某一點之後，甚至再也沒有任何效益。幾乎所有財貨的情況都是如此，水、衣服、電視頻道，就連金錢也一樣。千百年來人類苦思不得其解的問題就這麼迸了出來：金錢能否讓人幸福？不如先回答以下問題：你認爲，年收入多少以上，即使多一歐元，也再不會讓你感覺更幸福？繼續閱讀前，請寫下答案。

相關研究爲這個問題提出了明確的答案。如果你活在貧窮中，金錢便至關重要。缺錢是純粹的苦難。如果你的年收入在五萬歐元左右，金錢的重要性會落在中間值；如果你的年收入超過十萬歐元（在蘇黎世可能得要多一點，在耶拿〔Jena〕則或許可以少一些），額外收入的影響將縮減至〇；你的年收入高達百萬歐元，其影響依舊是〇。這一點也不令人意外。試想某位億萬富翁的生活，從日出到日落，從這一刻到下一刻。他也必須刷牙洗臉。他有時也會睡不好或覺得不舒服。他有時也會被一些極其平常的家庭爭吵所苦。他也會擔心衰老和死亡。不僅如此，他可能還必須照顧身邊的一大堆員工、推辭一大堆媒體邀約、處理一大堆請求捐款的信件。在自家門前弄個豪華泳池，真能感覺幸福嗎？在一項發表於一九七八年的著名研究中，學者曾針對樂透得主的生活滿意度做了個調查。其結果顯示：在贏得數百萬獎金幾個月後，這些樂透得主就不再比先前更明顯地感到幸福。

經濟學家理查・伊斯特林（Richard Easterlin）曾經比較生活在一九四六年與一九七〇年的美國人生活滿意度。在一九四六年至七〇年期間，美國的生活水準幾乎翻了一倍（這時幾乎人人都擁有一部汽車、一台電冰箱、一台洗衣機，也都享有熱水），但生活滿意度卻幾乎沒有任何變化。伊斯特林研究過的其他十八個國家也有同樣的狀況。這意味著，人們並不覺得自己在二戰剛結束後的生活，比一九七〇年時的生活不幸福到哪去。物質方面的所有進步並未反映在滿意度的提升上。人們將這種情況稱爲「伊斯特林悖論」（Easterlin paradox）：當基本需求獲得滿足時，額外的富裕並不會帶來額外的幸福。

既然如此，爲何我們會有違科學的認知，不停地追求更多財富呢？主要原因就是：財富不是絕對的，而是相對的！

假設你和你的同事爲老闆爭取到一些油水豐厚的訂單，你寧可：⑴獨自獲得一筆一萬歐元的獎金，或是，⑵你得到一萬五千歐元的獎金，你的同事則得到兩萬歐元的獎金？如果你想的和大多數人一樣，你就會選擇一萬歐元的獎金，雖然另一個選項可以讓你更富有。

假設你買了一塊不錯的土地，在上頭蓋了一棟房子。這間房子能讓屋主臉上有光，至少它比你所需要的多了三間房。一年之後，某人買下你家隔壁的土地，在上頭蓋了棟豪華別墅，相形之下，你的房子宛如一間傭人房。其結果就是：你的血壓飆高，你的生活滿意度降低，雖然你的住處還是頂級的。

財富是相對的，不僅只與他人相比，也會與每個人自己的過往相比。如果在職業生涯的前半段，你每年可以賺到五萬歐元，現今年收入達十萬歐元，相較於在職業生涯的前半段每年可賺到十萬歐元，如今卻只能賺到六萬歐元，你會覺得前者更加幸福。儘管就總數而言，第二種情況優於第一種。

簡言之，看你要怎麼定義超出貧窮線以上的金錢。這又是一個好消息，如此一來，金錢能否讓你幸福完全操之在你！

以下是幾個關於金錢的重要經驗法則。第一，在英語中，「去你的錢」（fuck-you-money）已成爲說話不修邊幅的人的慣用詞彙；「去你的」是你離開老闆辦公室前，會對老闆破口大罵的話，這也可能是你向對方說的最後一句話。「去你的錢」就是「允許你在毫無財務的後顧之憂下，隨時辭職不幹的儲蓄」。這筆儲蓄或許是你一年的薪水。「去你的錢」是「自由」，其重要性大過物質上的獨立；「去你的錢」讓你得以擁有客觀觀察、思考的空間。如果你尚未積攢起這筆「去你的錢」，請盡量壓低固定支出。支出越低，便能越快存妥這筆錢。最美好的情況莫過於，擁有金錢，卻幾乎不需要什麼東西。

第二，別對自己的收入或財產的些微波動大驚小怪。你的股票投資組合今天是漲一%或跌一%，你都該心如止水。重點在於，別把太多心思放在金錢上。就算你更常想著金錢，它增加的速度也不會變得更快。

第三，別把富豪拿來當作比較的對象，這會讓你感到不幸。如果你非比較不可，不妨和比你窮的人相比。但最好還是別和任何人相比較。

第四，即使你十分富有，還是過得低調一點吧。財富會召來嫉妒。你不妨以華倫．巴菲特為榜樣，他至今仍住在一九五八年購置的簡單住宅裡。如果有錢的話，人人都能購買豪華遊艇；這不是什麼藝術。令人欽佩的是，當自己是個億萬富翁，卻不購買任何豪華遊艇，選擇過儉樸的生活。

結論：跨越貧窮線，建置了財務緩衝區之後，你能否擁有美好的人生，就取決於金錢以外的因素。在這些因素上多下功夫吧，別把所有的心思擺在聚斂錢財。真正的成功，誠如我們將在最後一章見到的那樣，根本不是財富上的成功。

14 能力圈

為何你得要知道自己的斤兩

沒人能夠完全看透這世界。對單一的人腦來說，這世界太過複雜。即使受過高等教育，你也只是知道一點皮毛。無論如何，也算是點什麼，因爲這個微小的立足點會是你展翅高飛、在人生中取得成功的出發點。缺少這個出發點，你就不會有「起飛」。

華倫．巴菲特用了一個美妙的詞彙，「能力圈」（circle of competence）。舉凡在這個圈圈裡的東西，人們都能純熟地掌握。超出圈圈以外的事物，人們則一知半解。巴菲特的人生座右銘是：「了解自己的能力圈，待在裡面。這個圈圈到底有多大其實無關緊要。知道圈圈的邊線究竟在哪則非常重要。」巴菲特的生意夥伴查理．蒙格補充道：「你必須找出自己的才能何在。如果你想在能力圈外碰碰運氣，你的事業將慘不忍睹。這點我可以跟你打包票！」ＩＢＭ的創辦人湯姆．華生（Tom Watson）便是這種論調的鮮活明證。他曾談論自己：「我不是個天才，我只是在某些點上有才，而我始終圍繞在這些點上。」

規畫自己的職業生涯時，請嚴格圍繞著這個觀念。徹底聚焦在自己的能力圈上，不僅能帶給你金錢方面的成果，同樣重要的還有情緒方面的收穫；具體來說，也就是金錢買不

到的精通、純熟的感覺。此外，你還能夠節省時間，因爲你不必每回都得重新決定，你到底是想接受或拒絕某些事物。借助一個準確測定出的能力圈，那些不適合卻無法抗拒的請求，突然都變得可以抗拒。

重要的是，千萬不要踏出自己的能力圈！多年前曾有位極爲富有的企業家出價一百萬歐元，請我執筆撰寫他的傳記。這是個極爲誘人的請託。但我終究還是婉拒了。傳記已然超出我的能力圈之外。若要寫出一流的傳記，無數的訪談與細膩的研究是少不了的。這需要不同於寫作小說或散文的能力，但那些能力卻不是我所具有的。如果接下這項請託，我可能會把自己搞得灰頭土臉、深感挫折，更重要的是，我或許頂多只能寫出一本普普通通的書。

在《風險智能》（*Risk Intelligence*）這本一點也不普通的書裡，迪倫・伊文斯（Dylan Evans）描繪了一位名叫 J. P. 的雙陸棋職業棋士。「J. P. 會刻意犯錯，藉此觀察他的對手懂不懂得利用機會。如果對手證明了自己的棋藝，他就不玩了。就這樣，他從來不會多花冤枉錢。換句話說，J. P. 懂得許多棋手不懂的事：他知道自己什麼時候『不』應該再玩。」他曉得那些對手會把他逼出自己的能力圈，於是他便閃開。

除了「跨出自己的能力圈」這項引誘，還有第二項同樣強烈的誘惑，那就是「擴大自己的能力圈」。特別是你在既有的能力圈中取得成功、志得意滿時，這項誘惑會特別強烈。儘管如此，請你還是不要這麼做！能力無法從一個領域套用到另一個領域。換個方式來說：能力具有「領域特殊性」。西洋棋的頂尖高手並不會自動成爲商場的頂尖謀略家；傑出的心臟外科醫師不會自動成爲優秀的醫院院長；精明的房地產炒手也不會自動成爲賢明的總統。

我們該如何創建一個能力圈呢？上網查維基百科是無濟於事的。翻閱經典的研究也不足夠。眞正需要的是時間，許多時間！美國名設計師黛比・米爾曼（Debbie Millman）遵循著一條值得你我參考的原則：「請你要考慮到，所有富有價值的事物，都需要投注許多時間方能獲得。」

「癡迷」也是我們所需要的。癡迷是一種「癮」。這也是爲何我們在談論它時多半會帶點鄙視。經常可見一些年輕人打電動、追劇、玩模型飛機成癮。該是正面看待癡迷的時候了！癡迷會驅使人們將成千上萬個小時投資在某件事情上。比爾・蓋茲（Bill Gates）年輕時也曾是個癡迷者；他是個「程式癡」。賈伯斯（Steve Jobs）曾癡迷於書法與設計。巴菲特十二歲時就用自己的第一筆零用錢買股票，此後便對投資上癮。如今沒有人會說比爾・蓋茲、賈伯斯和巴菲特揮霍了年少時光。相反地，正是由於癡迷，他們才會投資千萬個小時的時間，從而成爲大師級的人物。癡迷是部發動機，而非發動機故障。

順道一提，癡迷的相反並非「厭惡」，而是「感興趣」；客氣一點的說法就是：「我並不是眞的感興趣。」

爲何「能力圈」是如此重要的概念？其中的祕密何在？很簡單：一位大師級的程式設

計師並不僅僅優於一位良好的程式設計師兩倍、三倍或十倍。大師級程式設計師在解決同樣的問題時，僅需要一位良好的程式設計師所需時間的千分之一。律師、外科醫師、設計師、學者、商人等的情況也是如此。能力圈的裡、外，關乎的是「千倍」之差。

此外，「人生是可規畫的」，這個想法其實是種錯覺（參閱第二章）。意外、偶然到處肆虐，有時就像一場颶風。唯有一個地方總是清風徐來，那就是你的「能力圈」。在那裡，你會找到風平浪靜的海洋，或至少能安然地航行過起伏的波浪。說得直白一點：待在能力圈裡，你多多少少都能不受錯覺與思考錯誤的侵犯，甚至可以冒險打破成規，因爲你具備了對此所需的遠見，能夠評估可能會發生些什麼。

結論：別再惱怒自己的能力不足。如果你笨手笨腳，就別去學騷莎舞。請你別再做藝術家的夢，如果連你的小孩都分辨不出你畫的到底是牛還是馬。請你放棄開餐廳的念頭，如果阿姨來你家作客，你都端不出像樣的菜來招待她。事實上，你在多少領域裡達到平均水準或在平均水準以下，這一點都不重要。重要的是，你至少在某件事情上的表現遠遠高於平均水準，甚至還可能是全球頂尖。若是如此，你就具備了打造美好人生的有利條件。一項卓越可以抵過千百項不足。你在能力圈「裡」所投資的每個小時，將比在能力圈「外」所投資的每個小時具有高出「千倍」的價值。

15 守恆的祕密

為何無聊者比冒險者更成功

解開領子、捲起袖子的眾多股票營業員同時對著電話聽筒咆哮，一邊還比手畫腳，彷彿生死交關。空氣劈啪作響。偶爾有人將聽筒重摔在桌上，就好像氣得想把它砸爛。接著營業員們又相互高聲叫喊，此起彼落的聲音越過播放彭博社新聞的畫面，螢幕上的股市行情像教會市集上的燈光，閃爍不定。這就是媒體讓我們看到的金融市場、證券交易所或銀行櫃檯的場景。

場景轉換到美國最鳥不生蛋的內布拉斯加州，令人哈欠連連的奧馬哈市，位於一棟不起眼的大樓十五樓的無聊辦公室裡。沒有彭博社的畫面、沒有電腦終端機、沒有電子郵件，只有一張放了電話的舊式辦公桌。他就坐在那裡，日復一日，至今將近五十年，他就是華倫．巴菲特，史上最成功的投資人。

反差已然大到不能再大。一邊是過動的、揮汗如雨的、睪酮滿溢的股市交易員；另一邊則是靜謐的、滿頭花髮的大叔巴菲特。一個人如果曉得「投機」與「投資」之間的差別，就會在人生中四處發現類似的事物，如此一來，也就能夠掌握一項有益的心理工具。

差別到底在哪裡？股市交易員藉由瘋狂地買賣有價證券來獲利，至於隱藏在有價證券背後的是加州一家軟體公司或秘魯的一個銅礦，對他們而言，全都無關緊要。重要的是，有價證券的價值能夠在短期間朝著他們希望的方向波動。

反之，典型的投資者只會購買少數幾家他們熟到不能再熟的企業的股票。市場上其他人是怎麼想的，他們毫不在意。他們的投資是長期的。為了降低交易成本，會盡量減少買賣。巴菲特與生意夥伴查理．蒙格從不會主動鑽營投資機會，而是等別人將這些機會送上門。巴菲特曾表示：「查理和我就只是坐等電話鈴響。」

那麼，什麼人更為成功，是「投機者」還是「投資者」呢？兩方其實各有贏家和輸家，但只在投資者這邊才會有贏家中的巨擘。為何會如此？核心差異在於：投資者會善用長時間，股票交易員則否。

大腦喜歡短時間、躍進式的發展，對高潮和低潮、快速的變化和刺激的訊息會有過度的反應，但對持續性的發展卻幾乎無感。在這種情況下，我們會系統性地高估作為、低估不作為，高估行動、低估思考，高估出擊、低估等待。

你知道有史以來賣得最好的書是什麼樣的書嗎？並非目前高居暢銷排行榜冠軍的書籍，也不是在書店展示架上堆疊得最高的出版品，而是數十年或數百年來不斷被重印的書，像是《聖經》、毛澤東的《毛語錄》、《古蘭經》、《共產黨宣言》、《魔戒》、《小王子》等等。人們稱它們為「長銷書」，沒有出版社可以不靠它們存活。同樣的情況也可套用在百老匯的表演、旅遊景點、歌曲和其他許多商品。史上最成功的汽車是豐田的Corolla，自從一九六六年以新車之姿推出後，至今已發展到第十一代。讓 Corolla 成爲超人氣熱銷商品的，並非它上市後頭一年的銷量，而是它一路獲得穩定銷售的長久時間。

這類長期的成功往往都隱含某種不起眼的成分，其作用就宛如發酵粉，即：會在長時間裡不斷累積、擴大的微小進步。以投資爲例：如果你拿一萬歐元出來投資，將投資報酬率設定在百分之五，一年後，你會多五百歐元。這點錢或許微不足道。但若你持續將微薄的獲利拿來投資，十年後，你就會累積出一萬六千歐元的資金；二十年後，會累積出可觀的兩萬六千歐元；五十年後，甚至可以累積出驚人的十一萬五千歐元。資本是以冪數而非線性的方式增長。由於我們的大腦欠缺對於長期的感知能力，因此也對冪數增長無感。

這就是守恆的祕密：長期成功的形成，就猶如加了發酵粉的蛋糕。漫長、持久、無聊的過程促成了最好的結果。同樣的道理也適用於人生。

從未有哪個時代像如今身處的這個世紀這樣，積極、忙碌、奮勉受到高度讚揚。現代的「破壞性創新」宗教要求我們不斷摧毀自己的事業、公司，以及人生，然後重新創造。根據普遍的共識，唯有如此才能保有競爭力。此外，許多人更相信，美好的人生必須是由高調的冒險、旅遊、移居和高潮所組成。在我看來，情況卻正好相反。越是寧靜的人生，越具有建設性。獲頒諾貝爾獎的數學家伯特蘭．羅素所見略同，他曾指出：「歷史上那些重要男性的人生便是如此，除了幾個偉大的時刻以外，全無令人興奮的事情。蘇格拉底

（Socrates）只偶爾會開開心心地出席某個飲宴……他一生中大部分的時間，都安靜地在他老婆身邊度過，頂多就是吃完飯出門散散步，三不五時會在路上巧遇一、兩位朋友，如此而已。康德（Immanuel Kant）一生從未遠離柯尼西堡（Königsberg）超過十里。自環遊世界之旅返回後，直到過世，達爾文都靜靜地待在家裡……簡言之，靜謐的人生是偉大男性的特質。他們所享有的人生，在外人看來，毫無驚人之處。」這點同樣也適用於歷史上的偉大女性。高調的舉止與良好的思想之間、躁動與洞悉之間、作為與結果之間，並不存在某種正相關。

那麼，對於你的美好人生，這意味著什麼呢？這意味著少點瞎忙，多些沉穩！一日你創建了自己的「能力圈」（參閱上一章），請盡可能長久地待在裡頭。同樣地，當你找到一個好伴侶、適宜的居住地點或令人滿足的愛好，也請以同樣的態度待之。堅持、以長遠的角度思考、守恆，這些全都是具有高度價值，卻為人所低估的美德。我們應該重新提倡它們。查理．蒙格曾說：「你不必非得光鮮亮麗，你其實只需要比別人聰明一點點，並且維持很長、很長一段時間。」

16 使命的專橫

做你能做的事，而不是你可能喜歡做的事

西元二五一年，聖安東尼（Antonius）出生於埃及，成為富有的地主之子。他十八歲時，雙親相繼過世。他在教堂裡聽聞《馬太福音》的一些句子：「你若願意作完全人，可去變賣你所有的，分給窮人，就必有財寶在天上，你還要來跟從我。」於是他捐出所有家產，流浪到沙漠的邊緣，在那裡隱居多年。隨著時間經過，有越來越多同樣跟從上帝召喚的人跟隨他。就這樣，在孤立的隱士們鬆散的連結中，逐漸形成基督教的僧團。聖安東尼因而被譽為「修士之父」。

大約一千年之後，義大利某位富有的布商之子身上也有類似經歷。在夢裡受到上帝的召喚前，亞西西的方濟各（Francesco d'Assisi）一直過著放蕩的生活。後來他放棄家產，和乞丐交換身上的衣服，過著隱士的生活，並重建頹圮的聖堂。漸漸地，有些人加入他的行列，形成如今舉世聞名的「方濟會」（Ordo Fratrum Minorum）。

時至今日，當我們聽到「使命」一詞，就會想到聖安東尼或聖方濟各這類人物。他們不得不遵從上帝的召喚。同樣的情況也發生在聖保羅（Paulus）、聖奧古斯丁（Aurelius

Augustinus）、布萊茲・帕斯卡（Blaise Pascal）或其他《聖經》裡或外的改宗者身上。

「使命」因時代而異，如今，時下年輕人最常問我的問題之一便是「我該如何找到我的使命」。每每聽到這樣的問題，我都不禁發出冷笑，因爲使命可說是基督教的遺風。對不信上帝的人來說，這個概念聽起來就宛如某種妄想。

尋找使命的人現在當然不會再想著要擺脫世俗的生活。他們在乎的反而是某種更鮮明強烈的目標。他們浪漫地認爲，每個人的內心深處都存在著一朵蓓蕾，有朝一日，這朵蓓蕾將開出他們的人生之花。他們因而專心聆聽自己，希望可以聽到某種能夠充實人生的活動召喚他們。這其實是危險的，因爲使命的想法是這個時代的一大錯覺。

美國小說家約翰・甘迺迪・涂爾（John Kennedy Toole）視自己爲天生的作家。二十六歲那年，他將一份小說手稿寄到賽門與舒斯特出版社（Simon & Schuster），躊躇滿志地以爲自己完成了一部世紀之作。然而他的作品卻遭退稿，其他出版社也都不願意出版他的小說。遭受嚴重打擊的涂爾自信心一下子掉到了谷底。於是他選擇借酒澆愁。六年之後，也就是一九六九年時，在密西西比州的比洛希（Biloxi），他將一根水管接在汽車的排氣管上，將廢氣導入車內自殺身亡。他死後，他的母親最終還是找到了一家願意幫他出書的出版社。一九八〇年，他的手稿《笨蛋聯盟》（*A Confederacy of Dunces*）出版成書。評論者對這部小說讚譽有加，將之推崇爲美國南方文學的大師之作。涂爾也在身後被追頒普利茲小說獎。這本書如今已在全球銷售超過一百五十萬冊。

既是數學家，又是哲學家的伯特蘭．羅素曾寫道：「認為自己的工作具有高度重要性，這種念頭是會讓人瀕臨精神崩潰的症狀之一。」把自己和自己的工作看得太重正是使命的危險之處。一個人如果有如上癮般汲汲於實現自己所宣稱的使命，一如約翰．甘迺迪．涂爾，就不會擁有美好的人生。如果涂爾不把寫作視為唯一可能的使命，而是看成自己特別在行的簡單工藝，或許就不會沉淪到選擇自我了斷。人們總是可以帶著熱情，甚至癡迷去從事工藝。然而，焦點應擺在勞動、工作或輸入，而不是放在成功、成果或輸出。總之，寧可「今天我想寫出至少三頁」，也好過「明天我必須獲得諾貝爾文學獎」。

「使命會讓人幸福」的浪漫想像是錯誤的。一個人如果一股腦地遵循自己的使命，並不會變得幸福，只會讓自己含怒，而且很有可能在短時間內便陷入挫折。道理很簡單，因為大多數的使命都和不切實際的期望相結合。一個人如果打算寫出一本世紀之作、要締造世界紀錄、開創一門新的宗教，或是要徹底戰勝人世間的貧窮，他或許會有一兆比一的機會得以達成目標。請你不要誤解！追求遠大的目標是可以的，只不過前提是：必須在冷靜、保持距離的情況下追求目標。如果抱著盲目的熱情追著使命跑，保證會有一個不幸的人生！

此處也涉及「選擇性偏差」（selection bias）。我們只看到與使命有關的成功案例，譬如居禮夫人自十五歲就視自己為科學家，也確實獲頒兩種諾貝爾獎；畢卡索年僅十歲就被美術學校錄取，日後更在畫壇掀起革命。有許多傳記、訪談和記錄片都在傳頌這類美好的

故事，卻不見不可計數的失敗案例，像是某些失意的科學家，他們的研究報告只有妻子和母親看過，或是某些沒沒無名的世紀鋼琴家，目前正在某個窮鄉僻壤擔任音樂老師，追尋自己的「使命」，儘管他們完全沒有教學的能力。他們全都跟隨使命的甜美歌聲，誤入歧途。這些人的事蹟從不曾見諸哪個地方性的報紙報導。爲何要報呢？

人們經常會說，自己除了做某某事以外別無選擇。這種話雖然適合出現在浪漫的修辭裡，但基本上卻是在胡扯。遠古時期的狩獵者與採集者別無選擇，古埃及的奴隸別無選擇，中古時期的農村婦女別無選擇，但時至今日，如果有人聲稱內心有股聲音說，自己這輩子除了致力於彈吉他以外，別無選擇，那他肯定是聽錯了！

即便確實存在著像眞正的使命那樣的事情，也絕對不值得你無條件地追循。駭客、騙子、恐怖份子，他們全都認爲自己找到了使命、被工作所充實。希特勒毫不懷疑自己身負使命，拿破崙、史達林或賓拉登也一樣。此外，使命顯然也沒有能力作爲道德的指南針。

那麼，我們應該怎麼做呢？請勿聽從你的心聲！使命無非只是種使命的「期望」。含有浪漫情懷的使命並不存在，有的只是才能和喜好。請你以眞正的才能，而非誤以爲是的使命爲根據。所幸我們在行的事，往往也是我們喜歡做的事。重要的是，其他人也必須看出你才能的價值，因爲我們總得設法塡飽肚子。對此，英國哲學家約翰・格雷（John Gray）曾表示：「很少人會像懷才不遇的人那樣不幸。」

17 美名監獄

如何從外部評價找到內部評價

你會怎麼選擇？寧可當個被全世界當作笨蛋的聰明人？或寧可自己是被世人視爲智者的天下第一蠢蛋？

當巴布．狄倫（Bob Dylan）在二〇一六年獲頒諾貝爾文學獎時，人們有整整一個星期都沒有他的消息。沒有任何聲明、任何採訪，他甚至也不接聽瑞典學院（Svenska Akademien）的來電。批評的聲浪紛至沓來。一個人怎能如此不知感恩！這也太囂張、太不近人情了吧！狄倫在沉寂多日後終於發聲，在接受英國某家報紙的專訪中，他乾巴巴地表示：「自己十分珍視這份榮耀。」彷彿某位公關顧問硬要他擠出這樣一句話。後來他也沒去領獎，或更確切地說，遲了三個月才領獎。可以說他一點也不在意這項全球最負盛名的獎項。

生於一九六六年的格里戈里．裴瑞爾曼（Grigori Perelman）被認爲是當今最偉大的數學家。二〇〇二年時，他解開了數學界「千禧年大獎難題」（Millennium Prize Problems）的七大難題之一。其餘六大難題至今仍無人能解。他曾被宣布獲得素有數學界諾貝爾獎之稱的「費爾茲獎」（Fields Medal），但他拒絕受獎。即使獎金高達百萬美元，他也毅然推辭。裴瑞爾曼的經濟狀況可能並不寬裕，他沒有工作，和母親一起住在聖彼得堡的某個高樓層公寓社區裡。但對他而言，重要的只有數學。外界對他和他的成就有何看法，他毫不在乎。

我剛開始寫作時，非常在意別人對我所寫的書有何想法。褒獎的評論讓我心花怒放，貶抑的評論則令我火冒三丈。我用掌聲來衡量自己的成功。直到四十五歲左右，我也有了我的「巴布．狄倫時刻」。我了解到，公眾的評價和我的工作品質並無關連，它們不會讓我的書更好或更壞。這項洞察可謂是作繭自縛的救贖。

且回頭看看本章開頭的問題。華倫．巴菲特是這麼提出的：「你寧可自己是世上最棒的情人，但世人都認為你爛到不行；或寧可自己是最爛的情人，但世人都覺得你很棒？」巴菲特用這個問題來闡述美好人生最重要的領悟之一：區別「自我計分牌」（inner scorecard）與「外界計分牌」（outer scorecard）。換言之，這個問題要問的是，對你來說，你對自己的評價比較重要，還是外界對你的評價比較重要？「打從很小的時候開始，兒童就會學習在父母眼中什麼是重要的。如果父母十分看重外界的看法，卻不管你實際上到底做了什麼，你就會帶著『外界計分牌』長大。」不難想見，這將會把美好的人生扼殺於幼苗階段。

遺憾的是，努力營造一個盡可能美好的形象，卻是深植於你我心中的一種驅動力。在

你看來，過著狩獵或採集生活的祖先比較看重「自我計分牌」或「外界計分牌」？當然是後者。他們的存活取決於其他人如何看待他們，是願意與他們合作，還是要把他們逐出群體。那些無視「外界計分牌」的祖先們早已從基因庫裡消失。

大約一萬多年前，最初的村落或城鎮逐漸形成。在這些聚落裡，由於人與人之間不再彼此熟識，維護「名聲」便變得格外重要。流言蜚語取代了個人熟識的功能。從此以後，流言蜚語也佔領了這個世界。下回與朋友聚會時，你不妨稍微留意一下，將不難發現，有百分之九十的談話內容都圍繞在談論其他人。

我們之所以如此在意外界的影響，其實是有合理的演化緣由。但這並不代表這樣的取向至今依然富有意義。情況甚至正好相反，他人對你的看法遠比你所認爲的更不重要。你對自己的名譽、聲望或威信的改變「設定了」過於強烈的情緒反應；換個方式來說，就是還維持在「石器時代的模式」。人們是把你捧上天，抑或把你嫌到豬狗不如，對你人生的實際影響遠遠小於你的驕傲或羞恥讓你相信的。因此，請從中釋放自己！首先，這能省卻你那些無謂的情緒三溫暖。畢竟你無法長期管理自己的名聲。飛雅特（Fiat）的前老闆吉亞尼·阿涅利（Gianni Agnelli）曾表示：「上了年紀之後，你就會有你應得的名聲。」講白了就是：騙得了一時，騙不了一世。第二，專注於名聲與威望，會扭曲了我們對能夠眞正帶來幸福的事物的感受。第三，專注於名聲與威望會讓我們深感壓力，這十分不利於建構美好的人生。

我們從未像今日這樣迫切需要專注於「自我計分牌」。知名專欄作家大衛・布魯克斯曾說：「社群媒體創造了一種把個人變成小型品牌管理者的文化，人們透過臉書、推特、簡訊和 Instagram，打造出一個假裝快樂、外表活力十足的我。」布魯克斯用一個絕妙的詞彙來形容這種情況，「討讚機」（approval-seeking machine）。一不注意，我們就會變成這樣的機器。臉書的按讚人數、追蹤人數、各種評價等等，交織成一張個人狀態的量化即時回報網；但所呈現出的狀態從來就不眞實。倘若被這張網所擄獲，就很難自由伸展，遑論經營一個美好的人生。

結論：世人會寫些、傳些、貼些他們想要談論你的事。人們會在你的背後說長道短。你可能會被讚美之聲包圍，也可能被唾棄之聲淹沒。這是你無法控制的事情。所幸你也無須去做這樣的事。如果你恰巧不是政治人物或名人，也不靠廣告吃飯，就別再在意自己的名聲，別管別人喜不喜歡你。不要 google 自己，也不要討拍。去做些其他什麼吧，請你以還能在鏡子裡看到自己的方式生活。華倫・巴菲特曾說：「如果我做了什麼別人不滿意的事情，但我卻樂在其中，那麼我就是幸福的。如果別人對我大肆褒獎，但我卻不滿意自己的成績，那麼我就是不幸的。」這是完美的「自我計分牌」。務必以友好且從容的淡定，婉拒來自外界的讚譽及批評。你對自己的看法才是重要的！

18 歷史終結錯覺

你可以改變自己，但改變不了別人

每回我到訪蘇黎世機場，都發現有些小小的改變。這裡突然開了間新的店，那裡多了個咖啡吧，上頭立了個巨大的廣告牌，下頭增設了像士兵般一字排開的自動報到機。有時我會把車子開到新的停車場，有時我則會在某個航廈改建過的側翼絕望地尋找插座。我平均一個月會去逛一次這座機場迷宮，至今已有三十年。我的大腦總是會試著適應那些稍微改變了的基礎設施，從而能在下次到訪時毫無問題地找到通往登機門的路。但如果我回頭想想自己第一次拜訪這座機場的情景——當時我還只是個小男孩，牽著母親的手，等待父親出差歸來。我看著他步下登機梯，朝著停機坪向他揮手——我肯定會發現，彼時與此刻的機場根本就截然不同。當時的蘇黎世—克羅騰機場僅有一座冰冷的大廳，單調的擴音器聲廣播、呼叫（也會用法語）每架起飛班機和遲到的旅客；每隔一段時間還能聽到顯示版上，字母和數字更動時的沙沙聲。如今的蘇黎世國際機場則是一個加了三條飛機跑道、多采多姿的購物中心。你肯定也知道某些類似的地方，例如某個車站、某座城市或某所大學等等，它們在很長一段時間後完全改變了，但你在過去多次的拜訪中可能恍然未覺。

你自己的情況又是如何呢？隨著時間經過，你有了多麼劇烈的改變？請試著回想二十年前的你是個什麼樣的人。忽略諸如工作、住處、外表等等外在事物，僅回想你的個性、性格、脾氣、價值觀、愛好。今昔相互對照，從〇到十，就自己的改變給分，一成不變就給〇，徹底變了個人就給十。

我的受訪者大多會發現，在過去二十年裡，他們的個性、價值觀和愛好都發生了某種程度的改變。他們所打的分數大概介於二到四之間。換言之，不像蘇黎世機場那樣徹底改變，但總歸有些許改變。

再來，你認爲在往後的二十年裡，你又會有多大的改變？大多數人所給的比分都比上一題更低，介於〇到一。換句話說，大多數人都不認爲自己的內在日後會有什麼改變，即使有，改變幅度也很小。在這點上，我們顯然有別於機場、車站或城市等等。很奇怪，不是嗎？性格發展是否可能自今日起便完全靜止？當然不會。哈佛大學的心理學家丹尼爾．吉爾伯特（Daniel Gilbert）將這種情況稱爲「歷史終結錯覺」（end of history illusion）。事實是，未來我們也將會有幾乎和過去一樣大的改變。或許我們不太清楚會往什麼方向變化，但可以確定的是，你將變成一個具有不同性格和價值觀的人。相關研究明白地顯示出這點。

先將「個性」或「價值觀」這類比較廣泛的概念擺在一邊，來觀察相對比較簡單的「偏好」。請你回想二十年前最愛的是什麼樣的電影？如今最愛的又是什麼樣的電影？當時你的偶像是什麼樣的人？如今你的偶像又是什麼樣的人？當時你最重要的朋友是什麼樣的人？如今你最重要的朋友又是什麼樣的人？請你花幾分鐘時間回答這些問題。

丹尼爾．吉爾伯特提出一個很棒的構想，藉以衡量偏好的改變。他詢問人們以下兩個問題：⑴「十年前」你最喜歡哪一個樂團？時至「今日」，你願意花多少錢購買該樂團的演唱會門票？⑵「現在」你最喜歡樂團，「十年後」，你願意花多少錢購買它的演唱會門票？其中的差異可說是出人意料地高。相較於十年前自己最喜歡的樂團，人們平均願意多出百分之六十一的錢，在十年後去看自己現在最喜歡的樂團的演唱會。這是一個「歷史終結錯覺」的明證，證實我們的偏好其實是不穩定的。

這裡透露出一個好消息和一個壞消息。好消息是：你可以對自己的個性改變發揮一點影響。雖然不是很多（因爲你的個性發展大多取決於基因），但總有部分影響，因此你應當把握這些機會。借助偶像來調整自己的個性發展最有效率。華倫．巴菲特曾表示：「如果你告訴我，你心目中的英雄是什麼人，我就能告訴你，你會變成怎麼樣的人。」基於此，在選擇仰慕的對象時，請特別小心。

壞消息則是：你無法改變他人；即使對方是你的人生伴侶或子女也不能。改變個性的動機必須發自內心。外界的壓力或理性勸說都沒能發揮作用。

也因此，打造美好人生最重要的原則之一就是：「避免那些你必須改變他人的情況。」這項簡單的策略爲我省卻了許多成本、失望和災難。舉例來說，我不會雇用我必須改變其個性的人，因為我根本做不到。我也不會和性情不合的人做生意，不論可能的獲利有多高。此外，如果我至少得要改變某個組織裡的幾名成員，我就不會接掌那個組織。

聰明的企業一貫如此。十分成功的西南航空公司（Southwest Airlines）自創辦之初便標榜「聘用態度，訓練技能」（hire for attitude, train for skill）。一個人的性情不是那麼容易就能改變，至少在自己不理性的時候很難，更不用說外人根本無法迫使其改變。相反地，能力卻可以。

我總是一再訝異於居然有那麼多人忽視這條簡單的原則。我的某位好友是個很愛跑趴的社交高手，他娶了個內向的美貌嬌妻，卻妄想要把嫻靜的太太訓練得和他一樣長袖善舞。可想而知，當然是搞得灰頭土臉，最終他還得為這段短命的婚姻付出高昂的代價。

另一個相關的人生原則則是：「只與你喜歡和信任的人共事。」查理．蒙格曾說：「如果我們只跟值得信賴的人往來，把其他人全都打發走，那該有多好。這點應當像教義那樣被傳授……明智的人會遠離宛如老鼠藥一般的人，這種人其實所在多有。」你是如何將這種「有毒」的人趕出你的人生？給你一個建議：每年的十二月三十一日，我太太和我都會在小紙條上寫下對我們有害無益、我們也不希望他們再出現在我們人生中的人的名字。然後我們就一張一張地把它們丟進火爐裡。這是一項頗具舒緩和療癒效果的儀式。

19 人生的小意義

哪些目標是你能達成，哪些則不能

有一回，美國作家泰瑞・皮爾斯（Terry Pearce）打電話向他的同事蓋瑞（Gary）致謝，電話的另一端卻傳來這樣的聲音：「哈囉，我是蓋瑞，這不是答錄機，而是提問機。請回答以下兩個問題：你是誰？你想做什麼？」沉寂了一會兒之後，他又聽到那個聲音接著說：「如果你認爲這是微不足道的問題，請你想一想，有百分之九十五的人，就在這兩個問題連一個都沒有回答的情況下度過了一生！」

你會如何回答「你是誰？」這個問題呢？大多數人都會以姓名和職業作答，有時則會補上家庭狀況（例如我是兩個孩子的媽）或某種性格特徵（例如我喜歡走入人群）。但這樣一個答案有什麼用呢？毫無用處。不過我們也不應對此加以苛責，畢竟關於自我認同的問題是不可能一言以蔽之。就連一段話或十張紙的篇幅也不足以描述。無論你是誰，大概都需要一部像普魯斯特（Marcel Proust）那般深刻的小說，才能道盡你的本質和人生。

人生是由無限多的面向所構成，個別描述我們的每一句話必然都是錯的。儘管如此，我們卻總是簡化自己，不只在打電話給「蓋瑞」時如此，耐人尋味的是，就連在審視自我、認識自我時亦然。我們會帶著某種猶如漫畫人物的自我形象；荒謬地簡化、完全無異議、過於正面。第二十二章會提到我們是如何虛構出自己的人生故事。不過，在此要先告訴你的是：你最好別試著回答「你是誰？」，因爲這麼做只是浪費時間！

接著來看第二個問題：「你想做什麼？」與第一個問題相反，這個問題是我們可以回答的。回答這個問題也十分重要。這是一個關於人生目標的問題，有時我們也會說這是在追問「人生的意義」。只不過在德文裡，「意義」一詞頗令人困惑。因此，我建議你在「生命的大意義」和「人生的小意義」之間做個區別。

一個人如果想要找出「生命的大意義」，就如同是在找尋諸如「我們爲何會存在於這個世界上？」、「宇宙爲何會存在？」、「這一切代表著什麼？」的問題解答。至今爲止，幾乎每個文化都會以某種神話來回答這類問題。把地球說成是一隻巨型烏龜的甲殼，這是很妙的神話故事；這類神話不僅存在於中國，也存在於南非。基督教則說上帝用六天的時間創造一切，到了末日審判那天，祂則會再摧毀一切。有別於這些神話故事，科學未能對「生命的大意義」提出任何解答。關於生命，我們只知道：只要存在足夠的物質與能量，生命就會漫無目的地持續發展。而我們無法看出這樣的發展中存有任何更重要的目標。這個世界基本上是沒有意義的。前述道理同樣適用於此：請停止追尋「生命的大意義」，因爲這麼做只會浪費時間！

重要的是「人生的小意義」。這個問題涉及個人的目標、抱負、任務；換言之，涉及蓋瑞在答錄機上所提的第二個問題。沒有一個美好的人生會缺乏個人的目標。早在距今兩千多年前，古羅馬的哲學家塞內卡就已經曉得這一點：「你所做的一切，都應該對準某個目標。請你總是注視著這個目標。」並不存在任何鐵定能夠達成目標的保證；然而，一個人若是沒有目標，他肯定什麼也達成不了。

人生目標極其重要。舉例來說：一群美國的研究人員先是詢問了許多十七、八歲的學生，財富的成功對他們有多重要：⑴一點也不重要，⑵有點重要，⑶非常重要，⑷絕對必要。多年後，研究人員找來同一批受訪者，詢問他們目前的實際收入是多少、覺得自己的人生總體而言有多幸福。所得出的第一個結論是：年輕時在財富方面企圖心越強的人，中年時期所得的收入越高。這表示目標是會起作用的！對這項結果感到訝異的只有心理學家，長久以來，他們總認爲人就和帕夫洛夫（Ivan Petrovich Pavlov）的狗一樣，只對外部刺激有反應。

所得出的第二個結論是：年輕時立志要在畢業後獲得高薪、日後也達成目標的人，順理成章地對自己的人生感到十分滿意。至於同樣覺得金錢十分重要，卻無法達成財富目標的人，則會對自己的人生深感不滿。是的，或許你認爲金錢能讓人幸福。但這不是重點。對那些不把富有視爲人生目標的人來說，收入高低對他們的人生滿意度幾乎沒有任何影響。換言之，讓人幸福或不幸福的，並非金錢，而是一個人是否達成目標。這點同樣可以類推到其他的人生目標。

為什麼目標會起作用呢？因為有目標的人會投注更多努力，因為目標能讓我們更容易做出決斷。人生是由無數個岔路所組成。在每個岔路口，我們可以隨興所至，也可以以自己的目標為依歸。無怪乎在研究中選擇「絕對必要」這個選項的學生們，日後會選擇從事薪水較為豐厚的工作（例如醫師、律師、顧問等等）。

「立定人生目標」因而值得推薦。只不過這當中還關係到兩個問題。丹尼爾．卡納曼曾指出：「設定難以達成的目標，是讓自己對人生感到不滿的祕訣。」請務必留意你的目標是否切合實際。如果你的身材矮小，卻夢想成為籃球巨星，那無異於搬石頭砸自己的腳。想成為第一位上火星的人、國家元首，或是億萬富翁也一樣。這類目標無法被操控；達成它們所需要的因素，百分之九十九都不在你能控制的範圍裡。不切實際的目標是幸福殺手！建議你，不妨把目標訂得稍微模糊一些些，例如以「有錢人」取代「億萬富翁」。若你能達成目標是再好不過；如果你未能達成，總還能把自己的狀況解釋成彷彿（至少部分地）達成目標；不必刻意而為，大腦會自動自發地辦好這件事！

結論：目標會起作用！目標是重要的！遺憾的是，大多數人對於「人生的小意義」思考得都不夠透澈。他們要不就是沒有目標，要不就是一窩蜂地跟著別人立定同樣的目標。想踏上通往美好人生的道路，有時須先訂立可達的目標、跨越某個高度的門檻。知道自己要去哪裡，比迅速去到某個地方更重要！

91

20 你的兩個我

為何你的人生不是相簿

我想爲你介紹兩個人，你對這兩人再熟悉不過，卻不曉得他們的名字，那就是：你的「經歷中的我」（experiencing self）和你的「記憶中的我」（remembering self）。

「經歷中的我」是意識中體驗到每個當下的那個部分。就你的情況來說，便是你正在閱讀這行字。過一會兒，你將體驗到你是如何將書本闔上、放到一旁，也許你還會起身泡杯咖啡。「經歷中的我」不只體驗了你正在做的事，也體驗到你同時在思考和感受的事。你會感知諸如疲倦、牙痛或緊繃等身體狀態。這一切都會在體驗的瞬間融合在一起。

一瞬間大概是多久呢？心理學家認爲大約是三秒鐘的時間。這就是我們感受爲「當下」的時間；而「當下」指的就是所有我們體驗到，且將其概括成「現在」的事物。一段更長的時間則會被體驗成不同瞬間的序列。扣除睡眠時間，我們每天大約會體驗到兩萬個瞬間；若以平均壽命而言，一個人一輩子大約會有五億個瞬間。

所有在某一瞬間閃過大腦的印象最後會如何呢？幾乎全數無可避免地消失。測試一下吧，你是多麼精心體驗二十四小時、十分鐘和三秒鐘之前的瞬間？當時你可能不擤鼻涕不行，你可能在看窗外的風景、拍掉褲子上的碎屑。無論你當時在做什麼，此刻它們已經不復存在。保留下來的遠遠不及所經歷的萬分之一。我們可謂是巨型的體驗揮霍機。

這就是你的「經歷中的我」。要介紹給你的第二個人是你的「記憶中的我」。他是意識中未被「經歷中的我」丟掉的爲數不多的部分；「經歷中的我」負責收集、評估及分類。如果你在二十四小時、十分鐘和三秒鐘之前正好吃下這輩子吃過最好吃的巧克力夾心，「記憶中的我」可能還確實知道這一點。

關於這兩個「我」的差異，可以用一個簡單的問題加以說明：你幸福嗎？請花點時間回答。

你是怎麼想的呢？如果你商量的對象是「經歷中的我」，他就會道出你在當下的體驗，也就是你在那短短三秒鐘的心理狀態。身爲你正在閱讀的這些文句的作者，我當然希望答案是「肯定的」。若你詢問的是「記憶中的我」，他則會約略透露你平時的心境，也就是最近這段時間你有何感受、對自己的生活又有多滿意。

遺憾的是，這兩個「我」很少說出同樣的答案。曾有學者研究學生在休假期間的快樂感受。研究人員一方面以隨機抽樣的方式（每日多次透過手機電訪）調查學生們當時的心理狀態，另一方面則在假期後對學生進行面訪。所得結果是：比起「記憶中的我」，「經歷中的我」覺得沒那麼幸福。這並不意外，因爲你肯定聽過「記憶的粉紅色眼鏡」這種說法。事後回頭看，往往覺得事情沒那麼糟。而這也代表了，不能過分相信自己的記憶，因爲會很容易出現系統性的錯誤。

會造成多大的錯誤，從以下實驗就能看出。在第一個實驗裡，研究人員要求受試學生將手放在十四度的冷水裡一分鐘。這是個讓人頗不舒服的體驗。在第二個的實驗裡，研究人員則要求受試學生先將手置於十四度的冷水裡一分鐘，再把手置入十五度的冷水裡三十秒。研究人員隨後詢問他們，如果得再來一次，他們會選擇重做上述哪個實驗？百分之八十的受試者都選擇第二種。這也太蠢了！客觀來說，第二種實驗更糟，因爲人們必須多受罪三十秒！

到底出了什麼錯？諾貝爾獎得主丹尼爾．卡納曼將這種情況稱爲「峰終定律」。他發現，我們主要會記住的是一起事件的「高峰」（也就是亮點、進行得最激烈的時刻）與「終結」。其他部分則幾乎不會匯入記憶。在前述的冷水實驗中，兩個實驗的「峰」體驗是一樣的，也就是十四度的冷水，但「終」則有所不同。第一個實驗的「終」（十四度的冷水）比第二個實驗的「終」（十五度的冷水）更難以忍受。因此，受試者的大腦便誤判第二個實驗比較宜人，將之儲存，儘管對「經歷中的我」（或就客觀的角度）來說，第二個實驗更讓人不舒服。

時間的長短並未扮演任何角色。無論進行實驗的時間是六十秒還是九十秒，完全不影響受試學生的評價。這點普遍來說是正確的。無論度假旅遊爲期一週或三週，對旅程的回憶都是一樣的。無論你是坐一個月還是三個月的牢，對記憶都無關緊要，你對自己的牢獄

生活會有同樣強烈的回憶。人們將這種現象稱爲「忽視持續期間」（duration neglect），除了「峰終定律」以外，這是記憶力的第二項嚴重錯誤。

有別於「經歷中的我」善於揮霍，幾乎丟失一切，「記憶中的我」則格外容易犯錯，從而輕易便誤導我們做出錯誤的決定。由於「記憶中的我」經常誤判，因此我們會傾向高估強烈的快樂，低估寧靜的、持久的、不會令人激動的快樂。我們會以高空彈跳取代長時間的徒步旅行，以一夜情取代有固定伴侶的常態性生活，以嘩眾取寵的 YouTube 影片取代一本好書。

有一類書籍叫作「極限生活」，作者幾乎清一色是戰地記者、極限登山家、新創企業家或行動藝術家。他們所要傳達的理念是：生命對於溫和的快樂來說太過短暫，唯有在極高與極低中，人們才能感覺到自己，平靜無波的人生是失敗的人生。這些作家及其讀者可說是掉入「記憶中的我」陷阱的犧牲者。唯有以回顧的角度來看，赤腳穿越美國、以破記錄的速度攀登聖母峰這類事情才會是很棒的經驗。在進行的當下，一個人所感受到就只有痛苦。極限運動是以當下的快樂爲代價來餵養回憶。

那麼，重要的是什麼？是「經歷中的我」還是「記憶中的我」？當然是兩者。沒有人想錯過美好的回憶。然而，我們往往過於看重「記憶中的我」，放眼於收集未來的記憶，對當下漫不經心。請你反其道而行。不妨認眞想想孰輕孰重，是一個充實的人生，還是一本貼滿照片的相簿？

21 記憶帳戶

體驗化為記憶

請你設想一種最美好的體驗，像是在加勒比海進行一趟爲期十年的遊艇旅行、搭乘太空船橫越銀河系，或是與上帝本尊在蘇黎世皇冠廳餐廳共進晚餐，一同品嚐一九四七年份的白馬酒莊名釀。現在問題來了：你願意爲自己最心愛的體驗付出多少代價？

請以關鍵字寫下你所能想像的最美好的體驗，並且記錄你的出價上限。

下一個問題是：如果你事後會遺忘一切，你又願意爲自己最心愛的體驗付出多少代價？具體一點地說，航海結束後，你將對自己在加勒比海上乘坐的遊艇毫無印象；步下太空船後，你再也記不得天上的星星是否閃亮；離開餐廳後，你完全想不起上帝是男是女，更不用說四七年的白馬酒莊名釀是否好喝。你可以在大腦裡上窮碧落下黃泉地翻找，然而，記憶全部消失了，一切不復存在。被我問過這個問題的人大多會回答：對他們來說，這種體驗根本一文不值！

或許你也有同感。且讓我再問問你：如果事後你有一天的時間能夠重溫那段體驗，你願意爲自己最心愛的體驗付出多少代價？如果能夠記得的時間有一年之久呢？有十年呢？

可惜學術界尚無相關研究。我個人所收集到的答案比較偏向朋友間茶餘飯後的閒聊，在此僅供讀者參考：一般認爲，能夠回憶的體驗才算數。姑且將這種現象稱爲「記憶帳戶」。記憶能夠保有越長時間，那段記憶關乎的體驗一般認爲會越有價值。如果一段（正面的）回憶能夠一路持續到人生的終點，其相關的體驗會被回過頭來賦予最高的價值；如果它只能維持到餘生的一半，就只會被賦予最高價值的一半；以此類推，直到價值歸零。如果沒有回憶，體驗則被認爲毫無價值。這著實令人感到訝異與荒謬。畢竟不管有無記憶，能夠體驗某些美好的事物，總好過未能體驗它們。無論如何，在體驗的當下，你都會擁有一段美好的時光！此外，在你我過世之後，所有的記憶終將被遺忘，因爲屆時再也不存在「你」和「我」。死亡會把我們的記憶刪除。將記憶確實延續到這個時間點眞有那麼重要嗎？

探索失智症患者的感覺世界或許是件很有意思的事，因爲他們所經驗到的正是這樣的情況：一系列當下的體驗，一瞬間復一瞬間，沒有任何的記憶。據我們所知，這也是大部分動物的生命感受。牠們只有當下，幾乎或完全沒有回憶。經常聽聞有醫護人員以粗暴的方式對待失智症患者，他們的理由是：這些人反正也記不得。雖然事實如此，但患者在當下的體驗卻是扎扎實實的。「經歷中的我」會作用著，在你身上亦是如此。

研究顯示，記得美好體驗的人比較幸福；特別是當他們戴著「粉紅色的懷舊眼鏡」觀看那些體驗時。許多心理學家因而認爲，人們應當多花點時間，針對性地去回想過往的美

好片刻。這個建議大有問題。爲何我們不把時間拿來創造美好的當下、美好的瞬間呢？在我看來，有意識地體驗當下，所需耗費的精力並不會大於重溫陳舊的回憶；情況還正好相反。此外，當下的體驗遠比朦朧的回憶來得更爲強烈、濃郁、多采多姿。不是非得體驗跳傘或完美的日落才能享受當下。即便你只是像現在這樣，坐在一張椅子上，讀著這個篇章，你也能經驗到一連串小小的幸福時光（這也是我所盼望）。請你有意識地、切實地感受這些小小的時間片段，不要試著翻找某些回憶。畢竟你也挖掘不出多少東西。以度假爲例，我們所能記得的就只有旅程中的高潮（或低潮）和旅程的結尾。這就是丹尼爾·卡納曼所提出的「峰終定律」，前一章已做過說明。也許我們還能想起旅程中其他兩、三個畫面或場景，但也就只是這樣而已。人們總認爲，回憶就宛如再看一次同一部電影。不，回憶其實是單向度的、空洞的、抽象的、經常錯誤百出的、部分是虛構的、無益的。簡言之，我們過於高估回憶的價值、低估當下體驗的價值。

在一九六〇年代，「當下」這個概念受到眾人矚目時，也首次面臨必要的修正。當時的年輕人以迷幻藥、放蕩不羈的性行爲和與藝術有關的表演事件進行嘗試。一九七一年，遭到解雇的哈佛大學教授理查·阿爾貝特（Richard Alpert；以印度靈性大師拉姆·達斯〔Ram Dass〕之名聞名於世）撰寫了《活在當下》（*Be Here Now*）這本暢銷書。我們或許無法想出更好的座右銘來描述這種人生感受。拉姆·達斯用很大的篇幅來宣揚古代佛教的實踐方法，並加以改造，好適合西方人使用。時至今日，六〇年代的「當下存在感」被冠上了「正念」這個新標籤，再度蔚爲風尙。城市中趕時髦的菁英階層、瑜珈老師與生活風格教練等，都十分熱衷此道。

這是好的，也是對的。只不過「正念」常與「不要考慮未來」搞混，這是錯的。「把每一天都當成生命的最後一天」雖是頗受歡迎的月曆箴言，卻是一條極其愚蠢的行爲指南，它可能會在極短的時間內就把你送入醫院、墳墓或牢房。未雨綢繆、曲突徙薪、防微杜漸，這些都是美好的人生所不可或缺。

結論：大腦會自動處理所有時間層面，包括過去、現在、未來。問題是，我們該聚焦於哪個層面？我的建議是：三不五時就做個長遠計畫，如果計畫行不通，就聚焦於現在。請你最大化當下的體驗，而不是未來的回憶。請你欣賞眼前的日落，不要一味地忙著照相。一個雖然沒有半點回憶，卻是由大量多采多姿的瞬間所組成的人生，依然是個多采多姿的人生。別再把體驗視爲記憶帳戶的存款。畢竟，或早或晚，最遲到你死的那一天，這個帳戶就會被註銷！

22 人生故事是鬼話連篇

為何我們會帶著一個錯誤的自我形象闖蕩世界

關於第一次世界大戰，你知道些什麼？沒錯，一九一四年，有位塞爾維亞的自由鬥士在塞拉耶佛（Sarajevo）刺殺了奧匈帝國的王儲。奧匈帝國旋即向塞爾維亞宣戰。當時幾乎所有的歐洲國家都相互結盟，因此在數日之內全數捲入戰爭。戰事很快陷入僵局，因爲沒有哪一方佔有絕對優勢。這也導致了一場史無前例的人員與物資消耗戰。凡爾登（Verdun）可說是這場毀滅性的陣地戰的象徵。最終，歷時四年，估計約有一千七百萬人喪生後，這場悲劇才得以落幕。

你對第一次世界大戰的印象大概就是這樣。除非你是位學有專精的歷史學家，便會知道事實不然。相較於我們相信的「史實」，引發戰爭的原因更爲錯綜複雜、更容易受偶發事件所影響。我們至今仍不了解，爲何這場大戰偏偏始於塞爾維亞。當時的暗殺事件層出不窮，遠勝今日。德國也很有可能對法國宣戰，反之亦然。至今我們也不曉得，爲何這場陣地戰會持續如此之久。回頭來看，大戰爆發前，已有許多創新的武器技術，像是機槍、坦克、毒氣、潛艇和空中武力的一些雛形等等，理應能使戰線更爲流暢。

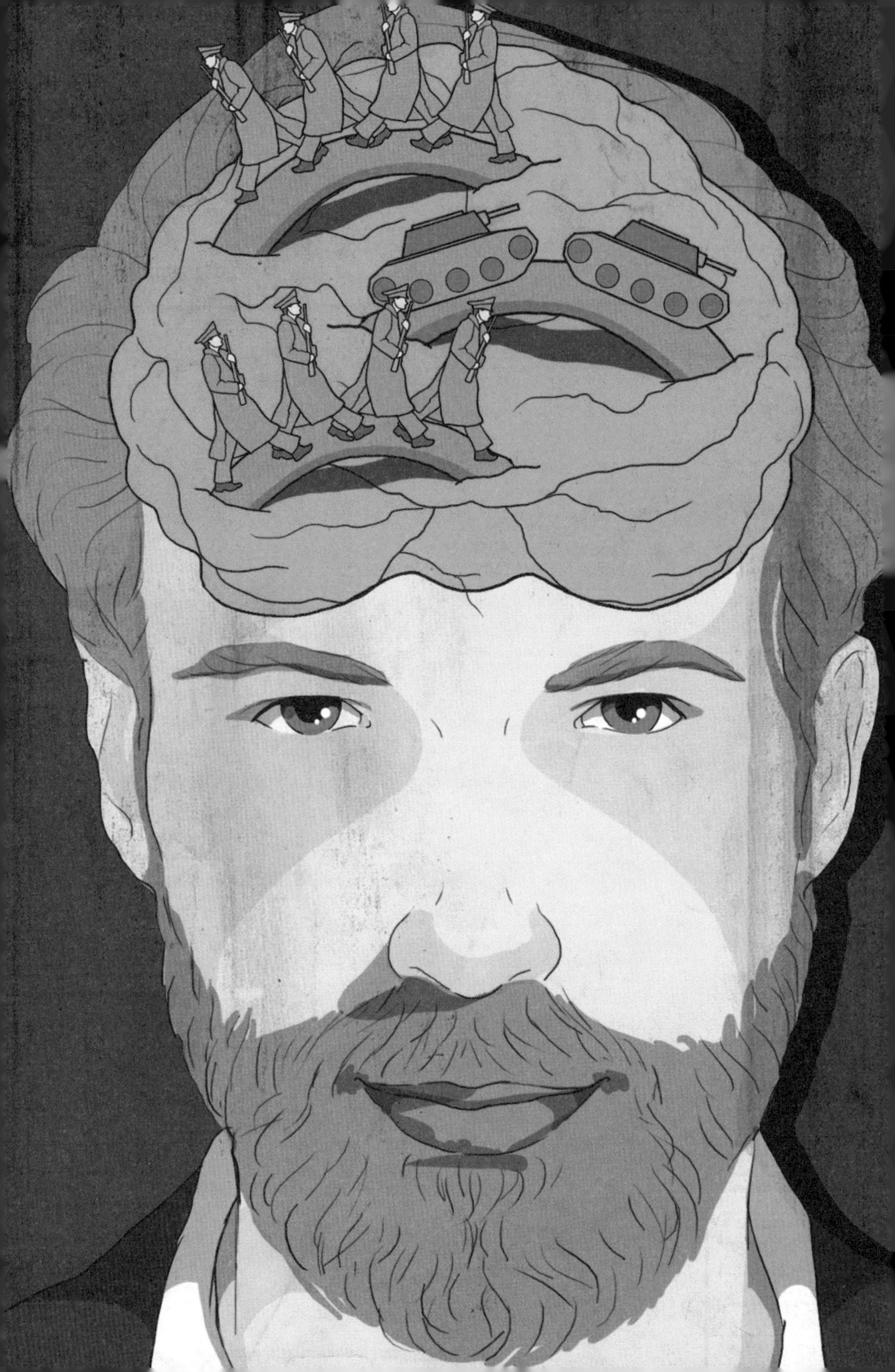

我們的大腦經常被拿來和電腦相提並論。這樣的類比其實是不恰當的。電腦會以位元的方式，也就是最小的資訊單位儲存原始的數據資料；然而大腦所儲存的卻不是原始資料，而是被加工過的。它喜歡的格式不是位元，而是故事。爲何？因爲大腦的儲存空間有限。八百億個腦細胞聽起來十分驚人，但若要將我們見到、讀到、聽到、聞到、嚐到、想到和感覺到的一切儲存下來，這樣的數量是遠遠不夠的。也就是說，大腦發明了一種壓縮資料的技巧，那就是編故事。

眞實世界並不存在任何故事。就算你帶著放大鏡，花上十年時間，走過各個大陸，翻遍每顆石頭，你也找不到任何一個故事。你會發現石頭、動物、植物、菌類，利用高級顯微鏡，你甚至還能發現細胞、分子、原子與基本粒子，但就是找不到故事。即使你曾經歷第一次世界大戰，客觀地說，你也見不到「世界大戰」，你只會看到壕溝、一大堆戴著奇特鋼盔的人、僅由樹墩組成的森林、在空氣中呼嘯而過的鋼珠、無數的人屍和馬屍。

大腦是如何將事實編織成記憶的？答案是：透過將它們連結成一個「緊湊」、「連貫」且「具有因果關係」的故事。「緊湊」意指故事必須簡短、沒有「漏洞」。「連貫」指的是故事不能前後矛盾。「具有因果關係」則是故事中存在著從原因到結果的指向，例如A導致B，B又導致C，整個發展是有道理可言的。

大腦會自動完成這一切。不只是戰爭、市場走勢或流行趨勢之類的事實如此，就連人生故事亦同。建構故事可說是「記憶中的我」的主要職責。我在前兩章都曾提到「記憶中的我」。你的人生故事包含了你是誰、你從哪裡來、你往哪裡去、什麼對你而言是重要的等等。人們也將之稱爲你的「自我」或「自我形象」。你的人生故事是「緊湊」的；如果有人問你「你是誰」，你或許已經準備好簡單扼要的幾句話作爲答案。你的人生故事是「連貫」的；那些與你不搭的事情很容易被遺忘，至於某些你無法憶起的「漏洞」，你則會發揮驚人的想像力加以塡補（你從不會意識到這點）。你的人生故事是「具有因果關係」的；你的種種行爲都是有道理的，在你的人生中所發生的一切都事出有因。緊湊、連貫、具有因果關係！

然而，你隨身攜帶、存在於腦海中的人生故事有多眞實呢？其眞實程度大概就有如我那兩個三歲大的兒子，用粉筆在房子牆壁上爲我繪製的肖像吧！你或許會說：也許如此，但這有何問題呢？這是不是個問題，且容我用四個理由加以分析。

第一，我們比自以爲的還要快速變化（參閱第十八章）。我們的偏好會快速轉換，性格與價値觀等看似不變的事情亦然。我們在二十或四十年後將會成爲的人（爲了他們日後的幸福，今日的我們必須用功讀書、每週辛苦工作七十小時、養兒育女、購置房產等等），肯定是個有別於今日所想像的人。也許將來的那個人一點也不想買房子，回顧自己的前半生時，完全無法理解自己爲何要爲了某個不知名的雇主做牛做馬，搞得現在隨時可能心臟病發作。

第二，人生顯然無法計畫。「偶然」所扮演的角色，比我們願意承認的重要許多。命運、幸運、機會女神等概念（它們是歷經千百年考驗的思想工具）在過去一百多年裡，已逐漸被抹去。也因此，每當我們無端遭遇某些橫禍，像是意外事故、罹癌、戰爭、死亡等等，我們會如此震撼。直到上個世紀之前，人們都還能坦然接受這些災難。過去，人們會爲命運的降臨做好思想上的準備。反觀今日，命運則代表著某種「系統失靈」。然而，再次爲命運這種思想工具騰出一些必要的存放位置，卻是美好人生所必須。

第三，共同虛構的人生故事讓我們難以就事論事而不加上任何詮釋、背景或藉口。藉口就像是煞車片，阻止我們從錯誤中學習。

第四，我們所見的自己，要比眞實的我們更好、更美、更成功、更聰明。這種「自利偏誤」（self-serving bias）會誤導我們，相較於得以確實地審時度勢，自利偏誤會讓我們冒更多風險。它導致我們將自己看得太重。

結論：我們帶著一個錯誤的「自我形象」四處闖蕩。認爲自己並不如實際那樣複雜、多面與矛盾。如果有人「錯」估了你，請別太訝異，因爲你也是這麼看待你自己。從與你相識多年、對你十分熟悉且不羞於直言相告的人，例如你的人生伴侶或多年好友身上，你才能獲知關於你自己最眞實的寫照。一個更好的方法是寫日記，日後偶爾拿出來讀一讀，爲自己在多年前寫下的東西訝異不已。盡可能切合實際地觀察自我，包括審視自己的各種矛盾、錯誤與陰暗面向等等，是美好人生所不可或缺的。一個人如果曉得自己是什麼人，就更有機會成爲自己想要成爲的人。

23 寧可有個美好的人生，也不要有個美好的死亡

為何你不該煩惱自己這輩子的最後一小時

你肯定想過，「有朝一日，當我臨終時，回顧我這一生……」這是種淒美的想法，卻無甚意義。事實上，人到臨終時，幾乎少有人能如此清醒。通向死亡的三大門戶分別是心肌梗塞、中風和癌症。在前兩種情況裡，根本沒什麼時間能進行「哲思」。而癌症患者在臨終之際，多半會被注射止痛劑，有礙於清晰思考。此外，若罹患失智症或阿茲海默症，更不會在死亡降臨時獲取新知。即便一個人在「最後一小時」時還有閒暇回顧自己這一生，那些被召喚出的記憶，誠如前面幾章所提，也幾乎都與事實不符。「記憶中的我」會系統性地製造錯誤。他可說是一個鬼話連篇的傢伙！

因此，實在沒有必要設想自己臨終或嚥下最後一口氣的那一刻。相信我，屆時的情景肯定和你現在描繪的不一樣。更重要的是，你在「最後的幾分鐘」有何感受，與你的整個人生完全無關。著眼於臨終的時刻並無益處，還是把焦點擺在經營美好的人生上吧。

諾貝爾獎得主丹尼爾．卡納曼指出多種記憶的系統性錯誤。「忽視持續期間」是其中之一。事件持續多久並不會反映在記憶裡。對大腦而言，三週的假期和一週的假期是一

樣的，好壞的評斷依據只著重在假期的亮點與結尾（所謂的「峰終定律」，參閱第二十章）。一部過程扣人心弦的電影，如果結局差強人意，我們就會把它記成是部爛電影。諸如派對、音樂會、書籍、演講、住處、關係等等皆然。

同樣的道理也適用於評斷整個人生嗎？且讓我們來琢磨琢磨。請試著評斷安娜的一生：「安娜終生未婚，膝下無子，但她過得十分自在、幸福，她樂在自己的工作，也從假期、休閒和朋友中獲得許多快樂，年僅三十歲時，她在一場車禍中無痛、驟然喪生。」請你以從一到九的分數評斷安娜此生的精彩度，一是十分悲慘，九是好極了，五則是普普通通。

接著再來評斷貝塔的一生：「貝塔終生未婚，膝下無子，但她過得十分自在、幸福，她樂在自己的工作，也從假期、休閒和朋友中獲得許多快樂，在她去世前的五年裡，雖然境況不如從前，但生活還算愉快，年僅三十五歲時，她在一場車禍中無痛、驟然喪生。」同樣請以從一到九的分數評斷貝塔此生的精彩度。

有些美國學者曾拿類似的人生故事詢問學生，結果顯示：安娜的人生所獲得的評價明顯優於貝塔的人生。這實在不合邏輯！因爲這兩位女性同樣都在人生的頭三十年裡過著格外幸福的生活，而且貝塔還比安娜多過了雖然不比從前，卻也還算愉快的五年。理性點來看，貝塔的人生必然優於安娜的人生，只不過安娜的人生結束於某個高點，貝塔的人生則結束於相對低點。也就是說，這裡同樣涉及「峰終定律」。令人訝異的是，受試者居然沒考量到這多出的五年愉快人生。學者將這樣的情況稱為「詹姆斯．狄恩效應」（James Dean effect）。知名演員詹姆斯．狄恩（James Dean）在事業高峰時因車禍而驟然離世，僅得年二十四歲。如果他只是一個中度成功、中度幸福的演員，再多活個幾年或幾十年，或許他的人生就沒有那麼精彩。

現在，我想請你再次評斷安娜與貝塔的一生。但這次請把兩場車禍分別調後到六十歲（安娜）與六十五歲（貝塔），其他部分則保持不變。你會分別給這兩段人生幾分呢？繼續往下閱讀之前，請花點時間想一想。

在實驗中，受試者也做了同樣的事。結果顯示：安娜的人生所獲得的評價依然優於貝塔的人生（完全根據「峰終定律」）。耐人尋味的是，安娜可以多活的那幸福、快樂的三十年，居然無法影響人們所給的評價分毫。安娜到底是三十歲還是六十歲過世，在評斷其人生精彩度上，顯然無關緊要。同樣的情況也發生在貝塔身上。這種情況完全不合邏輯，可謂是「忽視持續期間」的典型事例。

且讓我們稍做整理：我們在評斷人生的精彩度上碰到很大的困難，會犯下系統性的錯誤。在例如安娜和貝塔這類虛構人物的案例裡，這點是可以原諒的。然而，如果關乎的是你個人的眞實人生，那就不可寬恕了。切記，你很有可能不同於詹姆斯．狄恩那樣死於人生高點，而是多年下來，身體與精神日益衰竭，最終歸於死亡。你此生每分每秒的平均快樂比無病無痛時期的快樂要低多少，取決於你的健康缺陷有多大。你從中得出什麼結論？

請不要放任這樣的缺陷模糊了你對人生的評斷。寧可有個美好的人生，然後在臨終的臥榻上辛苦幾天，也不要有糟糕的人生和美好的死亡。老和死是我們需爲美好人生付出的代價，猶如晚餐過後的昂貴帳單。我不想爲一條咖哩香腸付太多錢，但如果能在一家三星級餐廳享用六道菜的套餐，並和知心好友共同品嚐一流的紅酒，這筆帳我倒是付得心甘情願。

結論：「比比看誰活得久」是庸俗的。寧可有個美好的人生，也不要有個美好的死亡。你應該在前者上頭多花心思，別浪費在後者。除非是在期望你最痛恨的敵人死去，那才值得你把心思放在死亡上。是的，是的，你大可平心靜氣地這麼做，這有益於你的心理衛生，誠如古羅馬的哲學家塞內卡精準的勸告：「稍安勿躁，不必勞動到你的一根小指頭，對方也會死！」

100
$

24 自憐漩渦
為何挖掘過去是沒有意義的

就在演出前不久，小丑卡尼奧（Canio）意外得知深愛的美麗嬌妻居然與他人有染。他坐在馬戲團的帳篷後面，一邊強忍淚水，一邊爲自己上妝。篷內的觀眾引頸等待他的出場。再過幾分鐘，他就得做出一場逗趣的表演，因爲「表演必須繼續」。就在淚水翻滾於彩妝之上時，他唱出了華麗哀戚的詠歎調《粉墨登場》（*Vesti la giubba*）。

《丑角》（*Pagliacci*）的第一幕就在此告終。這是雷翁卡瓦洛（Ruggero Leoncavallo）創作於一八九二年的歌劇。《粉墨登場》是有史以來最令人動容的詠歎調之一，卡羅素（Enrico Caruso）、多明哥（Plácido Domingo）與卡列拉斯（José Carreras）等世界知名男高音都曾詮釋這首曲子。有興趣不妨上YouTube，輸入關鍵字「Pavarotti」與「Vesti la giubba」搜尋。當你見到扮演小丑卡尼奧的帕華洛帝陷於哀戚的自憐中，想必你也會爲之心碎。

在這齣歌劇的第二幕（也是最後一幕），作者安排了尋常的匕首刺殺，所有參與者都死了。然而，在眞正的高潮之後，觀眾幾乎不會再爲這樣的劇情所觸動。打從這齣歌劇首演以來，帶淚小丑的形象便深植於我們的文化記憶，甚至也出現在流行文化中，例如史提夫・汪達（Stevie Wonder）的歌曲，〈一個小丑的眼淚〉（*Tears of a Clown*），那是一九六○年代最暢銷的單曲之一，帶有原本那首詠歎調百分之一的音樂複雜性與百分之○・五的情感內涵。

聽《粉墨登場》而不淚濕衣襟的人恐怕是無可救藥。但我們心知肚明，長遠來看，卡尼奧的行爲卻是適得其反。自憐是對人生逆境最無益的反應，完全改變不了任何事情。自憐是種情緒的亂流、漩渦，待在裡頭越久，越會沉淪。一個人若是困在自憐中，就容易變得偏執，認爲有一群人，甚至全世界都在密謀陷害他。這對當事人來說是種惡性循環，對周遭的人也是，不難想見，哪天他們就會疏遠彼此。每當我在自己身上察覺到自憐的跡象，就會立刻設法脫離這樣的漩渦。我總是奉行這句箴言：「如果你發現自己身在洞裡，最重要的是，別再往下挖！」

著名的投資人查理・蒙格講過一個朋友的故事。那人總是隨身攜帶一堆事先印好的小卡片。每當他遇到某個看起來有點自憐的人，就會以戲劇性的姿勢，拿起最上頭的那張卡片，遞給對方。卡片上印著：「你的故事令我動容。我實在想不出還有誰的遭遇比你更慘！」這是一種勸解他人別再自憐的方法，幽默、清新，卻也帶點無情。無論如何，查理・蒙格說對了一件事：自憐是災難性的錯誤思考！

令人訝異的是，在過去數十年裡，自憐居然開闢出自己的一片天，特別是以「療癒」這種形式。社會療癒是其中之一。有一大群人自認爲是數十年或數百年前某些事件的受害者。大學的各個科系或部門，無不努力挖掘這些受害者角色的歷史根源，深入分析至最細微的衍生物。一切都是正當的：美國的黑人如今還能感覺到奴役與隔離所造成的影響；非洲大陸始終籠罩著殖民主義的陰影；類似的情況也適用於女性、原住民、猶太人、同性戀、移民者等族群。一切都是合理的、正當的。

儘管如此，這樣的想法卻不具建設性，甚至有毒。此外，爲了「療癒」過去，我們應該回顧多少個世紀，是一百年、兩百年，還是五百年？五百年前，有一百萬位與你有直接血緣關係的祖先活在這個地球上。他們是你的祖父母的祖父母的祖父母的……你們家族的部分分支肯定遭受過殘酷的壓迫。人們當然可以嘗試療癒這一切，可是，爲何呢？請你坦然接受過往的委屈，轉而管理或承受現在的逆境。集體自憐與個體自憐同樣沒什麼助益。

「療癒」的另一種形式發生在個人的領域。在治療師的沙發上，患者拚命挖掘自己的童年，從中發現所有自己寧可忘懷的事情，藉以充當目前或同樣不是很好的處境的完美替罪羊。從兩方面看，這實在是問題重重。第一，歸責於他人是有有效期限的，特別是歸責於自己的父母。一個人如果到了四十歲還要父母爲他的問題負責，他就是不成熟到活該得要面臨那些問題。

第二，研究顯示，即使曾在童年時期遭逢嚴峻的命運打擊（例如父母死亡、父母離異、遭到忽視、被性侵等等），也與長大成人後的成功或滿意度幾乎無關。前美國心理學會（American Psychological Association）主席馬丁．塞里格曼（Martin Seligman）曾分析過上

百篇相關研究，所得出的結論是：「即便是兒童時期的事件對成年後的人格造成輕微影響的跡證都難以發現，更不用說是重大、特定影響的跡象了。」比起我們的遭遇，基因更具決定性，而它們的分配純屬偶然。是的，你可以把自己的處境歸咎於基因，可以去控訴「卵巢樂透」（參閱第七章），然而，這麼做對你有何益處呢？

結論：別在自憐的泥淖裡打滾，這是心理衛生的原則之一。請你接受人生並不完美的事實，你的人生和他人的人生一樣，都是有缺憾的。古羅馬哲學家塞內卡曾說：「命運會往你的頭上砸下種種事情。人生完全不是弱者所玩得起。」一時遭逢不幸，就要一直不幸下去，其中的意義何在？如果你能設法對抗目前的人生逆境，就這麼做吧；如果你無法採取任何對抗的措施，那就請你忍受。悲嘆是在浪費時間，自憐則會加倍地適得其反；首先，自艾自憐無助於克服自己的不幸，再者，你還會爲原本的不幸添加自我毀滅的不幸，反而雪上加霜。

25 享樂主義與幸福

你該如何用意義來補償快樂，用快樂來補償意義

透過下述行爲，你分別能獲得多大的快樂？請你從〇到十給分，〇分代表完全沒有獲得任何快樂，十分則代表快樂到不行，你無法想像還有什麼比這更美好。品嚐你最心愛的巧克力、爲祖國奮戰、浸淫於自己的嗜好、養兒育女、在非洲創辦醫院、阻止地球暖化、性愛、觀看世界杯足球賽、幫助老太太過馬路、去加勒比海度個養生假期。請作答。

絕大多數人都會給性愛、巧克力、看電視和養生假期九或十分的高分，養兒育女則只能得到二或三分。

接著再想一想：在你看來，上述那些行爲各自富有多大意義？同樣從〇到十給分，〇分代表完全沒有意義，十分代表極具意義。請同樣花點時間作答。

這個問題的答案與上一題截然不同。養兒育女獲得高於養生之旅的評價，幫助老太太過馬路比品嚐巧克力更具意義。

嗯……那麼，到底什麼才重要？我們應當專注於什麼事情？哪些行爲促成了美好的人生，是「享樂的」，還是「有意義的」呢？

早在西元前五世紀，古希臘的思想家們便提出不同的看法。有少部分哲學家，也就是所謂的「享樂主義者」主張，美好的人生是由盡可能多享受立即的快樂所構成。「享樂主義」一詞源自希臘文的「ἡδονή」（「hedoné」，「享樂」），「ἡδονή」意指「快樂」、「愉悅」、「樂趣」、「享受」、「感官慾望」。說得具體一點：如果某人正在用手機觀看YouTube上的逗趣影片，他幹嘛要去幫陌生的老太太過馬路？

但大多數哲學家都主張，耽溺於立即的享樂是低等、墮落、無異於禽獸的。促成美好人生的，主要是所謂的更高的快樂。他們將追求這種更高的快樂稱爲「εὐδαιμονία」（「eudaimonia」，「幸福」）。這個「標語」被創造出來後，人們就開始爭論不休，到底該如何填充它的內容才好？許多哲學家得出的結論是：必須以「美德」來填充它。唯有正派的人生才是美好的人生。也就是說，應該去非洲辦醫院，不要守在電視機前看世界杯。在此觀點下，某些美德特別有益於增進幸福。柏拉圖與亞里斯多德認爲，人應當要「勇敢」、「節制」、「正義」、「明智」。就這樣，他們創造了其他四個標語。數百年後，天主教教會笑納了這四個標語，進而將它們升級成二・〇版，稱爲「樞德」，也就是：「智德」（明智）、「義德」（正義）、「勇德」（勇敢）與「節德」（節制）。如果我們一貫地遵循這套邏輯，必然會得出許多荒謬的結論。哈佛大學的心理學教授丹尼爾・吉爾伯特就曾言簡意賅地指出：「在阿根廷的海灘上做日光浴的納粹戰犯並不真的幸福，被食人族活活吃掉的虔誠傳教士才幸福。」

很令人困惑，是吧！倫敦政經學院的心理學家保羅．多蘭嘗試理出頭緒。如同每個聲音都含有高低與強弱兩種表現成分，每個被體驗的瞬間也都具有「快樂成分」（或享樂成分）和「意義成分」兩種成分。「享樂成分」是直接享受到的快樂，「意義成分」指的則是我們在某個瞬間所感受到的意義。舉例來說，對絕大多數人而言，品嚐巧克力的享樂成分很高，意義成分卻很低；相反地，幫助一位老太太過馬路的享樂成分很低，意義成分卻很高。

在不對「意義」做更進一步的定義下，保羅．多蘭可從背後推倒這座聳立了兩千五百多年的美德紙牌屋。根據「看了就知」（I know it when I see it）這個座右銘，每個人都可立刻明白一個被體驗的瞬間多具意義或多無意義。正如你正在閱讀這個段落，其快樂成分或許遠低於品嚐一杯頂級紅酒；為此，我希望意義成分能夠高過它。再以我自己作為一個極端的例子，我得承認，撰寫本章其實毫無樂趣，我簡直是在咬牙苦撐；但我又能感受到，將這些想法化為容易理解的文字，確實深具意義。「意義」與「享樂」可謂幸福的兩大基石，誠如諾貝爾獎得主丹尼爾．卡納曼所言：「這是一種勇敢且原創的看法。」

好萊塢每年會製作出大約四、五百部電影，這是一門價值數百億美元的生意。也難怪研究人員試圖找出觀眾想要進電影院看電影的原因，藉以得出保證賣座的方程式。長久以來，人們始終迷信一套所謂的享樂電影理論。餵給觀眾剛好足夠的緊張，別太無聊，也別太有壓力，藉以引誘他們脫離乏味的現實。給他們看一些俊男美女、充滿娛樂性的故事，再配上一個快樂的結局。然而，不靠這套公式卻同樣賣座的電影所在多有，例如《美麗人生》（*La vita è bella*）、《辛德勒的名單》（*Schindler's List*）、《美麗境界》（*A Beautiful Mind*）等等，它們的成功顯然無法以享樂來解釋。直到最近，相關的電影研究才證實了好的導演和編劇早已知道的事：除了純粹的享樂以外，還存在著意義的部分。即使是一部悲傷的、拍攝經費少得可憐的電影，如果有充足的意義內涵，也可以是部好電影。

在勞動市場上，意義也扮演著某種角色。特別是年輕的員工，他們甚至願意部分放棄行情薪資，藉以換取能夠參與某些「富有意義」的計畫的機會。這對懷抱理想的新人是好事，對大公司則不然；後者必須藉由更高的享樂成分（例如金錢）來彌補意義短缺。當然，藝術家們一直以來就很清楚這種「權衡」：是要爲忠於藝術之美而死，或爲豐厚的收入嘩眾取寵。

我建議你在快樂與意義之間找出一個平衡的組合，避免流於極端。爲何？如果你越往極端移動，邊際效益會越少。以巧克力、電視和性愛爲例，如果你連續吃了兩公斤巧克力、連續追了二十四小時的劇、連續達到五次高潮，你恐怕會覺得超膩。相同的道理，日日夜夜地拯救世界，還不得從中享有任何樂趣，同樣也不會帶來幸福。你最好讓意義與享樂交互更迭。如果你拯救了這個世界的一小角，不妨給自己來杯清涼暢快的啤酒。

26 尊嚴圈——Part I

即或不然

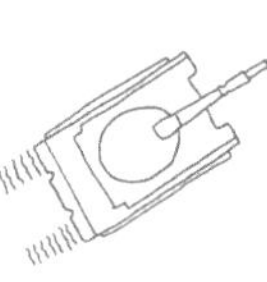

西元一九三九年，德國入侵波蘭從而引爆第二次世界大戰後不久，英國開始派兵橫渡英吉利海峽，好在即將來臨的戰事中，幫助法國對抗德國。一年之後，一九四〇年五月，已有三十萬英軍駐紮在法國北部的海港城敦克爾克（Dunkirk）及其周邊。同月，德軍勢如破竹地攻陷比利時與荷蘭，一路向法國挺進。數日之後，英國士兵被團團包圍，慘遭殲滅只是早晚的問題。英軍的處境可謂前途一片渺茫。當時有位英國軍官電告倫敦：「即或不然。」（But If Not）問題來了：你會如何詮釋這幾個字？

通曉聖經的人（這在當時是十分平常的）旋即明白這幾個字代表什麼。這句話出自《舊約聖經》（〈但以理書〉，3：17）。巴比倫國王尼布甲尼撒告訴三名敬畏上帝的猶太人：「若俯伏敬拜我所造的像，卻還可以；若不敬拜，必立時扔在烈火的窯中。」國王給了他們一點時間考慮。他們的答案是：「尼布甲尼撒啊，這件事我們不必回答你。即便如此，我們所事奉的神能將我們從烈火的窯中救出來。王啊，他也必救我們脫離你的手；即或不然，王啊，你當知道我們決不事奉你的神，也不敬拜你所立的金像。」

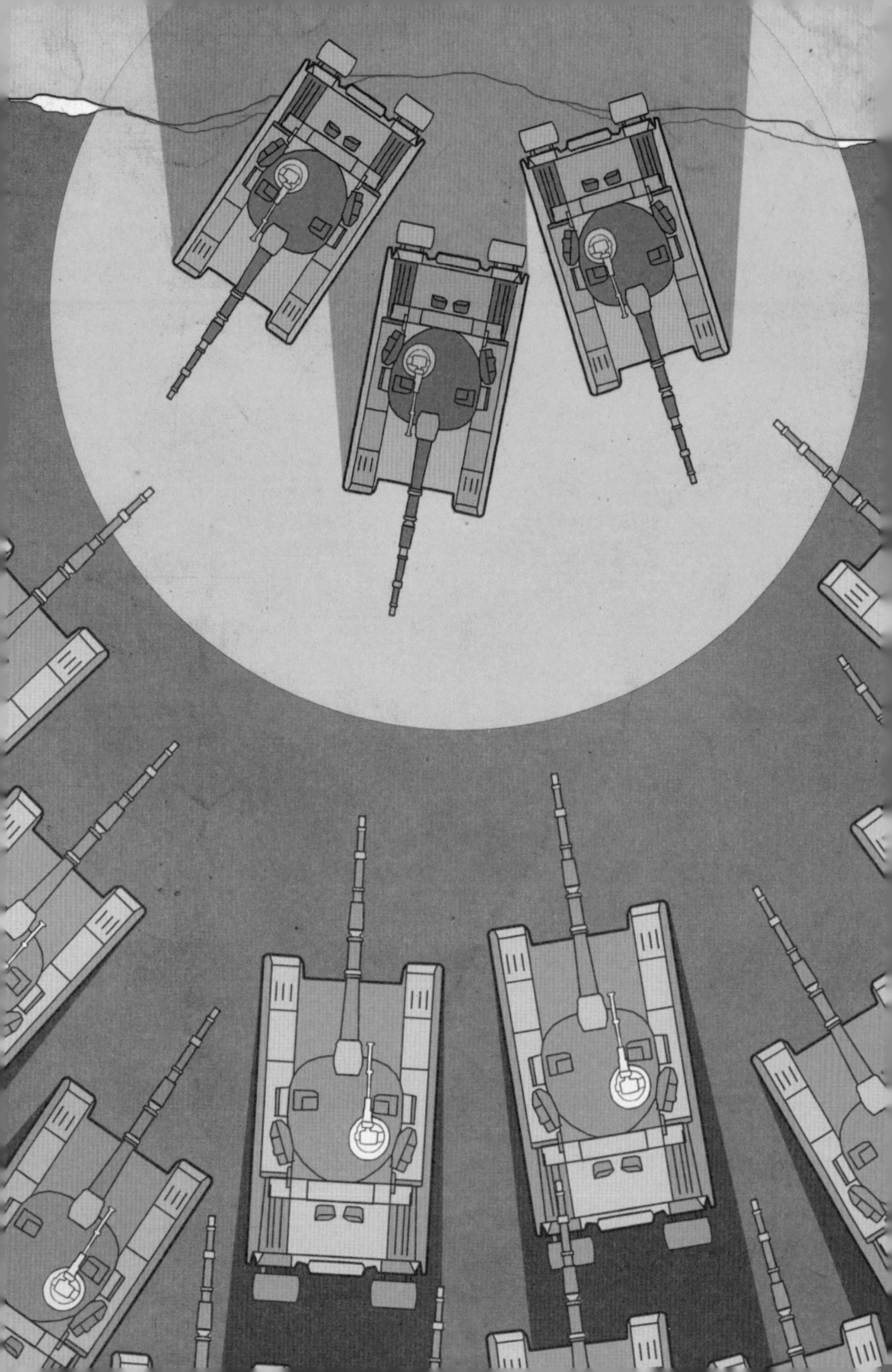

一九四〇年五月，倫敦所收到的電文意爲：敦克爾克的駐軍前途黯淡。我們遭到包圍。脫困需要奇蹟，但我們已決定，絕不投降，無論將有何遭遇。這一切都隱含在「即或不然」這幾個字裡。簡言之，這是一種完全承諾的表達。

幾天之後，在出動了包括驅逐艦、漁船、商船、遊艇與泰晤士河渡輪等八百多艘船隻協助下，英國人在一場混亂的行動中，成功撤離了大約三十三萬八千名英法士兵。如今人們還以「敦克爾克的奇蹟」稱呼這場絕無僅有的行動。

如今我們不再像前人般熟悉《聖經》，幾乎沒人懂得「即或不然」的含意。現在人們愛說「over my dead body」（跨過我的屍體），兩者的意思其實相同。

一直以來，這種態度在我的人生中定義了一個被明確界定出的範圍，這範圍涵蓋一切無可商量的事物，包含無須任何理由支撐的偏好與原則。舉例來說，我不會爲了錢去做任何事，給我再多的錢也一樣，這代表金錢對我來說從來不是關鍵因素。我不會把小孩的照片貼到網路上，也不會對著別人批評家人或朋友，即便真有我該講的壞話（但這種事從未發生）。類似於「能力圈」，我將這樣的範圍稱爲「尊嚴圈」（circle of dignity）。這個想法承繼了我們在第三章所認識的「誓言」。「尊嚴圈」將你個別的誓言結合在一起，保護你免於遭受三種攻擊：⑴更好的論據，⑵有害你生命的危險，⑶與魔鬼做的交易。在尊嚴圈三部曲的第一部，我將針對更好的論據所帶來的危險進行說明。後兩種危險則留待緊接在後的兩章詳述。

在。

「尊嚴圈」和「能力圈」一樣，重要的並不是範圍的大小，而是你確實知道其界限何在。

固守尊嚴圈與啓蒙的精神沒有共同之處。坦白說，這個圈圈違背了我一貫主張的清晰思考、理性、「更好的論據」的勝利。我們該這麼做嗎？進步難道不是奠基於不斷質疑一切？我的答案是：是的，但是。一個微小的、不可侵犯的、明確界定的尊嚴圈是美好人生所不可或缺。重要的是，這個圈子裡的事情是不需要講任何道理的。如果你得爲這些事敘明理由，恐怕會永無寧日。你的人生將失去基礎。你必須時時刻刻考慮到，總可能還有更好的論據，而這或許會讓你的偏好、原則與信念變得一無是處。

人們是如何界定自己的尊嚴圈的？並非透過思考，而是隨著時間經過，自然地結晶。一般來說，尊嚴圈約略會在人生中段的某時成形。這個結晶可說是人格成熟的一個重要過程。在此之前，你得先經受一些事情，像是錯誤的決定、失望、失敗、危機等等。你必須充分反省，才能看出自己所秉持的是怎樣的原則、哪些原則又是你願意拋棄的。某些人永遠無法畫出尊嚴圈，這種人缺乏基礎，太容易被外界巧妙的言論牽著鼻子走。

請你緊縮自己的尊嚴圈。一個小的圈子會比一個大的圈子更強而有力。理由有二。第一，如果你往這個圈子裡塞更多東西，那些東西就越有可能相互衝突。你根本無法妥當處理多達一打的優先權。第二，你塞進這個圈子裡的東西越少，就越能嚴肅看待自己的信念，也就越容易力挺它們。華倫．巴菲特曾經告誡我們：「承諾是如此神聖，必然十分珍稀。」這點不僅適用於對他人的承諾，也適用於對自己的承諾。請慎選自己所要秉持的毫無商量餘地的原則。

截至目前爲止，所有的說明應該都很清楚。但你得知道，堅持自己的信念或許會讓某些人失望，特別是那些愛你的人，你會傷害某些人、冒犯某些人。同樣地，他人也可能因此讓你失望、受傷或感覺被冒犯。你必須做好承受所有情緒的心理準備。這是你必須爲尊嚴圈付出的代價。只有傀儡才會過著沒有衝突的生活。如果「能力圈」代表的是一萬個小時，那麼「尊嚴圈」代表的則是一萬個傷口。

這樣的代價值得嗎？這是個錯誤的提問。無法支付的東西自然是無價的！馬丁・路德・金恩（Martin Luther King）曾說：「一個沒有準備好爲了什麼而死的人，還沒有準備好迎接人生。」更不用說，迎接美好的人生。

27 尊嚴圈—Part 2

一個人若是對外屈服……

一九六五年九月九日，年輕的美國海軍飛行員詹姆士．史托克達爾（James Stockdale）駕駛戰鬥機升空，從奧里斯卡尼號航空母艦飛往北越。順利完成對共軍部隊陣地的例行攻擊後，他突然遭到敵軍防空武力的襲擊。彈射座椅將他彈出機外。「我當時大約離地三百公尺高，花了二十秒才靠緊急降落傘著地。我往下瞧，看到自己可能會落在某個小村莊的主要道路上。敵軍朝我開槍，村民們也摩拳擦掌，等著揍我一頓。」史托克達爾很快被捕，隨即被送往惡名昭彰的河內希爾頓監獄，那裡囚禁了許多美軍戰俘。他在獄中遭刑求、毆打和虐待。被關押的七年半中，有四年被單獨囚禁。直到越戰結束才重獲自由。

史托克達爾其實可以透過和折磨他的人建立交情，藉此逃過虐待。換言之，如果他三不五時說些反美的話，或許就可以如普通囚犯般被對待，不至於受凌虐。然而他卻不這麼想。他顯然有意識地任令刑求者凌虐。誠如他日後所述，對當時的他而言，那是他維護自尊的唯一途徑。他這麼做並非出於對祖國的愛，也不是為了戰爭；當時他早已不在乎這場戰爭了。他只是不想讓自己的內心崩潰。這麼做是為了自己。

有一回，敵軍計畫將他移送到另一所監獄，並打算在穿越市區的短暫步行中，讓國際媒體看見乾乾淨淨、吃好穿好的史托克達爾。但就在他們離開監獄前，史托克達爾居然抓起一把椅子，用力砸在自己頭上。剎時間，鮮血四濺，他的雙眼也變得腫脹。這樣的他當然不能在國際社會上曝光。「那晚，我躺著大哭了一場。我何其有幸，居然擁有反抗他們的力量。」

這件事不太合情理。史托克達爾的理性做法應該是遵照凌虐者的指示與要求，「順其自然」，不要強出頭，並就美國的入侵提出質疑。等到被釋放了，再合情合理地主張，若非如此，自己恐將被凌虐致死。每個人都能理解彼時的處境與行爲，不會加以責難。但若如此，史托克達爾是否還能有苦撐七年半的力量？如果答案是「是」，回顧那段歲月時，他是否會將自己的牢獄生涯視爲「無價之寶」？

如果你無法對外主張內心堅信的事，慢慢地就會變成一個傀儡，遭他人利用以順遂其目的。遲早你也會放棄自己。你再不會奮鬥，再無法挺過苦難。你的意志力枯萎。一個人若是對外屈服，內心遲早也會崩潰。

從索忍尼辛（Aleksandr Isayevich Solzhenitsyn）的《古拉格群島》（*The Gulag Archipelago*）、埃利．維瑟爾（Elie Wiesel）的《死亡之歌》（*Le chant des morts*）、普里莫．萊維（Primo Levi）的《如果這是一個人》（*Se questo è un uomo*），到維克多．弗蘭克（Viktor E. Frankl）的《向生命說 Yes！》（*……trotzdem Ja zum Leben sagen*），我們有車載斗

量的監獄文學。它們經常被錯誤解讀。人們總在字裡行間尋覓應付恐怖處境的生存技巧。然而倖存多半是出於偶然。在奧許維茲（Auschwitz；譯按：集中營所在地）根本沒有什麼倖存策略。如果是在戰爭尾聲時才被送來這裡，獲救機率就會高於早在一九四二年時就被送來這裡的人。就這麼簡單。此外，我們也不能忽略一項事實：唯有倖存者才能寫出監獄文學，亡者是寫不出任何書的。史托克達爾的運氣還不錯，乘降落傘落在敵人村落的過程中，他沒被任何子彈擊中。然而！

然而，人們卻從這所有文學作品中讀出一條基本原則：一個人如果振作起精神，勉力撐過一天，然後再撐一天，然後再撐一天，他的生存機率就會逐漸提高。因爲到了某個時候，奧許維茲就被解放了。到了某個時候，所有的戰爭囚禁也會終止。無論如何，人們必須撐得夠久。能夠做到這一點的，也只有那些無論內在或外在都未曾屈服崩潰、從不放棄捍衛自己意志的人，不管那時候他們的行動自由是如何嚴重受限。

如前所述，所有的一切都受偶然所主導。極端情況的種種記錄，對我們這些普通的小老百姓同樣深具意義。雖然我們很幸運地不必被刑求、關禁閉、放逐到冰天雪地裡。但我們的意志、原則、偏好還是會在日常生活中遭到各種攻擊。簡言之，我們的「尊嚴圈」會遭受種種侵襲。這些攻擊不像刑求那般明顯，而是細微到令人不察，像是廣告、社會壓力、各方不請自來的建議、柔性宣導、時尚潮流、媒體炒作或法規等等。這就好比你的尊嚴圈每日都淪爲眾矢之的。那些有毒的箭簇、矛頭雖然不會置你於死地，卻足以傷害你的自尊心、降低你的情緒免疫力。

為何社會要將箭簇、矛頭射向你?因為它有著和你不同的利益。社會在乎的是自己的完整性,而非個別成員的私人利益。就社會的角度看來,個人是可犧牲的,特別是個人主張某些離經叛道的原則時,他很快就會被視為對整體的威脅。唯有言行符合主流價值才能免於社會的攻擊。因此,你必須武裝好以對抗這些箭簇與矛頭,強化自己的尊嚴圈。

尊嚴圈是圍繞著你的誓言的保護牆,唯有在戰鬥中經受狂轟猛炸,它才能自我證明。你大可如己所願地主張崇高的理想、設定高尚的原則、追求獨特的偏好。而直到你必須捍衛它們,你才會如史托克達爾那樣,因幸福而哭。

最惡毒的攻擊(從己身經驗必不難得知)往往不是身體方面的,而是言語攻擊。且讓我提供你一個防禦技巧。假設你在會議裡被人以惡毒的言語攻擊,你不妨請攻擊者一字一字地重複他的陳述。你會發現,攻擊者大多都會退縮。有位記者曾在自己的網頁上,以不雅字眼侮辱塞爾維亞總統亞歷山大・武契奇(Aleksandar Vučić)。在一場訪問中,武契奇要求對方當場唸出那段不雅文字,結果該記者在羞愧中終止了訪問。

「尊嚴圈」所關乎的多半不是生死,而是奮戰,而是掌握主控權。盡可能不要讓攻擊者如願。涉及對你而言神聖不可侵犯的事物時,盡力嘗試將控制權握在自己手中。如果你終究得棄械投降,也要讓對手為此付出昂貴的代價。這樣的信念具有強大無比的威力,是開啟美好人生的鎖鑰之一。

28 尊嚴圈——Part 3

與魔鬼交易

阿爾卑斯山脈可謂橫亙在歐洲中央的一大障礙，阻礙了南北之間的運輸。自古以來，不乏膽大之人試圖開闢越過這座山脈的道路。而最適合的隘口莫過於位於山脈的中間地帶，介於瑞士的烏里州（Uri）與德欣州（Tessin）之間的哥特哈爾德（Gotthard）。但有既寬又深的舍倫嫩峽谷（Schöllenenschlucht）從北一路通往隘口。該如何通過這個巨大的深谷呢？答案就是建於十三世紀，所謂的「魔鬼橋」（Teufelsbrücke）。

興建橋樑時，一再有烏里州的工人墜谷身亡。州民的領袖不禁絕望地慨嘆：「這是座該由魔鬼來修築的橋！」話還沒說完，魔鬼居然就現身在不知所措的烏里州民面前，提出交易條件：他很樂意修築這座橋，但有個交換條件：完工之後，第一個跨越這條橋的人，其靈魂歸魔鬼所有。

聰明的烏里州民答應了這項交易，並暗中想出一條詭計。待魔鬼將橋蓋好，烏里州民便派了一隻公山羊過橋。本性凶惡的魔鬼見狀不禁火冒三丈，登時抓起一塊有房屋大的石頭，企圖摧毀這座橋。但他沒料到一位虔誠的女性居然將十字架刻在石頭上。上帝的符號讓魔鬼慌了手腳，趕緊扔掉石頭。石塊撞擊舍倫嫩峽谷時發出如雷巨響，一路滾到格舍嫩村（Göschenen）下方才停住。新橋所幸只受到輕微的損傷。如今人們還能在那裡見到那塊石頭，從那時起，人們便將其稱爲「魔鬼石」。

烏里州民出賣靈魂，換來一陣鼻青臉腫，還有一條在交通技術上極具革命性的橋樑。類似傳說也存在於其他各個文化裡，只不過其中絕大多數的主角都沒有好下場。在王爾德（Oscar Wilde）的小說《格雷的畫像》（*The Picture of Dorian Gray*）裡，主角將自己的靈魂出賣給魔鬼，以永保年輕、俊俏；於此同時，他的一幅肖像卻不斷地變老。格雷逐漸墮落成放蕩的罪人，肖像也成了一張令人毛骨悚然的鬼臉。最後他再也無法忍受，乾脆毀了那幅肖像；此舉也了結了他性命。與魔鬼交易更爲著名的故事是煉金術師約翰．格奧爾格．浮士德（Johann Georg Faust）的傳奇。他爲了變得無所不知、縱情於所有可能與不可能的慾望，出賣自己的靈魂。歌德（Johann Wolfgang von Goethe）使這個傳奇成爲經典，如今更被列爲中小學的必讀教材。諷刺的是，從那時起，學生們便恨不得他下地獄！

出賣自己的靈魂是什麼意思呢？顯然，古往今來，在各個文化裡，總有某些東西是被禁止作爲交易行爲的標的。不能買賣，不能以金錢換取。這些東西是神聖的，它們是無價的。

然而，對經濟學家來說，沒有什麼是無價的。他們可能會說那些所謂神聖的東西其實只是被「過分高估了」，如果提供足夠的錢，對方的態度就會軟化。這讓佛里德里希．迪倫馬特（Friedrich Dürrenmatt）的《老婦還鄉》（*Der Besuch der alten Dame*）等作品是那麼地駭人聽聞。故事的主角克萊兒・札克安娜西安（Claire Zachanassian）不惜花費十億鉅金，只求舊情人一死；最終她得償所願。

請自問：在你的人生中，有什麼是你無論如何都不會出賣的神聖事物，即使對方出價數十億，你也毫不考慮？請將這些事物寫在本頁的邊緣。

你的清單上有些什麼呢？肯定會有你的性命、最親近的家人的性命、其他家族成員的性命、朋友的性命，也許還包括了每個人的性命。你的健康呢？你是否願意罹患某種疾病，譬如白血病或憂鬱症，以換取十億歐元的金錢？你的意見呢？你的意見是否有個價碼？有政治人物會把自己的表決權高價賣給某些公司，你也會這麼做嗎？如果你過著最低生活水準的日子，你是否會考慮呢？你的時間呢？注意力？原則呢？是否有這種就算給你數十億歐元，你也毫不動心的事物呢？

有些決定或許非黑即白，其他的則否。重點是：美好的人生包含一個微小但明確界定的「尊嚴圈」。於此，我們來到尊嚴圈三部曲的最後一部。我們必須保護這個尊嚴圈免受三種攻擊的侵害：⑴更好的論據，⑵有害生命的危險，⑶「交易」。此處所關乎的正是最後一種。一個人如果沒能把自己的尊嚴圈圍得夠明確，每當遇到誘人的出價或交易，勢必得要重新考量。這同樣會侵蝕你的自尊心和聲譽，讓你在未來面對各種誘惑時更居劣勢。換言之，這是個如假包換的「魔鬼迴圈」（惡性循環）。

你的人生中肯定不乏各種出價。在《錢買不到的東西》（*What Money Can't Buy*）一書中，哈佛大學教授邁可・桑德爾（Michael Sandel）指出，在過去的半個世紀裡，「交易」是如何日漸滲透到各種生活領域。從前無法交易的事物，如今全都成了可以交易的標的。舉例來說，為了幫兒子繳學費，一位婦女願意以一萬美元的代價，讓人在她的額頭刺上某個公司的名稱。雖然這個交易行為出於自願，卻碰觸到從前被視為神聖的事情，即人體不應降格為廣告空間。又例如銀行投資退休者的人壽保險，這些人越早過世，銀行就能賺越多錢。數以百計的事例顯示，貨幣經濟將它的侵襲延伸到過往被視為神聖的領域。你無法期待立法者會阻止這種經濟邏輯的魔鬼鐵騎。要防禦對尊嚴圈所發動的攻擊，能依靠的只有自己！

結論：請明確界定自己的「尊嚴圈」。當經濟病毒試圖突破你的價值免疫系統，請避免被感染。無論出價有多高，「尊嚴圈」裡的東西都是無可交易的。一旦你棄守，那將是場與魔鬼的交易；在這種情況下，鮮少有人能夠像烏里州民和魔鬼橋一樣全身而退！

29 憂慮之書

你該如何關掉腦袋裡的喇叭

假設你是上帝，可以創造一個新的動物物種，硬體部分你已經做好決定，這種新動物的外型應該會類似黑猩猩。現在你得要考慮軟體部分：對於危險，特別是針對那些不明的、單純只是臆測的危險，牠的反應得要多強、多快、多敏感？

如果你把這種新動物的「危險感應器」設得過低，牠很快就會從懸崖墜落，或被天敵吞噬，就此滅絕。但若你把「危險感應器」設得過高，牠們則可能因過於膽怯而不敢四處活動，甚至在有機會繁衍後代前就餓死了。這同樣有可能迅速導致相同的結果：滅絕。

因此，你需要賦予牠們適量的擔憂，必須正確地調校「憂心偵測器」。何謂「正確」呢？正確的數值是否就落在兩種致死極端情況的正中央？不。爲新物種設定軟體時，你最好還是讓牠們多點小心謹慎。寧可多，也不要讓牠們在見到移動的黑影時少逃跑一次。換言之，你應該賦予新物種相當可觀的害怕、擔憂和焦慮，卻也不要多到讓牠們怯於覓食。

這正是演化在所有動物物種，包括人類身上所做的事。這也是爲何我們會一天到晚被擔憂的感覺所糾纏。內心的不安是大腦裡的一套尋常軟體組件，它可謂是「生物天性」

（biologically hard-wired），所以幾乎無法關閉。沒有這層憂慮的負擔，或許就不會有你、有我，也不會有其他任何人。在過去的數百萬年裡，持續性擔憂被證明是完美的生存策略。

我們該爲此感到高興！但其中卻也有個問題：時至今日，你的擔憂與實際的生活危險已不成比例。你不再居住於每個水坑附近都埋伏著一頭劍齒虎的熱帶莽原。簡言之，你百分之九十的擔憂都是多餘的；在你腦子裡盤旋的問題要不根本就不危險，要不就是你什麼也無法改變。三更半夜在那裡擔心地球暖化、股市崩盤或天國近了，除了讓你失眠之外，並不會帶來任何好處。

持續性擔憂會導致慢性壓力，損耗我們的壽命。動物界中有個令人印象深刻的例子可以說明這個問題。麻雀有大量天敵，像是浣熊、貓頭鷹、老鷹等等。加拿大的研究人員將一整片森林套上網子，把麻雀的天敵隔絕在外。這是麻雀從不曾有過的安全環境。接著，研究人員在森林裡安裝了隱藏式的喇叭。森林某處可以聽到麻雀的天敵所發出的聲響，森林的另一處所聽到的則是毫無威脅性的自然聲響。老是受「險惡的」聲響所驚嚇的麻雀，平均下蛋量減少了百分之四十、蛋比較小、從中孵出的小鳥也比較少，而且幼鳥大量夭折，也因爲這些麻雀父母不敢外出覓食，致使倖存的幼鳥奄奄一息。這項實驗明白顯示：不需要實際的威脅，光是恐懼就足以影響整個生態系統。

人類的狀況也是這樣。更糟的是，我們不僅害怕敵人，還會反覆思索一切可能。思索

是種受歡迎的轉移策略。人們會致力於某些抽象的問題，藉以逃避現實。這是一種出於安逸的思索。由此所造成的慢性焦慮，不僅會導致錯誤的決定，也會使人罹患疾病；即使在客觀上並不存在任何危險。

說到這裡，若我能爲你指出該如何關閉腦袋裡的喇叭，那該有多好。遺憾的是，這是行不通的！

「斯多噶學派」（Stoic）的古希臘羅馬哲學家建議我們使用以下技巧趕走憂慮：請找出什麼是你能夠影響的、什麼是你無法影響的。你應當好好處理你能夠影響的事情；對於你無法影響的事，則別花費任何心思。兩千年後，美國神學家萊茵霍爾德·尼布爾（Reinhold Niebuhr）說：「上帝，請賜予我平靜，讓我接受我無法改變的事物；請賜予我勇氣，讓我改變我能夠改變的事物；請賜予我智慧，讓我能夠明辨這兩者。」這話聽來容易，卻窒礙難行，因爲「平靜」並不會因爲開關一開，立刻就來。

近來，冥想被吹捧成療癒一切的妙方，尤其能抒解內心的不安與鬱積的焦慮。事實是：冥想確實有效，卻只在冥想時有效。一旦你從沉潛中浮出，感覺和思慮會再度出現，而且強度一如既往。

哲學與冥想的確值得敬重，只不過具體的對策會更有幫助。根據我個人經驗，提出以下三個十分有效的方法。

第一，準備一本筆記本，在封面題上「我的憂慮之書」。請設定一段固定的時間，在那段時間裡全心專注於自己的憂慮。例如每天保留十分鐘，在這十分鐘裡，你可以寫下所有自己正在忙的事情，無論那些事有多合理、多愚蠢或多浮誇。當你完成這項工作，一天中的其他時間就會在某種程度上變得無憂無慮。這時你的大腦曉得：憂慮已被記下，不會被隨意忽略。每天都這麼做，每天都翻開嶄新的一頁。你會發現：困擾你的，總是同樣的憂慮。到了週末，你不妨瀏覽一週來的所有紀錄，並遵照數學家伯特蘭．羅素的指示：「一旦你察覺到自己想要苦思些什麼，最好的處理方法就是投注比本能所要求的更多的思考，直到那病態的吸引力自己消磨殆盡。」具體的作法像是：設想最壞的結果，你甚至可以強迫自己思考除此以外的可能性。你會發現，大部分的憂慮都會就此煙消雲散。那些留下來的，則是你必須處理的眞實危險。

第二，投保。保險是種很棒的發明，可謂是最優雅的憂慮殺手之一。它眞正的助益並不是事故發生時的金錢補償，而是在保險有效期間降低你的憂慮。

第三，專心工作是對抗煩惱的最佳療法。專注且充實的工作比冥想來得好。幾乎沒有其他事情能像它一樣有效地讓人轉移注意力。

如果你把這三種方法應用在生活裡，就很有機會擁有一個無憂無慮、美好的人生。如此一來，也許早在你年輕時，或至少在中年時，就能對馬克．吐溫（Mark Twain）步入晚年後的體悟發出會心一笑：「如今我已是個老人，也歷經了許許多多的煩憂，事實上，這些煩憂泰半從未眞的發生過。」

30 意見火山

為何沒有意見你會過得更好

最低工資應該提高嗎？可以販售基改食物嗎？人類造成的地球暖化是事實，或是環保政客的騙局？應該將伊斯蘭教法的支持者逐出歐洲嗎？關於這些問題，你心中肯定早有答案。關心政治的人並不用花太多時間思考。然而，這些問題錯綜複雜到我們無法在片刻間做出判斷，每個問題都值得我們花上至少一小時去仔細斟酌，而無法在更短的時間內得出理性的解釋。

我們的大腦是座意見火山，會不停噴發意見和看法。至於問題重要與否、能否回答、複雜或簡單，全都無關緊要。大腦會像拋出七彩紙屑那樣丟出答案。

在這種情況下，我們常會犯下三種錯誤。第一，對不感興趣的話題發表意見。前不久，在一場與朋友們的討論中，我赫然發現，自己是如何義憤填膺地站在某種立場去批評禁藥醜聞，即便我對職業運動毫無興趣。隨便打開一份報紙，你的意見火山很快就會蠢蠢欲動。請你把蓋子蓋好，正如我前不久也應該這麼做。

第二個錯誤是，對無法回答的問題高談闊論。下回的股市崩盤會在何時發生？是否存

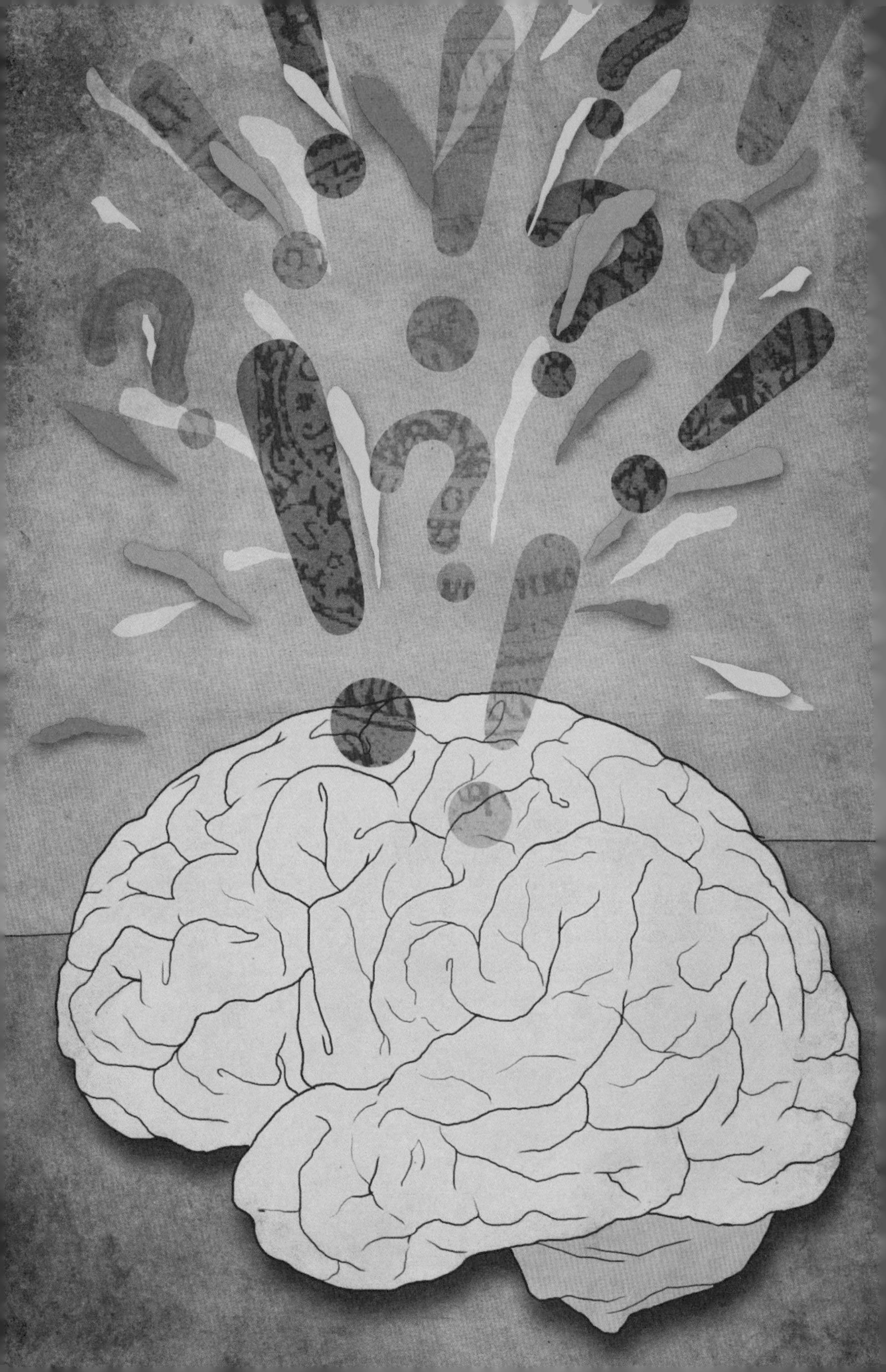

在一個以上的宇宙？明年夏天的天氣如何？沒有人知道這些問題的答案，就連專家也一樣。在這類情況裡，你可千萬別意見大爆發。

第三個錯誤是輕率、魯莽地就複雜的問題提出答案，正如本章開頭所看到的。這是三種錯誤中最嚴重的一個。美國心理學家強納森．海德特（Jonathan Haidt）曾對此做過深入的研究，試圖找出，在此一過程中，我們身上到底發生了什麼事。我們會傾向立刻選邊站，特別是在碰到困難的問題時。之後才會運用理智找出理由來鞏固立場。這與「情意的捷徑」（affect heuristic）有關。情感是即時、單向度的感覺。這種感覺是膚淺的，只有兩種形式，正面或負面，「我喜歡」或「我不喜歡」。看到一張美麗的臉孔——我喜歡。聽聞一樁殺人案——我不喜歡。週末出太陽——我喜歡。這樣的情感確實有其合理性，但在困難的問題方面則否，因爲我們經常會把它和正確答案混淆。這樣的情感會以迅雷不及掩耳的速度閃現，爲了表明其正確性，我們會在大腦裡倉促地搜尋現成的理由、例證和軼事；所製造出的，就是我們的意見。當事涉複雜的議題時，這著實是種蹩腳的處理程序。

迅速形成意見所造成的錯誤決定雖然可能是災難性的，但我們之所以應當避免意見失禁，其實有個更好的理由。「沒必要總得有個意見」的觀念能安撫我們的心靈、讓我們較爲平靜；這可謂美好人生不可或缺的要件之一。

我的建議是：不妨給自己準備一個「太複雜桶」，把你不感興趣、無法回答的，或需要耗費過多精力的問題通通丟進這個桶子裡。不必擔心，即便如此，你每天還是會有一大堆可以或必須提出意見的問題。

前不久，有位記者問到我的政治傾向。身爲作家，似乎都有資格談論全球性的話題。我支持該有更多還是更少國家？我覺得消費稅比所得稅更公平？我看著對方的雙眼，告訴他：「我不知道。」他聽見後放下手中的原子筆，露出苦笑，彷彿不理解這句簡單的回答有什麼含意。「你說你不知道，這是什麼意思？」「我沒有好好地想過這些問題，」我說。「但你必然有個意見吧！」「不，沒這個必要。這些議題都在我的『太複雜桶』裡。」

不必凡事都非得有個意見，這其實是很輕鬆自在的。沒有意見不代表你有精神障礙，你根本無須介懷。相反地，這其實是種理智的象徵。沒有意見是種資產。今日的問題並非資訊超載，而是意見超載。

請你謹慎地爲自己尋找主題。爲何你要讓記者、部落客或推文者牽著你的鼻子走，讓他們規定你該想些什麼主題？你又不是這些人的員工！請你要懂得選擇。把不相干的通通丟進「太複雜桶」。如果有人要求你對這個或那個做出評斷，你可要懂得拒絕，不要來者不拒。你會發現：就算沒有你的評論，這個世界還是會繼續運轉。

如果你眞的想要形成一個意見，該怎麼做呢？不妨騰出一點時間，靜心好好地寫下你對某個問題的思緒。書寫可謂是整理思緒的王道。若以文句的形式品味某個混亂的思緒，它就會自動變得清晰。長此以往，你將獲得外界的尊敬，特別是那些想得和你不一樣的人。如果你肯定自己的意見是對的，請再次質疑它，試著刺穿自己的論據。唯有如此，你才能知道它們是否經得起考驗。

結論：輕率、魯莽的意見越少，人生就越美好。我敢大膽地說一句：你百分之九十九的意見都是多餘的！對你、你的私生活、職場生活，眞正重要的就只有那百分之一。即使是與這百分之一的小圈子有關的問題，也請不要緊抓住意見火山所噴發出的第一個意見。想像自己受邀參加某個脫口秀節目，除了你以外，現場還有其他五位來賓，他們全都和你意見相左。當你可以流利地闡述與你相反的立場，你才算眞正擁有自己的意見！

31 精神堡壘

幸運輪

西元五二三年的某個早晨，有人來敲了波愛修斯（Anicius Manlius Severinus Boëthius）這位學者的家門。當時的波愛修斯年約四十，是位成功、有名，甚至可能是最有自信的知識份子。他的出身高貴，享有當時最好的教育。在狄奧多里克大帝（Flavius Theodericus）統治期間，他被拔擢爲羅馬的執政官。他的婚姻幸福，子女傑出。他可以日復一日地把無比熱情奉獻於將希臘典籍翻譯成拉丁文（當時幾乎再也沒有人有能力閱讀古希臘經典名著的原文）。在有人來敲他家門那個早晨，波愛修斯的財富、聲望、社會地位和創造力達到了頂峰。不久之後，波愛修斯遭到逮捕。人們懷疑他密謀推翻狄奧多里克。在缺席審判下，他被法庭判處死刑，財產、金錢、圖書、房子、畫作和華服盡皆被沒收。在地牢裡，他寫下最後一部著作，《哲學的慰藉》（*De consolatione philosophiae*）。被囚禁一年後，他被合乎身分地用劍執行死刑。如今我們還能在帕維亞（Pavia）的聖伯多祿金頂聖殿（Basilica di San Pietro in Ciel d'Oro）找到波愛修斯的墓（位於米蘭南方約五十公里處）。

雖然有別於絕大多數的中世紀名著，完全與基督信仰無關，《哲學的慰藉》仍可算是最常爲人所閱讀的中世紀著作之一。這本書到底在說些什麼呢？驚恐、絕望、等著被處死的波愛修斯坐在地牢裡，突然間，飄來一個年紀稍長、外表優雅的女性形象，「哲學」。她爲他解釋這個世界，並交給他一些心理工具（與本書的精神若合符節），好讓他能夠應付這個新的、令人絕望的處境。在此，我想爲讀者歸納「哲學」的各種建議；這些當然全是波愛修斯的建議。

第一，請你接受確實存在著像「命運」那樣的事情。在波愛修斯的時代，人們喜歡將它擬人化成「幸運女神」這號人物。這位女士會不斷旋轉幸運輪，藉由它的轉動，高峰和谷底會一再換位。想要參與、想要崛起的人必須接受自己有朝一日可能再度殞落。因此，別太在意自己正身處於上升或下降的境況，一切都有可能逆轉。

第二，健康、伴侶、子女、朋友、房子、財產、家鄉、名聲、地位等等，你所擁有、珍藏和喜愛的一切都只是一時的，不要過於執著地追求。請你輕鬆以對，如果命運將它們給了你，便欣然接受。但請時刻謹記，這些事物都是短暫的、脆弱的、易逝的。你最好將之視爲暫時借給你的，隨時都有可能再次被收回；最晚在你死去的時候。

第三，萬一你像波愛修斯那樣失去許多，甚至失去一切，那麼請你想一想，在你的人生中，正面的事物其實是佔上風的（否則你就不會抱怨了），此外，甜蜜總是摻雜著苦澀。悲嘆是不宜的。

第四，唯一不會被奪走的，就是你的思想，你的思考工具，你如何詮釋不幸、損失和挫折的方式。我們可以將此稱爲「精神堡壘」，也就是那塊永遠不會被攻佔的自由。

你肯定聽過或讀過這所有一切，就連對波愛修斯來說，這些也不是什麼全新的觀念。以上概念都是斯多噶學派的基本原則，這是一套古老的、高度實用的人生哲學，萌芽於西元前四世紀（比波愛修斯的年代早了一千年）的雅典，在西元一到二世紀期間於羅馬復興。諸如塞內卡（一個大富豪）、愛比克泰德（Epictetus）（一個奴隸）、馬可．奧里略（Marcus Aurelius）（一個羅馬皇帝）等人，都是斯多噶學派的知名人物。令人訝異的是，至今爲止，斯多噶學派可說是唯一一個針對日常生活問題提出實用解答的哲學流派。其他流派雖然在智性上十分引人入勝，卻幾乎沒有提供任何克服現實生活的幫助。

波愛修斯算是最後的斯多噶之一，他所身處的時代，大約是歐洲人的心靈被基督教完全籠罩之前，當時的人們開始將自己應對人生負起的責任託付給一種虛構（上帝）。大約千年之後，所籠罩的迷霧才逐漸被撥開。然而，即便在啓蒙的光輝黎明後，斯多噶的思想遺產卻始終被幽暗的陰影所掩蓋；時至今日，仍只是某種不足爲外人道的偏方。斯多噶的思想時而閃現在這兒，時而閃現在那裡。大屠殺的倖存者維克多．弗蘭克寫道：「人類最後的自由在於選擇看待事物的態度。」這正是前述「精神堡壘」所指。讀過普里莫．萊維的作品的人總會訝異於他所描述的集中營經驗富含濃厚的斯多噶氣息。此外，在第二十七章，我們還認識了可算是斯多噶主義者的戰鬥機飛行員史托克達爾，他曾經當過七年戰俘，其中有四年被單獨囚禁。但整體而言，我們對斯多噶的思想還是相當陌生。當我們提到「命運」一詞時，所指的不再是「幸運輪」，而是「系統失靈」。失業、饑荒、戰爭、疾病，是的，就連死亡，這所有一切全被歸責給很遺憾居然例外失靈的系統。

這個想法是錯的。正因爲命運的打擊變得更爲罕見（至少在西方世界如此），才會造成更強烈的情緒衝擊。此外，世界越是錯綜複雜，遇上全新的、完全超乎預期的命運打擊的可能性也就越高。簡言之，將心力投資在思想武裝上，爲損失預作情緒方面的準備，比以往更值得你這麼做。

不僅只有波愛修斯、第三帝國的猶太人或敘利亞內戰中的老百姓才會遭逢命運打擊。網路上掀起的「屎風暴」（shitstorm）可能讓你無處容身；全球性金融危機可能讓你畢生積蓄一夕歸零；伴侶可能會愛上某個在臉書結識的朋友，將你掃地出門。這一切都糟到不行，卻不至於致命。無論如何，你早已挺過最嚴峻的命運打擊。想想你那微乎其微的誕生機會；想想爲了將你帶到這個世界，你的母親、兩位祖母、祖母的祖母等數以千計的人所必須承受的痛苦分娩。你竟然只因股票投資組合市值腰斬就在那裡抱怨連連？

結論：這個世界是由偶然與動盪所構成，它們三不五時就會來搞亂你的人生。你在地位、豪華汽車、銀行帳戶或社會成就中找不到幸福。這一切可能在下一瞬間就全被拿走，如同波愛修斯的經歷。你只能在你的精神堡壘裡找到幸福。請你著眼於此，而不是將心力投資在收集保時捷上頭。

32 嫉妒
魔鏡啊魔鏡

美國毒舌作家戈爾・維達爾（Gore Vidal）曾在某次訪談中坦承：「每當有朋友獲得一點成功，我的身上就會死去點什麼。」他藉此表達每個人身上偶爾都會發生，卻沒人樂意承認的事，亦即在所有情緒中，最沒意義、最沒用處且最具毒性的一種：嫉妒。

嫉妒毫無意義並非什麼新鮮事。古希臘哲學家早就警告過世人這一點。《聖經》更是用了一大堆故事來闡釋嫉妒的毀滅力，其中最具代表性的，莫過於該隱與亞伯的寓言。《白雪公主》這個暗黑童話更是經典嫉妒故事中的經典。

諾貝爾獎得主伯特蘭・羅素也視嫉妒爲不幸的最重要原因之一。比起身體的殘疾或財務破產，嫉妒給生活滿意度帶來的負面影響更加強烈。因此，管理嫉妒的能力可說是經營美好人生的重要基礎之一。如果你能擺平這個毛病，就能做到更多事。只不過這當中涉及一套我們難以智取的演化程式。

嫉妒並非人類所獨有，動物也有這種現象。猿猴專家法蘭斯・德・瓦爾（Frans de Waal）與莎拉・布洛斯南（Sarah Brosnan）每回都以一片黃瓜來獎勵完成一項簡單任務的兩隻捲尾猴。兩隻猴子看來都很滿意，會感恩地收下自己的黃瓜片。下一階段，兩位專家改變了獎勵模式，其中一隻仍得到一片黃瓜，另一隻則會得到一顆甜葡萄。當獲得黃瓜的猴子見到這景況，牠便嫉妒地將黃瓜丟出籠子外，從此拒絕合作。

耐人尋味的是，越是愛比較，嫉妒的危險性就越高。我們特別容易嫉妒在年齡、職業、生活環境與生活方式等方面和自身相近的人。職業網球選手會和職業網球選手相比，高階主管會和高階主管相比，作家會和作家相比。由於你不會拿自己和教宗相比較，所以你根本不會嫉妒他。同樣地，你也不會和亞歷山大大帝、你們那個區域的某個超級成功的石器時代人物、其他行星的居民、雄偉的大白鯊、巨大的紅杉樹相比；雖然他們都是相當了不起的生物，但都不適合作爲嫉妒的對象。

我們因而找到嫉妒的解答：如果不和任何人相較，你就能享有一個沒有嫉妒的人生。請堅決避開所有比較。這是一條黃金途徑。

說得容易，做起來卻沒那麼簡單，因爲有時人們會被迫接受比較。舉例來說，法律規定加州大學應公布該校員工的薪資，員工們都能在網頁上看到自己和其他同事的薪水。收入低於平均薪資的人，對工作的滿意度將低於比較之前。換句話說，透明度在此讓幸福遭受摧毀。

社群媒體則是個規模更大，或可說是巨型的比較實驗。眾所周知，臉書搞得大量用戶極度沮喪與挫折。洪堡德大學的學者試圖透過研究找出其中原因。頭號原因是什麼呢？你猜對了，就是嫉妒。這點不難理解，因爲臉書本就是用來讓志同道合、志趣相投的人相互比較，是完美的嫉妒溫床。對社群媒體敬而遠之吧。那一大堆愚蠢的統計數字（像是按讚人數、追蹤人數、朋友人數等等）成了一種會讓我們陷於不幸的超可比性。不僅如此，朋友上傳的照片和他的日常生活完全不符，那是經過精心策畫的。這很容易造成一種（錯誤的）印象，讓你誤以爲朋友過得比你好。

和那麼多人相比的情況是前所未有的。網路讓嫉妒成了一種現代瘟疫。從社群媒體抽身後，你也應該試著遏制現實生活中的可比性。舉例來說，你可以避免參加同學會，除非你在收入、地位、健康、家庭幸福等各方面都拔得頭籌。但若不經比較，你又從何得知這一切呢？所以啊，你最好去都別去。

你可以選擇住在某個自己算是「當地翹楚」的地方、城市或社區。同樣的建議也適用於選擇同儕團體。如果財力不夠雄厚，千萬別參加扶輪社之類的團體，其中成員多是有錢的富豪。從事義消工作說不定還比較好，做的事情也有意義多了。

但請特別留心第十一章所說的「聚焦錯覺」。假設鄰居用繼承的豐厚遺產買了一部光彩奪目的銀色保時捷九一一，惹得你嫉妒難耐。你從客廳的窗戶向外望，見到這頭「銀色小貓」（誠如你的鄰居爲他的新座駕所起的名字）被乾淨俐落地停好。每回你聽見它轟隆隆的引擎聲，就不禁感到心如刀割。這一切只不過是因爲你放錯了焦點。如果你把鄰居的生活拿來和你的生活相比，你當然會自動聚焦在有所差異的面向上，像是保時捷九一一對

福斯 Golf。如此一來，你會高估汽車對生活滿意度的重要性，你會認爲鄰居遠比你幸福。客觀看來，汽車對生活滿意度的貢獻（如果有的話）只佔了極小一部分。如果你能意識到這種聚焦錯覺，就比較容易拔出嫉妒這根在背的芒刺。所有引起你嫉妒的事物其實都沒你認爲的那麼重要。

如果上述一切都無濟於事，你依然妒火中燒，就請你拿起撲滅妒火的消防水帶。有目標地找出被嫉妒者生活中最糟糕的面向，想像這個人是如何慘遭這些缺憾所折磨。此舉能讓你的心情瞬間好轉。我得承認，這不是什麼高尙的解決之道，眞的萬不得已才動用這招！

如果你是個十分低調的人，請繼續保持低調。藉由別讓他人對你產生些許嫉妒心，你可以減少人世間的苦難。低調是你爲公益所做出的重大貢獻。俗話說得好：成功的最大挑戰就是對成功隻字不提。如果你已在奉行這樣的原則，請你爲此感到自豪。

結論：鄰居、朋友圈、日常生活中，總有人過得比你好。接受這樣的事實，越快將嫉妒從你的情感曲目中刪除，對你越有好處。

33 預防

請在問題惡化到非解決不可前先避免它們

閱讀本章之前，請先思考什麼是智慧？

也許你腦中會立刻浮現「智慧的長者」這種形象，也就是經歷許多事情的人。也許你想到的是博學多聞、著作等身的教授。又或者你想到的是遺世獨立的山野村夫，像是瑞士阿爾卑斯山的山民，或亞馬遜三角洲的純樸漁夫。你也可能想到在某個山峰上盤腿冥思的隱士。

ＯＫ，想像得夠多了！且讓我們回到原來的問題：什麼是智慧？在益智節目裡，如果有人能答出「歐洲歌唱大賽」（Eurovision Song Contest）歷屆優勝者的名字和星座，他可能是位智者，但或許不是，否則他就不會用這種沒營養的資訊餵養大腦。就連堅守「能力圈」（參閱第十四章）的人（這需要許多的專業知識）也不必然就有智慧。換言之，「智慧」並不等於「知識的累積」。

智慧是一種「實踐的」才能。它是一種機敏的程度。借助機敏的導航，我們方能順利橫渡人生的汪洋。若能領略到，「避免」困難比「解決」它來得簡單，就會明白這個簡單的定義：「智慧就是預防。」

人生好難。各式各樣的問題會從四面八方撲向你；意外會在你面前挖出深溝、在你的人生道路中設下路障。這是你無法改變的。但若你能夠預料哪裡隱藏危險，便能預防和避免某些障礙。愛因斯坦曾說：「聰明人解決問題，智者則避免它。」

難就難在「避免」並不誘人。設想有A、B兩種電影情節。在電影A中，一艘船撞上冰山，就要沉入海底。船長以堪為表率、無私、驚心動魄的方式拯救了所有乘客。在整條船沉沒於浪花噴泉的前一刻，船長殿後，爬上救生艇。在電影B中，船長則遠遠地就避開了冰山。你會為哪部電影進戲院呢？肯定是A。但在現實生活中，你會寧可自己遇上哪種情況？毫無疑問，絕對是B。

如果以上狀況屬實，接下來會發生什麼事？船長A會被請去上脫口秀，得到高價的出書合約，他甚至可能改行，應邀出席大型企業的幹部職訓或各式各樣的活動，成為人人重金禮聘的「勵志演說家」。故鄉會有條街道以他的名字命名。他的子女有生以來首次為父親感到驕傲。船長B呢？直到他退休，都還在忠實地遵循查理·蒙格的箴言，遠遠地繞過各種險阻：「萬一我前方有個漩渦出現，我不會到了六公尺遠的地方才準備轉彎，而會在兩百公尺遠的地方就開始轉彎。」雖然B被證明是比較好的船長，但受人喝采的卻是A。原因在於：因預防所獲致的成功（亦即避免失敗）從外表是看不出來的。

財經媒體最愛歌頌的莫過於力挽狂瀾的管理者。這很好，也很棒。但在根本上防止企

業發生任何必須力挽狂瀾的情況的管理者更值得大力歌頌。只是預防的成功從外表是看不出來的，因此這些成就便消失在媒體的雷達上。基本上，知曉內情的就只有個別的管理者與其管理團隊，只有他們才曉得自己的處置有多明智。

由此可知，我們總是系統性地高估成功的將軍、政治人物、急救外科醫師或治療師的角色，卻低估了幫助社會或個人免於面臨種種災難的人物，像是有能力的家庭醫師、優良的老師、理性的立法者、精明的外交官等，這些人才是眞正的英雄、眞正的智者。

你的人生又是如何呢？就算你不信，但在你的一生中，至少有半數的成功屬於預防的成功。你當然也會偶爾把事情搞砸，就跟其他人一樣。但你幹蠢事的次數其實更低。不妨想想曾因你明智預料所避過的危險，無論是在健康、事業、金錢或伴侶方面。

預防絕非微不足道。在《有關投資與人生最重要的事》（*The Most Important Thing*）這本書裡，作者霍華·馬克斯（Howard Marks；知名對沖基金管理人）講了一個賭徒的故事。「有一天，這個賭徒聽說有場賽馬居然只有一匹馬參賽。見獵心喜的他索性將全部身家都押在這匹馬上。這可是一場穩贏不輸的賭局啊！誰曉得跑了一半的路程後，那匹馬竟然跳過柵欄，跑掉了！」亨利·季辛吉（Henry Kissinger）將這種錯誤稱爲「缺乏想像力」。預防不僅需要知識，更需要想像。但這點卻經常被誤解。許多人認爲，小酌一番，讓思緒激起陣陣漣漪，想像便會自然湧現。遺憾的是，依此所激發的往往是早已想過的東西。想像是對可能性與後果所做的強迫終極思考，必須一路做到想像力被榨乾爲止。沒錯，想像是很辛苦的！

當問題與威脅有關，想像的辛苦程度更是破表！難道我們真得一直琢磨所有可能的災難嗎？這樣難道不會讓人得憂鬱症？經驗顯示：不會！查理．蒙格曾經表示：「在我的一生中，我總是想像一切可能的困難……總是預先考慮到困難可能發生，萬一它們真的發生，就做好迎接的準備，這讓我不至於變得不幸。」

我的建議是：每週撥出十五分鐘時間，好好思索自己在人生中可能面臨的災難性風險。接著請你忘掉這項主題，幸福、暢快地度過一週剩餘的時光。請你利用這短短的十五分鐘時間，具體進行一套所謂的「事前驗屍」（premortem）。舉例來說，你可以想像自己婚姻觸礁、突然破產、心肌梗塞，然後再回頭分析爲何會走到這步田地，務必挖掘出最根本的原因。最後，請嘗試消除這些可能的原因，以避免那些災難眞實發生。

確實，就算你規律、嚴格地執行這一切，還是有可能忽略某些危險、做錯某些決定。在這種情況下，你可以藉由面對現實、當機立斷，緩和這些無可避免的災難所帶來的危害。所有可預見的情況全都適用這個道理：避免難題比解決難題來得容易。智慧就是預防。可惜的是，由於它是不可見的，你沒辦法拿來說嘴，但反正你也曉得吹噓不利於美好人生。

34 心理災難工作

為何你不必為世界的現狀負責

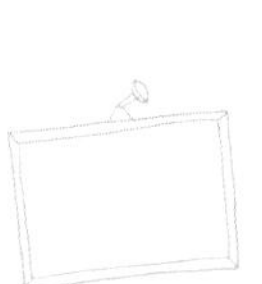

在敘利亞，戰鬥機針對性地攻擊醫院與救護車隊；伊斯蘭國的成員公然在攝影機前將人斬首；在利比亞，人蛇集團奴役男性、女性和小孩，將他們榨乾後，便送上漂流在地中海的橡皮艇，使他們泰半葬身於此；在東非，一場災難性的饑荒奪走數百萬條人命；世界各地不乏許多新生兒一出生就罹患愛滋病，隨即在短暫且苦澀的人生中殞命；在全球無數的家門後，家庭暴力始終暗潮洶湧。這個世界無比殘酷，你卻在這裡讀一本關於美好人生的書。這怎麼對得上呢？

一個人只要具有最小程度的同情心，就會對世間的種種災難感到憤慨。然而，只有極少數人會對採取因應對策。每個故事都在聲嘶力竭地求助。或許我們最好帶上大量的水，即刻前往衣索比亞，親自餵那些快要渴死的人喝點水。只不過，下一秒鐘，我們可能會忽然想起還沒督促小孩做完功課、浴室的蓮蓬頭得要除垢、該添購奶油了。

不公不義之事時時困擾著我們。我們需要一套個人的策略，也就是某些心理工具，藉以在不失內心的正義下，能夠面對世上的種種災禍。以下是五個值得推薦的方法。

第一，你個人並不會有太多建樹，除非你剛好叫作奧古斯都（Augustus）、查理曼（Charlemagne）或約翰・甘迺迪（John F. Kennedy）。要知道，大多數的人禍（諸如衝突、戰爭、恐怖主義等）都遠比表面所見的複雜許多。所以沒人能預測它們的走向。也因此，它們總是比人們所預測的更持久。就算不具備軍事領導相關的博士頭銜，我們也能知道，絕大多數的衝突是無法以純軍事的方式弭平。在西方國家還沒善意干涉前，利比亞或伊拉克的大多數居民反而過得更好。這是一種始料未及的副作用。即使你是美國總統，身旁有一群當今最棒的參謀圍繞，在絕大多數的情況裡，你還是有可能錯估、誤判、玩火自焚。並不是因爲缺乏同情、火力或智能，而是這類衝突具有高度複雜性。即使是宣稱要讓「世界變成一個更好的地方」的組織「世界經濟論壇」（World Economic Forum；簡稱WEF），至今也未能完成任務。雖然會中冠蓋雲集，但客觀上來說，其實一無所成。所以，請你別高估自己。你無法獨力解決災難。如果你自認爲發現了可以終結戰爭的巧妙方法，請思考得再透澈些。有極大的可能，那些比你更深入參與或研究這個題目的人，老早前就已經基於很好的理由，揚棄你所想到的點子。

第二，如果你想爲減少苦難出點力，那就捐款吧。只要金錢，不要時間。金錢就好。別前往戰區，除非你是急救醫師、拆彈專家或外交人員。許多人都會落入「志工的謬誤」（volunteer's fallacy），深信從事志工工作極具意義。然而志工摧毀了價值！把時間投資在自己的「能力圈」（參閱第十四章），因爲在那裡才能創造出最大價值。如果你跑去撒哈拉裝設水泵，你做的其實是當地掘井工人花很少成本就能完成的工作。此外，你還搶走了他們的工作。假設你擔任志工每天可以造好一口井，可若你把時間花在自己的工作上，把賺來的錢當作雇用當地掘井工人的酬勞，一天下來，也許當地就會多出一百口新的井。沒錯，擔任自願的幫助者會讓人自我感覺良好，但這不該是重點。這種好心人的溫暖感覺是種思想陷阱。深入第一線的專家們（像是無國界醫生組織、紅十字會、聯合國兒童基金會等等）肯定比你善於有效運用你的捐款。因此，請你努力工作，捐款交由專業人士處理。

第三，盡可能少看新聞，尤其是從人道的立場報導的災難。觀看那些災難的影像，或是坐在電視機前為受害者感到同情、心碎，對受害者或你自己都無濟於事。對世上的災禍「感興趣」是種純然的偷窺。「獲得資訊」或許會賦予你一點人道關懷的感覺，但你只是在自欺欺人，甚至可謂是這方面的受害者。想確實了解一場衝突、戰爭、災難，你最好去看書，即使那些作品可能是在事發一年後才出版。但無論如何，除了捐款，你也無力挽回那些已成事實的悲劇。

第四，想像這個宇宙到處都有生命，同樣在不可計數的其他星球上蒙受種種災難和苦痛。這種想法有助於我們拉開距離。說得更明白一點，每個地方都有壞事發生，廣泛且無法根除。由於個人的能力與資源有限，你必須聚焦。不妨選擇兩三個援助組織，慷慨解囊、情義相挺。至於其他的壞事或惡行（無論是發生在你的城市、國家或其他星球與星系），只得心平氣和地接受。

第五，你無須爲地球的現狀負責。這聽起來頗爲冷酷無情，但事實如此。諾貝爾獎得主理查．費曼（Richard Feynman）從天才數學家暨「計算機科學之父」馮諾曼（John von Neumann）那裡繼受了這樣的思想：「馮諾曼教給我這個有趣的想法：你無須爲你身處其中的這個世界負責。於是我養成了某種非常強烈的、不負社會責任的態度。一直以來，它讓我感到十分幸福。」費曼說的「不負社會責任」意指：如果你專注於自己的工作，而不是去非洲創辦醫院，不必良心不安：如果你恰巧比在阿勒坡（Aleppo）慘遭轟炸的受害者過得好，你也不必覺得罪孽深重。請你過個正直、具有建設性的人生，不要變成衣冠禽獸。如此一來，你便已爲創造一個更好的世界有所貢獻。

結論：爲自己擬訂一套如何處理人間苦難的策略。不見得非得依照此處所建議的方法。重要的是，你要有一套策略。否則你的人生會過得很辛苦，在「還得」去做的事情間，來來回回地被撕裂，你會感到罪惡，然而，即便有此負擔，你終究還是一無所成。

35 關注陷阱

該如何處理你最有價值的資源

你坐在一家餐廳裡，眼睛盯著菜單。你可以選擇「驚喜嚐鮮套餐」，或是自行挑選餐點組合。但你很快發現，無論你怎麼挑選，所得出的前菜與主菜組合總是比「驚喜嚐鮮套餐」來得貴，更別說這份套餐還附有紅酒。於是你點了這份套餐。「選得好！」服務生笑著說，「大部分人都點這個。」

接著，菜色一道接一道，令人驚喜連連地端了上來。餐前點心、四種鵝肝、醃鱒魚佐蘆筍、草莓可可薩瓦蘭蛋糕、獐肉、乳酪拼盤佐無花果芥末、野蒜乾酪義大利餃，中間還上了檸檬果子露，接著送來了鴨胸肉、茄子麵疙瘩和犢牛胸腺，菜色可說是琳瑯滿目、吃得人欲罷不能。席間還隨機穿插著呈上各式各樣的紅酒。品嚐了二十道菜餚之後，你請人來結帳。你從未一次吃下這麼多道菜，從未亂七八糟地大吃一頓，從未感覺這麼糟！

現在讓我們切換到一個真正發生過的晚餐場景：餐飲偏向傳統，但高品質卻撼動了賓客。受邀賓客全是如假包換的億萬富翁，包括巴菲特與比爾．蓋茲。比爾．蓋茲問在座的人：「什麼是讓你們得以達成目標的最重要因素？」巴菲特表示：「專注。」比爾．蓋茲的答案亦同。「專注」顯然扮演了相當重要的角色。就連你將注意力放在哪裡，同樣也很重要。令人訝異的是，「依菜單一一點菜」的注意力運用方式被取而代之，從早到晚，我們幾乎都被一份由別人爲我們所拼湊出的「驚喜資訊套餐」給塡滿！電子郵件、臉書狀態更新、簡訊、推文、新聞快訊、來自全球的消息、文件裡的超連結、網頁上的短片，以及機場、車站、捷運車廂裡舉目所及的螢幕，所有一切都在吸引我們的眼球。人們會用時而平淡無奇，時而精彩有趣的故事來取悅、阿諛、諂媚、奉承我們，讓我們自覺像個國王，但事實上，你應該覺得自己是個被塡塞的奴隸！

所有供給都不是餽贈，而是搶劫，不是獲利而是損失，不是給予而是奪取。一個Instagram的發文，無論設計得多精美，都是一項奪取。一則突發新聞是一項奪取，一封電子郵件（在大多數的情況下）是一項奪取。在我們加以理會的瞬間，便已付出代價，用注意力、時間，甚至金錢。

注意力、時間與金錢是最重要的三種資源。我們相當熟稔時間與金錢，還有專門探討時間與金錢的學術研究，就是所謂的「勞動」與「資本」。然而，我們對注意力卻近乎一無所知，即便它儼然已成爲這三種資源中最具價値的一種，對成功與幸福最爲重要。遺憾的是，在處理它時，總會發生系統性的錯誤。以下是幾個如何避免這種情況的重要建議。

第一，切勿將「新」與「重要」混淆。無論是產品、意見或新聞，每種新事物都想被看見。這個世界越是吵雜，新事物就必須喊叫得越大聲，如此才能找到聽眾。不要認眞看待這些喧鬧。被吹捧成革命性的東西，多半無關緊要。人們很容易把聲量大的時事視爲眞實，但事實並非如此。

第二，忽視免費的內容或技術。那無疑是關注陷阱，背後都有廣告支持。爲何你自願落入這種陷阱裡呢？

第三，對所有多媒體敬而遠之。圖像、動畫，未來還有虛擬實境會加快你的情緒擾動，超越安全速度，導致決策品質惡化。因此，你最好用文字形式來消化各種資訊，最好選擇沒有超連結的文件，換言之，透過書本。

第四，切記，注意力是無法切割的。這點有別於時間與金錢。你滑手機瀏覽臉書訊息所投注的注意力，就是從坐在你對面的人身上移走的注意力。

第五，讓你的行爲永遠居於強勢，不要居於劣勢。如果有人未經你同意就塞了些什麼給你，你就會自動居於劣勢。爲何你的注意力要讓廣告商、記者或臉書朋友牽著鼻子走？保時捷的廣告、川普在推特上的最新發文、逗趣的小狗短片，這些或許不是能讓你進步或更幸福的事情。當 Instagram 還沒問世，哲學家愛比克泰德早在將近兩千多年前就已經曉得：「要是有人對你的身體施暴，你應該會發怒。那麼你也不該畏懼任何對你的情感施暴的人。」

遺憾的是，演化致使大腦會立刻對各種最小程度的改變有所反應。這裡出現一隻蜘蛛，那裡出現一條蛇。這種易受刺激的特質在遠古時期具有生死攸關的重要性。然而，時至今日，它卻讓我們難以抵擋現代刺激的交叉火網。我們並非生來就具有如何正確面對現今媒體的天賦。在網路上漫遊也不會讓我們學會這一點。因此，誠如頗具傳奇色彩的科技記者凱文・凱利（Kevin Kelly）所指出，我們必須有意識地學習如何面對資訊科技。你是怎麼學會閱讀和計算的？是纏著某些會閱讀與計算的人嗎？不，你是經年累月、有意識地去鍛鍊這些能力。現在，面對資訊、網路和新聞，你需要一場類似的密集訓練。透過練習才能學會專注！

專注與幸福則是另一個面向。專注與幸福有什麼關係呢？完全相關。心理學家保羅・多蘭指出：「幸福取決於你如何投入自己的注意力。」同一件事（無論是正面或負面）會對你的幸福造成強烈影響、微弱影響，或者毫無影響，取決於你擺了多少注意力在那上頭。

結論：你總是活在你的注意力所在之處，無論你身體的原子正在何方。每個時刻都只有一次。若一個人知道自己的注意力該擺在哪裡，他就會有更充實的人生。接收資訊時，請你務必嚴格、謹慎、細心，程度絕對不能亞於你飲食、服藥時那般。

36 減量閱讀，但要加倍精細

我們閱讀的方式不對

一張瑞士聯邦鐵路的多次券有六格。每回乘車前，乘客得先將車票插入橘色的自動剪票機，剪票機會將日期及時間蓋在上面，並且將左方邊緣截去一小角。當六格都蓋了章，票券就算用完，再也不具價值。

想像有一種五十格的讀書券。使用方式同上：閱讀一本書之前，你必須先註銷一格。與瑞士聯邦鐵路多次券不同的是，這是你此生唯一的一張讀書券，你再不能弄到第二張。一旦這張票券用罄，你就不許再翻閱任何新書；有別於「坐黑車」（坐霸王車），你也不能「看黑書」（看霸王書）。一輩子只有五十本書的配額，對許多人來說，也許不成問題。但對正在看本書、熱愛閱讀的你而言，這著實是種可怕的想法。一個人如何僅憑這麼少的書，在半開化的狀態下度過一生呢？

我個人的藏書大約有三千本左右，全部讀完、讀了部分和完全沒讀的書籍大約各佔三分之一。我經常添購新書，但每年都會做個整理，把一些舊書丟掉。相較於已故的義大利知名作家安伯托．艾可（Umberto Eco）大約有三萬本左右的藏書，我這寒酸的三千本藏書眞可謂是小巫見大巫。儘管如此，我往往只能隱約記得書裡的內容。當我的目光掃過書背，種種印象就會像淡淡的雲彩般升起，夾雜著模糊不清的感覺，一個個孤立的畫面時而在這裡，時而在那裡閃現，偶爾還會冒出一兩句話來，就像劃破迷霧的一葉扁舟。我很少能夠記起完整的內容摘要。有些書籍我甚至不敢肯定地說我確實讀過。我得翻開它們，尋找做過記號的折頁或眉批。在這樣的時刻裡，我眞不曉得什麼比較可恥，是我漏洞百出的記憶，還是大量閱讀卻顯然十分不彰的效率。令我寬慰的是，諸多朋友的情況都與我大同小異。不僅是圖書內容如此，就連我讀過的散文、報導、分析報告及各類文章也不例外。坦白說，我所記得的內容實在少得可憐！

如果大部分的內容都會從記憶中流失，閱讀有何意義呢？當然，我們不能抹煞閱讀當下的體驗，這點毋庸置疑。我們同樣也不能抹煞品嚐焦糖布丁時的體驗，卻不會期待焦糖布丁能陶冶品嚐者的性情。僅能記得少量的閱讀內容，問題究竟出在哪裡？

閱讀的方式不對！我們的閱讀太沒有選擇性、太不夠仔細。放任自己的注意力四處趴趴走，就好像我們放出一條恣意奔跑、亂咬的獵狗，不去指揮牠追捕宏大的獵物。我們把寶貴的資源浪費在根本不值得理會的事物上。

如今我的閱讀方式已和幾年前截然不同。雖然閱讀總量不變，但閱讀的書籍數量卻變少了，如此一來，我可以一再反覆、更加仔細地閱讀這些書。我漸漸懂得小心選擇。我會先給一本書最多十分鐘的時間，簡單瀏覽過後，再做出「判決」，讀還是不讀。多次劵的比喻支持著我的極端行爲。我手上這本書眞是我願意用一格票券換取的嗎？這類書籍非常稀少。但如果是這樣的書籍，我就會反覆閱讀，原則上讀完一遍就接著再讀一遍。

重複閱讀一本書？有何不可？像是音樂，我們不也很習慣反覆聆聽同一首歌曲。演奏者都知道，人們不可能在視奏一回後就立即掌握一套總譜，得要經過多次專注地演奏才有辦法，不能趕著去彈下一首曲子。爲何閱讀就不能如此呢？

閱讀兩次的效率不僅是讀一次的雙倍，結果更高；根據我個人經驗，甚至會達十倍。閱讀一次，僅能讓我記住百分之三的內容，再次閱讀，我記住的比例約達百分之三十。

人們在緩慢、專注的閱讀下能夠吸收多少內容，在二次閱讀的過程中能夠發現多少新東西，藉由這種細緻的閱讀方式能夠如何強化理解力，這一切總是一再讓我感到訝異。一八六七年在巴塞爾，當杜斯妥也夫斯基見到小霍爾班（Hans Holbein）的《墓中基督》（*The Body of the Dead Christ in the Tomb*）時，他完全被這幅畫作所惑，他妻子花了半小時時間才把他拖走。兩年後，他以近乎照相的方式，將那幅畫的細節重現在所寫的小說《白癡》（*The Idiot*）裡。如果只是隨便看看，會有這樣的效果嗎？

恐怕不太可能。必須沉浸在畫作裡，這位偉大的小說家方能創作出非凡的作品。「沉浸」在這裡是關鍵字。是「漫遊」的相反詞。

補充說明，第一，「效率」一詞聽來頗有科技風味，我們眞能如此品評書籍嗎？是的，這種閱讀方式的確是實益取向，也完全不浪漫。把浪漫用在其他事物上吧。一本書如

果不能在讀者的腦海裡留下任何痕跡（可能是因爲那是本爛書，也可能是因爲讀者沒讀好），我覺得那就是在浪費時間。一本書的性質完全有別於一份焦糖布丁、一趟阿爾卑斯山觀光飛行或一次性愛。

第二，偵探小說和恐怖小說該被讀書券排除在外，我們可以破例不讀兩遍。誰想要遇見一位已知的凶手呢？

第三，你必須親自決定個人的讀書券該有多少格。我把往後十年的額度限制在一百格，平均一年只有十本。對一個作家而言，這簡直少到犯規！然而，如前所述，我會在享有極大的樂趣與十倍效率中，反覆閱讀這些卓越的書籍。

第四，如果你還年輕，例如仍處在閱讀生涯的前三分之一階段裡，便該盡可能地「吞噬」大量書籍；小說、短篇故事、詩詞、專業知識的普及讀物都好。瘋狂地囫圇吞棗，不必顧及品質，隨心所欲地讀好讀滿。爲何？這涉及數學上的最佳化，人們將其稱爲「祕書問題」（secretary problem）（參閱第四十八章）。典型的表述就是：從一大堆應徵者中找出最好的祕書。藉由面試並拒絕前百分之三十七的應徵者，做成一個具有代表性的基本分布圖。藉由瘋狂地閱讀，或用統計的說法，藉由在人生最初三分之一的階段裡大量採樣，你就可以得出一個具有代表性的閱讀基本分布圖。你會讓自己的判斷力變得敏銳，日後有能力做出明確的選擇。因此，請等到大約三十歲左右再啓用這套讀書券，屆時請務必嚴格遵守選書規則。畢竟年過三十，便不該再將苦短的人生浪費在爛書上頭！

37 教條陷阱

為何意識形態把事情弄得太過簡化

拉鍊是怎麼拉上的？請先評估你對拉鍊所知多少，〇到十（〇是完全沒概念，十是完全清楚），你大概會落在哪個區間？寫下自我評估的數值，接著準備一張紙，在上頭畫出拉鍊運作的方式。再者，如果有個人從沒見過拉鍊，你會怎麼向對方說明拉鍊確切的運作方式，請寫下關鍵字。用兩分鐘時間回答這道題目。好了嗎？現在請你再次評估自己的拉鍊知識，同樣從〇到十給分。

耶魯大學的學者李奧尼德・羅琛布里特（Leonid Rozenblit）與法蘭克・凱爾（Frank Keil）也曾對數百位受試者提出類似的簡單問題：一間廁所是如何運作的？一顆電池是如何運作的？結果總是相同：在被迫解釋某些事物之前，我們總以爲自己對該事物知之甚詳。直到這種狀況發生，才赫然發現自己的知識漏洞百出。想必你也不例外吧！你先前應該也誤以爲自己比實際上懂得更多。這是種「知識錯覺」（knowledge illusion）。

如果像拉鍊或廁所這類簡單的東西我們都說不清道不明，在眞正的大問題上，我們又該有多麼無知！例如，長期來說，多少數量的移民對社會有利？應該准許基因治療嗎？允許私人擁有槍枝眞能讓社會更加安全？

是的，在這類大問題上（耐人尋味的是，「偏偏」就是在這類大問題上），我們噴出回答的速度就跟射擊一樣快速。說實在的，我們並沒有好好地、徹底地思考這些問題。從未眞正地追根究柢。社會問題遠比拉鍊、廁所或電池複雜得多。爲何？因爲對社會結構的干預，會比簡單地沖馬桶造成更多更深遠的後果。光是考慮第一波的影響是不夠的。同時必須評估影響的影響的影響……爲了徹底思索這條影響鍊，可能需要花上幾天、幾週甚至幾個月的時間。試問，有多少人有時間和興趣做這種事？

我們選擇舒適的捷徑，致使怪事發生：不閱讀相關主題的書籍、不就教相關專家，卻接受「參照群體」（reference group）的意見！它可能是個政黨、職業團體、社會階層、運動社團或是街頭幫派。長此以往，知識就不如我們所希望的那麼客觀，主要是種「社群知識」，誠如史蒂芬・斯洛曼（Steven Sloman）與菲利浦・費恩巴赫（Philip Fernbach）在《知識幻覺》（*The Knowledge Illusion*）一書所指出的。很遺憾地，我們並非自己所崇尚的獨立自主的思考者。不管是處理意見或服裝，我們所秉持的態度並無二致：我們會穿時下流行的服飾，或說得更白一點，會穿參照群體所穿著的服飾。

問題是，如果這樣的「黨派意見」不再侷限於個別的主題，而是用在建構整套世界觀，那麻煩就大了！在這種情況下，人們所談的就是「意識形態」（ideology），其威力高過黨派意見十倍，它們提供了「成捆」的觀點。

意識形態極其危險。它會像強電流那樣影響大腦，造成大量的（思考與行為）短路，把所有的保險絲通通燒毀。那情形就像是完成學業的歐洲年輕人宣誓加入伊斯蘭國，要為復興中古世紀的伊斯蘭教義而奮戰。

請不惜一切代價逃離意識形態與教條，特別是你覺得這些觀點還不錯時更該如此。意識形態肯定是錯的，只會讓你窄化自己的世界觀，誤導自己做出悲慘的決定。我還真想不出哪個教條主義者能有稍微美好的人生。

截至目前為止的說明應該都還算清楚。只不過問題在於許多人都渾然不覺自己陷入了某種意識形態裡。該如何認出意識形態呢？不妨參考三項準則：意識形態是「解釋一切」的、「無可反駁」的、「模糊不清」的。

馬克斯主義就是解釋一切、無可反駁的意識形態的最佳範例之一。當一個社會的財富集中度升高，信徒就會立刻從中證實資本主義的基本弊端；誠如馬克斯所述。而當不平等的程度下降，信徒就會立刻用歷史發展走向沒有階級的社會來解釋這種情況；誠如馬克斯所預言。

乍看之下，無可反駁似乎是種好處。試問，有誰不想坐擁一套永遠都是對的的理論呢？但「無可反駁」的理論全然有別於「無懈可擊」，反而很容易出包。如果你遇到一個看似被教條所感染的人，不妨詢問對方：「在怎樣的特殊狀況下，你才會放棄自己看待世界的觀點？」如果你得不到任何答案，就盡量遠離這個人。順道一提，如果你懷疑自己太過依循某種教條，也請問問自己這個問題。

為求無懈可擊，意識形態往往會披上一層朦朧的外衣。這是你大老遠就能認出意識形態的第三個準則。舉例而言，論述尚稱清晰的神學家孔漢思（Hans Küng）曾把上帝描述爲：「在事物的核心中、在人類中、在人類的歷史中、在世界中，絕對的與相對的、世間的與天國的、超驗內在的、包羅萬象的最眞實的眞實。」解釋一切、無可反駁，加上超完美的模糊不清！一般來說，語言是意識形態廢話很好的指標。請你留心這樣的話語，即便那話出自你口也不例外。試著用自己的話去陳述事情，切勿不假思索地人云亦云。舉例來說，如果你的黨派使用「人民」一詞，所指的只是社會裡的特定部分人，請不要濫用這個詞彙。請避免使用口號。

公開發言時務必格外謹慎。如果你公然主張某種教條的立場，只會讓這種立場更加深植於大腦。如此一來，便幾乎無法將之從你身上根除。

試著蒐羅相反的論據或意見。參照我在第三十章所提出的建議：想像自己受邀參加脫口秀節目，除了你以外，另有五位來賓，他們所持的立場全都和你相左。唯有當你至少可以流利地主張與你相反的立場，你才算眞正有了自己的意見。

結論：獨立思考，別當死忠的黨派信徒。更重要的是，請遠離教條。越快明白自己並不了解這世界，你就越能好好地了解它。

38 心理減法

你該如何認識自己的幸福

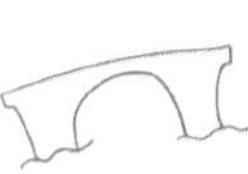

聖誕夜，在美國的小城貝德福特佛爾斯（Bedford Falls），喬治·貝利（George Bailey）試圖結束自己的生命。貝利是家小型建屋儲蓄合作社的負責人，他近乎完美無瑕，已婚，育有四名子女。由於叔叔弄丟公司的一筆鉅款，此刻他正面臨破產的窘境。這晚大雪紛飛，他站在一座橋上，打算跳河。就在此時，有位較他年長的男士掉進水裡，拚命呼救。貝利救了這位宣稱自己是天使的男士，想當然耳，他完全不相信這位男士的話，不僅如此，貝利還希望自己從未誕生。這位天使於是為他實現願望，還讓貝利目睹自己從未降生的話，貝德福特佛爾斯將會淪落至何種慘況的模樣。從那樣的慘狀裡醒轉，就在聖誕夜裡，喬治·貝利擺脫了憂鬱心情，慶幸自己還活著，他跑過這個多雪小城的大街，笑著歡呼：「聖誕快樂！聖誕快樂！」

一九四六年由詹姆斯·史都華（James Stewart）所主演的悲喜劇《風雲人物》（*It's a Wonderful Life*）如今已成為聖誕節經典，天使在片中所使用的心理招數則還沒。心理學家稱這種方法為「心理減法」（mental subtraction），它絕對該被收進美好人生的工具箱裡。

我們最好以精簡版的方式立刻操演一遍。請先回答這個問題：總的說來，你覺得自己有多幸福？請你在〇（極度不幸）到十（極度幸福）之間選出一個數值，並將這個數值寫在本頁邊緣。接著閱讀下一段，請不要超出範圍，僅僅閱讀下一段。讀完後，請閉上雙眼，遵循讀到的少許幾個指示。

請閉上雙眼。想像自己失去了右臂，右肩僅連著些許殘餘的手臂末端。你有什麼感覺？只剩一隻手的你，生活該有多困難？你要怎麼吃飯？怎麼打字？怎麼騎腳踏車？怎麼擁抱別人？接著請想像自己連左臂也失去了。你沒有手了。你什麼也不能抓、什麼也不能碰、什麼也不能摸。你做何感想？如果你現在連視力也失去了呢？雖然還聽得見，卻再也看不到任何風景，再也看不到伴侶、子女、朋友的面容。你又有何感觸呢？好了，請張開雙眼。在你繼續往下閱讀之前，至少花個兩分鐘時間，好好揣摩、徹底感受以上這三種情況。

做完這些練習後，現在你覺得自己的人生有多幸福？請你再次在〇（極度不幸）到十（極度幸福）之間選出一個數值。如果你和大多數人一樣，你的幸福感應該會提高。我第一次認眞做這個練習時，感覺就像一顆被綁在水底深處的球突然得到解放，有如噴泉般高高地彈出水面。這就是心理減法的巨大效應。

你當然不必爲了增進幸福而弄斷手腳，甚至弄瞎雙眼。你也可以想像，如果你不曾遇見自己的伴侶、如果你的小孩在一場意外中喪生、如果你蹲在一個戰壕裡、如果你躺在臨終的臥榻上，你又會有何感想。重要的是，你不能只是抽象地想像，而是要徹底「沉浸」在那樣的情況中。

誠如第七章所說，就人生中種種幸福的偶然而言，特別是讓我們得以誕生在這個世界的幸福的偶然而言，感恩可說是種非常適切的情緒。幾乎沒有一本勵志書不會敦促讀者每晚回顧自己生活中的正能量、感受感恩的心情。

但關於感恩有兩個問題。第一是：對誰感恩。一個人如果沒有信仰，他的感恩就找不到接受者。第二個問題是：習慣。人腦雖然會對改變起強烈反應，卻也很快就能習慣新狀況。如果你遇上不好的事情，這點還滿有幫助的。因某人離去或因意外而永遠離不開輪椅所導致的悲傷會比我們所想的還要快平復，這都要感謝習慣。心理學家丹尼爾・吉爾伯特稱此爲「心理免疫系統」（psychological immune system）。愚蠢的是，這個心理免疫系統同樣也會對發生在我們身上的好事起作用。中了數百萬歐元的樂透後六個月，因爲中樂透而提升幸福感的效果便會消失殆盡。喜獲麟兒或添購新居的愉悅也同樣短暫。由於你的生活中百分之九十九的正面事物如今已不再發生，僅存的只是各種已經維持了一段時間的狀態，習慣早已消滅當初那些正面事物所創造出的幸福。雖然感恩正是對抗習慣的一種嘗試，換言之，是爲了刻意凸顯生命中的美好事物，但遺憾的是，我們同樣也會習慣於這樣的心理彰顯作爲。相較於不常這麼做的人，每晚都在心裡默想正面事物的人反而更不幸福。這是個矛盾的結果，卻能用習慣足以撫平一切的能力來解釋。

以上便是經常爲人所宣揚的「感恩」所具有的缺陷，也就是「該感恩誰」，還有「習慣」的問題。值得慶幸的是，心理減法並沒有這樣的缺點。對大腦來說，心理減法是種出乎意料的活動，大腦不會習慣它。事實上，在許多相關研究中，美國學者丹尼爾．吉爾伯特、提摩西．威爾森（Timothy Wilson）與他們的同事都指出，比起單純思索生命中的美好事物，心理減法更能顯著提升一個人的幸福感。斯多噶學派早在兩千多年前就已經知道這項技巧；與其妄想自己尚未擁有的東西，不如想想，一旦失去目前所擁有的，你會有多麼惦念。

假設你是參加奧運的選手，正處於顛峰狀態的你奪得了一面獎牌。什麼會讓你更覺幸福：銀牌還是銅牌？你的答案想必是銀牌吧。然而，一九九二年巴塞隆納奧運期間，針對獎牌得主所做的一項研究卻得出相反的結果：銀牌得主居然比銅牌得主更覺得不幸福。爲何？因爲銀牌得主會想著金牌，銅牌得主則會和沒奪牌的人相比。借助心理減法就不會出現這種不利的效應。心理減法會讓人總是和「沒有獎牌」相比較。當然，你可以隨自己高興，把「獎牌」換成別的東西。

心理學家保羅．多蘭曾指出：「我們往往不太能意識到自己的幸福。總必須做些什麼來提高對幸福的意識。你不妨假想自己在彈鋼琴，卻完全聽不到琴聲。人生中的許多事情就猶如聽不到樂聲的鋼琴演奏。」借助心理減法，你終於又能聽到悠揚的樂音。

39 思考極限值

思考和行為的關係就像是手電筒和探照燈

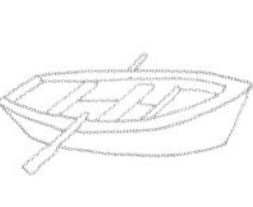

噓，我現在要告訴你寫作最大的祕密：最好的點子都出現在寫作之時，而非思考之際。即使你不是作家，這個情報也能讓你受益匪淺，它普遍適用於人類的所有活動。企業家是在產品製造與上市後才曉得一項產品能否為市場所接受，而非透過市場調查；推銷員是經過無數的改進、遭受許多拒絕後，才練就完美的「推銷術」，而非因為推銷顧問訓練有成；父母因為每日實際的育兒生活，最後得以勝任褓姆工作，而非種種育兒指南教導有方；音樂家在反覆演奏中成為大師，而不是思考樂器的種種演奏方式。

為什麼會如此呢？因為這個世界對我們來說是不透明的，就像毛玻璃般渾濁、不清澈。沒有人能夠完全照亮事實，即便是最有學養的人，也只不過能往某個特定方向多看個幾公尺遠。一個人如果想要跨越知識侷限，就必須向前走，不能停在原地。要行動，別光思考。

我有個相當聰明的朋友，他擁有「工商管理碩士」的學位（這絕不是在消遣他），有份不錯的工作，在某家製藥集團擔任中階主管。從十年前起，他就一直想要成立屬於自己的公司。讀了數百本關於創業的書籍、花了數千小時思索產品、收集一大堆市場調查、撰寫二十多本商業企畫，但至今依然一事無成！他總會來到一個點，在這裡，他的思考會告訴他：你的經營理念大有可爲，接著就看實際經營有多順利、可能的競爭對手又會採取什麼舉措了。但枯坐冥想從未帶他從這個點更往前走一毫米。在這個點上，所有透過思考得來的額外知識全都化爲烏有。且讓我們稱這個點爲「思考極限値」。

我完全不反對思考。短暫思考過後，一個人就能在知識上取得很大的進步。然而，隨著時間經過，進步的幅度會越來越小；而抵達思考極限値的速度總是快到令人訝異。以投資決定爲例，將所有找得到的因素全部攤在桌上，你頂多只需要再三天的思考時間；決定人事也許只需要一天；倘若事關轉行，頂多只要考慮一星期。也許人們還會付出更多的思索時間，好讓片刻的情緒波動不至於造成太大的影響。接下來，思考就再也沒有任何幫助了；爲了獲得新知，我們必須採取行動。

若把思考比作手電筒，行爲就是探照燈。它的光線可以更進一步照向無法看透的世界。一旦我們挺進到某個嶄新、有趣的地方，就能再隨時打開沉思的手電筒。

以下問題彰顯了行動力的重要性。如果你身在汪洋中的一座孤島上，你會希望自己帶上了誰？是你的伴侶？朋友？顧問？你所認識最聰明的教授？還是一位藝人？答案皆非，你肯定希望帶上的是一位造船工！

理論家、教授、顧問、作家、部落客和記者或許都期許能透過思考，讓世界向他們自我揭示。遺憾的是，情況鮮少如此。牛頓、愛因斯坦或費曼等思想家可說是極少數的例外。無論是在科學、經濟，或日常生活方面，所有理解這個世界的進展，幾乎都是靠著實際探究這難以捉摸的世界所促成；透過這種方式，某些人才能揭露這個世界。

說比做來得容易。我也沒能例外，經常花了太多時間在思考上，遠遠超出思考極限值。爲何？因爲這樣比較舒服；因爲思考比積極行動更宜人；因爲沉思比實行更安逸；因爲思考的失敗風險是〇，行動的失敗風險則永遠大於〇。這也就是爲什麼思考與評論會如此受歡迎。只會思考的人永遠無須與現實產生摩擦，也完全不會栽跟頭。但實際採取行動的人卻很有可能摔得鼻青臉腫。爲此，他會收集經驗。俗話說得好：「經驗就是，當你想得到什麼卻未能得到，所得到的東西。」

畢卡索深知嘗試的勇氣具有何等價值。他曾說：「一個人如果好奇自己想畫些什麼，就必須動手畫畫。」同樣的道理也適用於人生。你若想知道自己想過怎樣的人生，最好開始腳踏實地好好過活。本章或許給了你些許啓發，但請注意：你無法光憑空想就找到美好人生！

第八章提到「內省錯覺」，意思是說，我們誤以爲透過單純的思想內省就能發現自己的眞實傾向、人生意義、幸福的黃金核心。但更有可能的結果卻是，透過內省，你會陷入由心情、模糊的思緒及混亂的感受所構成的泥淖。

下回當你面對一項重大抉擇時，不妨密集地思考一番，但請在「思考極限值」前喊停。你會訝異於自己竟然這麼快就達到這個點。一旦抵達那裡，就請關閉「手電筒」，打開你的「探照燈」。這套方法可以用在職場與私領域，不管你是要投資事業或愛情都適用。

40 別人的鞋子

角色互換

知名企業家本．霍羅維茲（Ben Horowitz）曾是軟體公司 Opsware 的聯合創辦人，如今則是創業基金投資者。數年前，他曾碰上一個管理問題。在他領導的一家公司裡，有兩個優秀的部門彼此相持不下。程式設計部責怪客服部回覆顧客的速度不夠快，導致銷售受阻；客服部則責怪程式設計部編寫的程式錯誤百出，又不聽從他們的修正建議。促使這兩個部門緊密合作是勢在必行。這兩個部門都擁有一流的人才，也都認爲自己做得最好。呼籲他們站在別人的立場想一想的做法苦無成效。於是霍羅維茲想出一個點子。他索性將兩個部門的主管對換，而且還不是暫時交換，是永久對調。這兩名主管一開始還有點吃驚，但就在他們換穿死對頭的鞋子一個星期後，便明白衝突的根源。在接下來的幾週裡，他們各自做了一些調整。從那時起，這兩部門彼此合作的融洽度居公司之冠。

站到對方的立場想一想，這項呼籲鮮少成功。所需的思想跨躍太大，好處太小。爲了眞正了解某人，我們必須站在他的立場，不只是腦子想想，而是得要實際力行。我們必須確實穿上別人的鞋子，才能親身體會對方的處境。

以前我從不曾認眞看待母親們的工作，直到我自己當了爸爸，三不五時得要獨自照顧一對雙胞胎寶寶。半天下來，我可能會比出差十天還累。當然早有多位母親向我預告這種情況，許多育嬰指南也都有提到這一點。儘管如此，這一切全都對我不起作用。直到親自動手，我才開始了解。

這麼簡單的技巧，我們居然吝於運用。許多商家都會說：「我們必須從顧客的角度來思考！」這樣的想法崇高，卻還不夠。正確的說法應該是：「我們必須成爲顧客！」確實有一些企業明白這層道理。「迅達集團」（Schindler Group）算是電梯與手扶梯的全球領導品牌之一。迅達的每位新進員工，從祕書到主管，在加入公司的第一年，有三個星期的時間，必須外出從事裝配工作。他們得要穿上藍色工作服，親至工地現場幫忙架設電梯或手扶梯。透過這種方式，迅達的菜鳥不僅能夠認識自家產品複雜的內部結構，還能夠體驗什麼叫作在現場施工。除此之外，他們也藉此發表了一項聲明：「看吧，我並不在意弄髒自己的雙手！」光是這樣的舉動，就能爲各部門之間營造出充足的善意。

人們喜歡和生產線裝熟。你肯定曉得這種事：每篇商業報導裡，都可見高層主管在生產線前裝模作樣一番。一百篇報導裡，大概只有一篇會有不同的景象。那些眞正在第一線工作的高層主管穿著工作服、戴著安全帽，顯然不會爲了自己的髮型因爲一張照片毀掉而惋惜。我會傾向購買這些企業的股票。

思考和行爲是理解世界的兩個不同方式。許多人都混淆了思考和行爲。想成爲企管教授，取得企管學位是理想的選擇，但對於成爲企業家則否。如果你想成爲文學教授，攻讀文學學位是完美的選擇，但可千萬不要以爲日耳曼語學位能讓你成爲一位好作家。

如果在諸如道德方面的抽象事物上，把思考轉換成行爲，這是行得通的嗎？艾瑞克．史瓦茲蓋伯（Eric Schwitzgebel）與約書亞．路斯特（Joshua Rust）針對這樣的問題進行研究：那些一天到晚鑽研道德問題的倫理學教授，是否眞是比較善良的人？人們確實會有這樣的期待。學者們以十七種不同的行爲，例如捐血的頻率、用力關門、參加會議時會清理自己的垃圾等等，來比較倫理學老師與其他的教授。所得出的結果是：道德哲學方面的專家，在行爲上，一點也不比其他人更道德！

如果承認思考和行爲是兩個分開的範疇，我們就能利用這項知識。教會、軍隊和大學可算是世界上最穩定的組織。歷經數百年，在數十場戰爭中倖存，它們的穩定祕訣是什麼？從基層訓練起。每個領導階層都深知待在「基層」的滋味。想成爲主教，就得從最下層的教士做起；每位將軍一開始都只是個士兵；要成爲大學校長，則得先做個小小的助理教授。沃爾瑪（Walmart）的CEO領導著兩百萬員工，但你認爲他會是個勝任愉快的將軍，能夠統帥一支由兩百萬士兵組成的部隊嗎？恰恰相反。這世上沒有任何一支軍隊會想要招募他。

結論：實際換穿他人的鞋子走走看，這點確實有其必要。和最重要的夥伴一起這麼做吧，像是你的配偶、顧客、員工，或選民（如果你是位政治人物）。想彼此互諒、互信，

角色互換可說是最有效、最迅速、成本最低廉的方法。請你如常言所說，當個喬裝乞丐探訪民情的國王。不過，因爲你不見得總是能這麼做，且讓我再給你一個建議：閱讀小說！盡可能大量閱讀、選擇好作品。沉浸在一部好的小說裡，與主角共同經歷命運的所有高低起伏，這也是一個介於思考與行爲之間，有效的折衷方法。

41 改變世界錯覺—Part I

請勿耽溺於「偉人」理論

「我們可以改變這個世界，讓它變成一個更好的地方。做不做，全在你。」（曼德拉）；「一個人如果瘋狂到相信自己能夠改變世界，他就會這麼做。」（賈伯斯）。

這些都是觸動幻想的名言錦句，賦予我們意義、活力與希望的感覺。

但我們眞能改變世界嗎？儘管報章雜誌喜歡營造世界末日的氣氛，但上述信息從未如同今日這樣被口號式地重複，個人影響力也從未如同今日這樣被樂觀地宣揚。中古世紀、上古時期或石器時代的人或許完全無法理解上述兩句話是什麼意思。對他們來說，世界始終如一。如果發生了什麼動盪，要不就是國王發動戰爭，要不就是發怒的神明以地震來洩憤。個別的市民、農夫或奴隸能夠改變世界……當時根本不會有人想到這麼荒謬的事。

時至今日，地球村的居民已經不一樣了。不僅把自己看成世界公民，更自以爲是「世界鍛造師」。彷彿著了魔地深信，憑藉初創企業、群眾募資計畫與慈善計畫，我們就能翻耕這個世界，誠如那些來自矽谷的傳奇、成功的企業創辦人，或歷史上的天才發明家所示範的那樣。光是改變自己的人生已經不夠，我們想要改變這個世界。我們爲以此爲宗旨的組織服務，願意減少一半的酬勞來換取「意義對價」。

「個人能夠改變世界」可謂本世紀最大的意識形態之一，它同時也是一個宏偉壯麗的錯覺。這裡頭匯流了兩種思考錯誤：一是第十一章的「聚焦錯覺」。對此，諾貝爾獎得主丹尼爾・卡納曼曾說明道：「人生中沒有什麼事情是如你正在想著它們很重要時所以爲的那麼重要。」如果你拿支放大鏡在地圖上觀看，相應的地圖區塊就會被放大。注意力就好比放大鏡。當我們埋首於改變世界的計畫時，這計畫看起來會遠比實際上重要。我們總是系統性地高估計畫的重要性。

第二種思考錯誤則是所謂的「刻意立場」（intentional stance）。美國哲學家丹尼爾・丹尼特（Daniel Dennett）提出此一概念。意指：我們會猜測每個改變背後的意圖，無論那背後是否真有個意圖。當鐵幕崩塌，如同一九八九年那樣，必定是有人針對這件事情施力。如果沒有曼德拉這樣的先驅，南非的種族隔離政策根本就不可能瓦解；印度之所以能夠成功獨立，全有賴甘地這樣一位人物；智慧型手機需要賈伯斯的催生；沒有歐本海默（Julius Robert Oppenheimer）就不會有原子彈；沒有愛因斯坦就不會有相對論；沒有賓士（Karl Friedrich Benz）就沒有汽車；沒有提姆・柏內茲—李（Tim Berners-Lee）就沒有全球資訊網。我們會揣想，在每個改變的背後，必然存在某個想要給世界帶來那項改變的人。

「在發展背後必然隱藏著某種企圖」的揣測源自演化。寧可多一次揣測隱藏著企圖，也不要少一次。如果草叢裡傳出窸窣聲，寧可懷疑是頭飢餓的劍齒虎或是不懷好意的敵

軍，也不要認爲那只是風。沒錯，確實有人總認爲那只是風，這些人雖然可在百分之九十九的情況裡省下逃跑所需的熱量，但某天他們就會突然從基因庫裡被移除。今日的人類全是「刻意立場」高度活躍的原始人的後代。這種傾向深植於大腦。即便就算在它（他）們並不存在的地方，我們也會看到意圖與代理人。然而，像是瓦解種族隔離政策這樣的事情，如果沒有曼德拉，如何可能完成？除了極富想像力的賈伯斯，誰能構想出像 iPhone 這樣的東西？

「刻意立場」致致我們把世界史詮釋成「偉人」史（而且主要都是男性的「偉人」）。在《無所不在的演化》（*The Evolution of Everything*）一書中，傑出的英國科學作家馬特·瑞德利（Matt Ridley）徹底清理了「偉人」理論：「我們總是傾向將過多讚譽灌注在某個於正確的時間，出現在正確的地點的聰明人身上。」啓蒙時代的思想家早已明白這一點，孟德斯鳩曾寫道：「人們將宗教改革歸因於馬丁·路德……但這其實是大勢所然。若不是馬丁·路德，也會是其他的人。」

一五〇〇年左右，一小群葡萄牙與西班牙的征服者佔領了中南美洲。阿茲提克、馬雅與印加等帝國在短時間內相繼崩潰。爲何？並不是諸如科爾特斯之類的「偉人」特別聰明或特別有才華，而是因爲大膽的冒險家無意中將歐洲的一些疾病帶到美洲，他們本身對這些疾病免疫，但這些疾病對原住民卻是致命的。病毒與細菌才是今日有半個大陸講西語和葡語，並且信奉天主教的原因。

如果不是這些「偉人」，世界史會由誰寫就？答案是：沒有人！歷史事件是由無數潮流及影響所促成的偶然產物。與其說有如一部汽車，它的運作方式更近似於道路交通。沒有人調度它。世界史是無規則、偶然、不可預測的。如果鑽研大量歷史文獻，將發現，所有重大改變都帶有偶然的因素。你會了解，傑出人物不過是歷史事件的木偶。要想獲得美好的人生，就別崇拜「偉人」，也別錯以為自己能夠成為「偉人」！

42 改變世界錯覺——Part 2

為何你不該把任何人捧上神壇，至少不該把你自己

上一章揭穿了「偉人」理論這種思考錯誤的假面具。你或許會反駁：但確實有「偉人」存在，有些甚至還影響了全球歷史發展，鄧小平就是一例，他在一九七八年將市場經濟引入中國，上億人口因而得以脫離貧窮。這可謂是有史以來最成功的發展計畫。如果沒有鄧小平，今日的中國恐怕難以躍升爲世界強權。

眞的不行嗎？英國科學作家馬特．瑞德利的分析讓我們看見一個截然不同的景象。引入市場經濟並非鄧小平的本意，而是種由下而上的發展。當時在一個叫作小崗村的偏遠鄉村裡，有十八位絕望的農民決定共同瓜分國家的土地，讓每個人都可以爲自己生產作物。他們認爲，唯有藉由這樣的犯罪行爲，才能種出足夠養家活口的食糧。而他們第一年的產量也確實多於過去五年的總和。豐收引來共產黨地方幹部的注意，他們建議將此試驗擴大到其他農場。相關文件輾轉流到鄧小平手裡，他決定繼續進行試驗。馬特．瑞德利指出，一個不如鄧小平務實的領導人「或許會延緩農村改革的速度，可是這種情況遲早會發生」。

R.I.P.

但總有例外吧？例如，沒有古騰堡（Johannes Gutenberg）就沒有活字印刷的書本，沒有愛迪生就沒有燈泡，沒有萊特兄弟就沒有飛機。

這也都是誤解，這三者也都只是被形塑出的時代指標人物。如果古騰堡沒能成功，也會有別人發展活字印刷術；要不，這項技術遲早也會從中國（那裡的人們在更早之前便已掌握這項技術）傳到歐洲。燈泡的情況也一樣，發現電力後，發明最初的人造光源就只是時間早晚的問題。此外，最早發明燈泡的也不是愛迪生；在他之前，有史可考的，就有二十三人已成功讓金屬絲發光。馬特・瑞德利指出：「雖然他的成就看似耀眼輝煌，但就算沒有湯瑪斯・愛迪生也無妨。還有另一個歷史事實：艾理夏・格雷（Elisha Gray）與亞歷山大・格拉漢・貝爾（Alexander Graham Bell）在同一天提出發明電話的專利申請。假設他們其中之一在前往專利局的路上被馬踩死，這個世界還是會和今日一樣。」同樣地，萊特兄弟也只不過是全球眾多將滑翔機與發動機結合在一起的研究團隊之一。就算沒有萊特兄弟，也不代表今日你仍必須搭乘渡輪前往馬約卡島（Mallorca）。會有其他人發明動力飛行器。所有的發明與發現也都是如此。馬特・瑞德利證實「科技會去需找它的發明者，而不是倒過來」。

高科技的突破也與個人無關。一旦測量工具有了必要的精確度，發現遲早就會自行發生。這是科學的詛咒：個別的研究者根本無關緊要。所有能被發現的東西，遲早都會被某人發現。

同樣的道理也適用於企業經營者與經濟領導者。家用電腦於一九八〇年代推出後，亟需有人開發相應的作業系統。比爾．蓋茲偶然地成了這個人。也許另一個人無法跟他一樣，把軟體企業經營得有聲有色，但我們肯定會有類似的軟體解決方案。如果沒有賈伯斯，我們如今所使用的智慧型手機也許沒那麼優雅，但在功能上肯定大同小異。

我有些CEO朋友，其中有部分人領導超過十萬員工的大型集團。他們很認眞看待工作，往往把自己操到油盡燈枯，爲此付出不小的代價。然而，沒有人是不可取代的。在他們離職數年後，就再也沒人記得他們的名字了。奇異（General Electric）、西門子（Siemens）或福斯汽車（Volkswagen）之類的巨型企業肯定也都有過十分傑出的CEO，但如今還有誰知道他們的大名呢？而他們不僅是可替換的，就連所屬公司那些出色的業績成就，也鮮少是取決於他們的決定，而是該歸因於整體市場的偶然發展。巴菲特曾表示：「一個良好的業績，仰仗你所乘坐的船隻，遠多過於依靠你划船的效率。」馬特．瑞德利則說得更直白：「大多數的CEO都是搭便車的人，他們在員工們合力掀起的浪潮上衝浪，卻坐領高薪……媒體爲他們維持了彷彿封建君王的形象。但那其實只是海市蜃樓。」

曼德拉、賈伯斯、戈巴契夫、甘地、路德、眾多發明家與偉大的CEO其實都是所處時代的子女而非父母。當然，他們確實運用自己的方法控制了某些重要的過程，然而，就算不是他們，也會有別人去做類似的事情。因此，如果事涉將「偉人」捧上神壇，最好採取保留的態度；特別是，如果關係到自己，我們更應當保持謙卑。

無論你的成就有多麼不同凡響，事實是：就算沒你也行！你對世界的影響就像螻蟻般微小。不管你有多出色，身爲企業家、學者、CEO、將軍或總統，在偌大的世界裡，你都無關緊要、可有可無、可被取代。你唯一眞正扮演要角的地方就是自己的人生。請專注於此、專注於自身周遭。你會發現：光是掌握自己的人生就堪稱雄心勃勃了。爲何你要妄言改變世界呢？省省你的失望吧！

誠然，偶然三不五時地將你推向承擔重責大任的位置。那就請好好扮演分配給你的角色。盡己所能，當個最好的企業家、最明智的政治人物、最有能力的CEO或最優秀的學者。但可不要誤以爲全人類都在殷切地期盼著你。

我一點都不懷疑我寫的書會像一顆小石頭般，沉沒在世界史的大海裡。我死後，或許我兒子偶爾會提起我，希望我太太也會。也許我的孫子們也會。接著一切就畫下句點，再也沒人記得魯爾夫・杜伯里；事實上也該如此。別把自己看得太重，這是獲得美好人生最有效的方法之一。

43 公正世界謬誤

為何我們的人生並非古典偵探小說

兩部偵探小說。在第一部小說裡，歷經一番驚險追查，偵探終於發現並逮捕眞凶。凶手被送上法庭，遭到判刑。在第二部小說裡，歷經一番驚險追查，偵探還是未能找出眞凶。後來偵探收拾好檔案，專心辦理下一起案件。身爲讀者或觀眾，你比較滿意哪部作品？肯定是第一部。我們如此渴求正義，就連不公不義的想法都無法接受。

這樣的渴望遠不只是渴望，我們還期待它會實現；如若不是現在，也會是在將來。大多數人深信，這個世界是正義的。善行必被獎賞，惡行必被懲罰。壞人有朝一日必須贖罪，凶手終會被繩之以法。

遺憾的是，現實完全不是如此！這世界不僅不正義，還頗爲不公不義。我們該如何面對這難堪的事實呢？我相信，如果你能接受世界並不正義的事實，還能心平氣和地忍受，你就會有較好的人生。省卻人生旅程中大量的失望感。

〈約伯記〉可謂最耐人尋味的《聖經》故事之一。約伯是個受人愛戴、成功、虔誠的生意人，他過著正直的生活，有著完美的婚姻，育有十名非常優秀的子女。簡言之，他成就一切、人人稱羨。有一天，惡魔對上帝說：「約伯會那麼虔誠不是沒有原因，因爲他事事圓滿。如果諸事不順，他很快就會動搖信仰。」

上帝不以爲然，決定反駁惡魔的論調，於是允許惡魔給約伯的人生來點亂流。約伯一下子變得一文不名。惡魔奪走了他七個兒子和三個女兒性命（德文因而以「Hiobsbotschaft」（字面意思爲「約伯的信息」）一詞來指稱「噩耗」）。他的奴隸同樣難逃死亡的厄運。就連他自己也罹患疾病，全身上下長滿了令人痛苦的膿瘡。人們嘲笑他、驅趕他。窮途末路的約伯坐在原本的豪宅所化成的灰燼裡，妻子勸他，鄙視上帝，尋死吧！然而約伯卻不改虔誠的心，始終如一地頌揚上帝。爲了解脫苦痛，他多想死去，但這並非上帝所准許。後來颳起了一陣旋風，隱藏在其中的上帝表示，祂的行事對人類來說是無法理解的，而且永遠也無法理解，人類怎麼也看不透祂。由於約伯始終堅持，最殘酷的作弄也不曾令他懷疑上帝，因此他得回了一切，包括健康、財富、成群子女和美滿家庭。上帝賜福予他。誠如《聖經》所述，「此後，約伯又活了一百四十年，得見他的兒孫，直到四代。這樣，約伯年紀老邁，日子滿足而死。」

相較於凶手遭逮捕和判刑的典型偵探故事，約伯的故事顯然複雜了一點，但最終的結果卻是一樣的：先是歷經極度的不正義，最後一切終究好轉。換句話說，儘管世界有時「看起來」不正義，但這只是因爲我們不懂上帝的作風。《聖經》昭示：你們必須忍受不正義，它不會永久持續。在這一切背後，存在著一個正義的計畫。這不是目光短淺、識見有限的人類所能懂的。

就心理學來說，這是用來處理命運打擊的一種完美的「應對策略」（coping strategies）。諸如失業、罹癌、子女夭折等等，這些事情雖然令人哀傷，但從世界的整體格局來看，必然有其意義，只不過我並不了解這套機制的奧祕罷了。上帝不過是在考驗我，如果我始終毫不動搖地相信祂，有朝一日祂定會為此獎勵我。

到此為止還挺療癒人心的。但如今還有誰認眞地信仰上帝？特別是所信仰的對象明明可以把一切都安排得很完美，卻偏偏放任最令人髮指的惡行發生。越來越多人對此搖搖頭，深表懷疑。但我們卻在暗地裡緊抓著一個正義的世界計畫。想要相信某種因果報應，相信善惡有報，就算不在此生，也會在來世。

英國哲學家約翰．格雷曾表示：「古希臘時期的人們十分清楚，每個人的人生都是由盲目的命運和偶然所支配。倫理學雖然事涉善良、智慧和勇敢，可是就連最勇敢、明智的人都會突然遭逢滅與亡的侵襲。我們假裝相信善行終將獲得好報，或至少在公開場合如此表態。但其實我們不眞這麼以為。我們曉得，在偶發事件面前，沒有什麼能夠保護我們。」

事實是：世界從未有什麼正義計畫，也從未有什麼不正義計畫，這世界沒有任何計畫；它基本上是無道德的。由於缺乏這層認識，近來學者們特別提出一個相應的概念，稱為「公正世界謬誤」（just-world fallacy）。這不代表我們不該致力於減少不公不義之事，例如透過保險或社會重分配，但有許多事是既無法保險，也無法重分配的。

我曾遇過一位高中老師以隨機的方式計算學業成績，他打的成績跟學生的實際表現全然無關。這種任意、隨便給的成績直接反映在成績單上，引起學生抗議。結果抗議無效，大家只好跑去找校長評理。不料校長卻說要尊重擁有博士學位的老師，無權干涉。我們徒呼負負，而這位老師居然還老神在在地表示：「人生本來就是不公平的！你們越早看清這一點，對你們越好！」當時我們眞想扭斷他的脖子。如今回想起來，那卻是我七年高中生涯最寶貴的一課。

三百多年前，德國哲學家萊布尼茲（Gottfried Wilhelm Leibniz）曾經宣稱，我們活在所有世界中最好的一個，因爲上帝不可能故意創造一個壞的世界。幾十年後，法國哲學家伏爾泰（Voltaire）寫了一部中篇小說《憨第德》（*Candide*）藉以反駁。一七五五年，里斯本發生一場大地震，整座城市嚴重毀壞，人們餘悸猶存之際，再也沒有一個理性的人相信這世界有個正義計畫。每個人都能無憂無慮過活的烏托邦已成過往。故事主角憨第德過著驚恐連連的生活，他最終了解：「一個人必須預約他自己的花園。」

結論：這世界從未有正義計畫。確實接受這一點，是美好人生不可或缺的要件。請專注於自己的花園，也就是個人的日常生活，那裡也有夠多你可以成功剷除的雜草。你會在人生過程遭遇的事情，特別是重大的命運打擊，和你是個好人或壞人沒什麼關係。請平靜且從容地接受自己的不幸和失敗。面對夢幻般的成功與幸福，也請抱持同樣的心態。

3+
5
1-
1
4
6
2
2

44 貨物崇拜

請別用稻草造飛機

第二次世界大戰期間，太平洋上的許多小島都成了美日激戰的舞台。從未見過士兵（更別說吉普車和無線電器材）的原住民驚訝地看著發生在自家草屋前如雷鳴般的景象。穿著奇怪制服的人們拿著骨頭靠近自己的臉，還對著骨頭說話。大鳥盤旋在天空，從空中丟下一包包東西，那些東西綁在張開的布底下，飄在半空中。那一包包的東西裡全是些金屬罐子。

沒有什麼比食物從天而降更能令人聯想到天堂。士兵們把罐頭食物分享給原住民。沒人見過這些外人前去狩獵或採集，顯然他們做了什麼正確的事。問題只是，他們是如何成功引誘那些會投下食物的大鳥前來？

當戰爭結束，部隊撤離，島上又只剩原住民時，奇怪的事發生了。許多小島居然發展出一種稱爲「貨物崇拜」（cargo cult）的新信仰。原住民燒掉山頂上的灌木叢，用石頭圈起所獲得的土地。先是用稻草以一比一的比例造飛機，再將它們置於人工的斜坡上。此外，他們還用竹子修築無線電塔，用木頭雕出耳機，裝腔作勢地模仿他們在戰爭中所見到的士兵的動作。他們還會點火以模擬信號燈，在皮膚上刺下軍服上的徽章。簡言之，他們假造機場，希望藉此吸引曾在戰時爲他們帶來豐富食物的大鳥。

諾貝爾物理學獎得主理查·費曼曾在一場演說中提到「貨物崇拜」：「在薩摩亞群島上，那些原住民並不曉得飛機是怎麼一回事……他們所做的一點也沒錯，就形式而言，完美無缺。一切看來就和先前一模一樣。但他們卻未能成功。從未降下任何一架飛機。」費曼以此消遣科學也在培養無知的形式主義。它死抱著形式，卻不眞正了解內容。

不單單只有原住民或學者會落入「貨物崇拜」。我有個夢想成爲暢銷小說家的朋友。打從他開始修習英國語言暨文學之後，他就不談別的。海明威是他的偶像。海明威不是個壞榜樣，他的外表帥氣，有過許多女人，作品暢銷數百萬本，可說是首位出現在全球媒體上的超級明星作家。那麼，我那位朋友都做了些什麼呢？他留起鬍子，穿上沒有燙過的襯衫，敞開衣襟，恣意品嚐各式各樣的雞尾酒。他買了一堆 Moleskine 的筆記本，因爲海明威顯然使用過這種筆記本（事實並非如此）。悲劇的是，這一切形式既未對他的成功，也未對他的不成功起作用。我朋友淪爲「貨物崇拜」的犧牲者。

你或許會覺得「貨物崇拜」可笑。但令人訝異的是，它其實流傳甚廣，就連在經濟方面也不例外。有多少企業把自家辦公室營造得有如 Google 的辦公室，設置溜滑梯、按摩室，提供免費餐點等等，希望藉此招攬頂尖的員工。又有多少野心勃勃的企業家穿著帽T去參加投資人會議，希望成爲下一個馬克·祖克柏（Mark Zuckerberg）。

在稽核員身上可見一種根深柢固的「貨物崇拜」儀式。他們每年都會藉由檢查清單來確認：每次董事會是否都有簽了名的會議記錄、每項費用憑據是否都正確檢附？營業額的時間區隔畫定是否正確？形式決定一切。如果公司在數個月後破產或倒閉，就像安隆公司（Enron）、雷曼兄弟（Lehman Brothers）、美國國際集團（American International Group；簡稱：AIG）和瑞銀集團（UBS Group AG）那樣，稽核員便會驚訝萬分。顯然，他們精於審核形式的缺陷，卻拙於找出眞正的危險。

音樂界有個特別「優美」的例子。在凡爾賽宮晉升爲太陽王的首席作曲家暨音樂總監之後，尙－巴蒂斯特．盧利（Jean-Baptiste Lully）便鉅細靡遺地定義了宮廷音樂該如何譜寫。例如一齣歌劇的序曲必須遵循一套特定的結構、讚美歌必須這樣而不是那樣重複、第一章的節奏必須加符點（達～達）、在那之後必須接上一個賦格曲等等。隨著時間經過，盧利說服國王授予他非僅巴黎，而是全法國的歌劇專利權。於是他趕緊利用機會，肆無忌憚地掃除競爭對手。

盧利雖然因此成了「史上最顧人怨的音樂家」（語出羅伯特．格林伯格〔Robert Greenberg〕），但他的音樂卻也一時風靡歐洲所有的宮廷。即使是在瑞士阿爾卑斯山山腳下那最偏遠、最破爛的城堡裡，人們也樂於接受這種源自巴黎的形式主義。藉由這種純粹形式的「貨物崇拜」，那些堡主自覺彷彿身在凡爾賽宮。正當盧利的權威如日中天，一六八七年一月八日，他指揮了一場音樂會，並一如往常地拿著一根沉重的棍棒敲擊地板，進

行指揮。指揮過程中，他不慎砸到自己的腳趾，場面尷尬。這場意外導致他傷口發炎，三個月後便因感染壞疽而過世。他的死讓當時的法國音樂圈大大鬆了一口氣。

結論：別盲目跟隨每個盧利，遠離任何形式的「貨物崇拜」。不具實質的形式主義比我們所以為的更加普遍。如果期望擁有美好的人生，就請揭穿它們的眞面目，將之從你的人生驅逐出境。形式主義不僅會浪費你的時間，還會窄化你的視野。對陷入「貨物崇拜」的個人或組織敬而遠之，避開沒有眞材實料、只會裝腔作勢的企業。特別是，請你不要裝模作樣地仿傚成功人士的行爲，卻不去眞正了解是什麼造就這些人的成功。

45 跟自己賽跑的人獲勝

為何通識教育只能當作愛好

身爲平面設計師、航空公司飛行員、心臟外科醫師或人事經理，你的腦子裡肯定塞滿該專業領域所屬的知識，即便只是剛入行的新人，所知的事物說不定也早已多過前人。身爲飛行員，你必須掌握的不僅僅是空氣動力學和如何操作眾多模擬儀器，每年還得學習新的科技與飛行規則，這是你除了舊事物之外，還得曉得的新知。身爲平面設計師，除了必須熟悉「Photoshop」與「InDesign」，還得掌握過去五十年的廣告美學，否則會有回收舊點子的危險，或更糟的是，你可能再也跟不上時代。每年都有新軟體上市，滲入你的工作，像是社群媒體、動畫影片、虛擬實境等等，顧客的要求因而越來越多。

跳脫你的專業領域，情況又是如何呢？相較於前人，你知道的是更多或更少呢？我會說：更少。怎能不是如此？你的大腦充斥著有限的專業能力，更有甚者，倘若你以越多的專業知識去塡充它，能留給常識的空間就會相對越少。也許你氣不過這樣的說法。難道我是個學有專精的白癡嗎？我們寧可稱自己爲興趣廣泛的人或博學者，期許工作是廣闊的、顧客組合是多樣的、企畫都新穎到令人興奮。每個人都將自己視爲通才，而非狹隘的專才。

然而，如果放眼無數的專業領域，從電腦晶片設計到可可豆貿易，自以爲坐擁的知識宇宙，瞬間就會變成滄海一粟。我們花力氣深入鑽研的事物越來越少，換句話說，增加專業知識的同時，我們也正在引爆普遍的無知。我們必須仰賴無數其他的專業人士才能生存，而他們的工作又必須仰賴其他專業人士才能完成。還是說你有能力獨力做出自己的手機呢？

各式各樣的專業猶如雨後春筍般湧現。這種大量增生的現象是人類歷史上前所未有。過去數百萬年裡，唯一有過的就只有男女的分工。這是基於簡單的生理差異，一般來說，男性較爲高大、有力，女性則必須承擔懷孕的重責大任。如果研究過祖先在五萬多年前是如何生活與工作，肯定會因爲幾乎所有人都能熟練地掌握每件事而訝異不已。當時並沒有任何石斧設計專家、石斧製造專家、石斧行銷專家、石斧客服專家、石斧培訓專家或石斧溝通管理專家等等，根本沒有人只侷限在石斧的研發和應用。每個人都在製作自己的石斧，每個人都曉得該怎麼使用它們。狩獵者與採集者並不曉得什麼叫「職業」。

直到一萬多年前，情況才有所改變。當時有越來越多人轉成定居的生活形態。慢慢地，分工現象開始出現，牧人、農民、陶工、測量師、國王、士兵、水夫、廚師、抄寫員等等，職業於焉誕生，後來又有了事業、專家，日後甚至出現學有專精的白癡。

一個身在石器時代的人如果想要存活，他就必須是個通才，專才是一點機會也沒有。

大約一萬多年前起，情況整個翻轉，如今唯有身爲專才才能存活，通才反倒沒有機會。作爲最後的通才，新聞工作者中的文士只能眼睜睜看著其工藝所具有的價值落入無底深淵。沒想到普通教育居然那麼快就變得毫無用處！

就演化的角度看來，一萬年不過只是一瞬間。這也是爲何身在專業裡的我們總會覺得不舒服。身爲專家，我們會覺得自己殘缺不全、有懈可擊、容易受傷。舉例來說，某位自信滿滿的客服中心經理有時也會覺得難堪，他會恥於自己不過只是個客服中心經理，認爲自己必須爲不懂某些超出專業領域的事情致歉。這種情況在今日世界裡十分普泛。

該是時候停止把通才浪漫化了！大約一萬多年前起，通往事業成功與社會繁榮的唯一道路就是專業化。但在這當中，發生了兩件沒人能夠預見的事。第一件事情是，隨著全球化的發展興起，從前被地域分開的專業位置，如今卻融合在一起。身在不同城市的兩個男高音原本井水不犯河水，彼此都能享有可觀的收入。但由於唱片的出現，他們突然間站上同一個舞台，如今更擴大爲全球性的舞台。這下子，全世界不再需要成千上萬名男高音，三個就夠了。「贏者全拿」（winner takes all）的效應導致嚴重的收入分配不均。少數贏家囊括了幾乎整個市場，其餘絕大多數的競爭者只能勉強度日、苟延殘喘。

另一件事情則是，各種專業職位不斷地繼續分化、再分化，專業領域的數量呈現性爆炸的成長。從前在地域層面上分開、在專業層面上統合的，如今變成在全球層面上統合、但在專業層面上分開。個別領域裡的競爭十分激烈，領域的數量也是一樣。頗具傳奇色彩的科技記者凱文．凱利曾指出：「只要你不企圖贏得別人的比賽，就會有無限大量的贏家。」

這代表什麼呢?第一，我們往往不夠徹底專業化，一旦被他人超越，就會感到驚駭。以放射科醫師爲例，如今唯有成爲更進一步專業化的放射科醫師，像是核子放射科醫師、侵入性放射科醫師或神經放射科醫師等等才眞有價值。因此，不要只停留在自己的框架這個層次上，還得問問自己，到底是哪個框架。這不代表你不該偶爾將頭探出儲存倉，你可以藉由類比，從其他領域引入許多有用的東西。只是當你這麼做的同時，務必顧及自己的專業位置、顧及自己的「能力圈」（參閱第十四章）。

第二，如果你的專業位置居全球之冠，「贏者全拿」效應就掌握在你手中。如若不然，你就必須繼續專業化。投入自己的比賽，如此一來，你才能從中贏得勝利。

第三點，也是最後一點，如果你有意改善自己的事業前景，就別再去累積所有可能的知識。這部分涉及「備多力分」的道理。教育如今只有當作嗜好才富有意義。如果你眞的感興趣，就儘管閱讀關於石器時代人類的書。但也別忘了，你並非他們其中之一！

46 軍備競賽

為何你該避免上戰場

你還記得十幾二十年前的影印店嗎？那種擺放了幾台影印機的簡單店鋪。有時顧客可以自行使用影印機，機器上有個投幣孔，投幣後就能開始影印。如今的影印店已不能同日而語，基本上就是個小型印刷廠。店裡不僅提供彩色列印，更有上百種不同材質的紙張可供選擇。裝訂則交給高科技機器自動處理，甚至還可以遵照顧客要求製作精裝版封面。這時你可能會想：在這樣的科技魔法加持下，商家的利潤肯定會有奇蹟般的成長。遺憾的是，並、沒、有！多年前就已十分微薄的利潤，如今更是慘不忍睹。我們不禁要問：這些昂貴機器的對應價值都到哪裡去了？

許多年輕人相信，光彩奪目的事業始於學業。一般來說，大學畢業生的起薪高於沒有讀過大學的人。但如果把學費和求學時間考慮進去，某些大學畢業生的起薪並沒有比較好，甚至還比沒讀過大學的人糟。龐大的時間與金錢耗費的對應價值都到哪裡去了？

完成《愛麗絲夢遊仙境》（*Alice's Adventures in Wonderland*）這部暢銷全球的童書後，作者路易斯・卡洛爾（Lewis Carroll）又在一八七一年推出續作《愛麗絲鏡中奇緣》

（*Through the Looking Glass- and What Alice Found There*）。書中，紅皇后（一個西洋棋子）對小愛麗絲說：「在我們這裡，如果你想待在同一個地方，就必須盡可能跑快一點。」這段話準確地描述了影印店和大學畢業生所受制的動力學。這兩種情況都涉及所謂的「軍備競賽」。這個概念雖是源自軍事方面，但背後所隱藏的基本動力卻會在四處展開作用：由於別人都在擴充軍備，我也不得不這麼做；雖然就整體看來這其實很荒謬。

回到前述兩個例子，那些金錢與時間投資的對應價值到底都流到哪裡去了？一部分流到了顧客那裡。以上述兩種情況爲例，主要是流向影印機供應商和大學。記者約翰．卡西迪（John Cassidy）曾在《紐約客》（*The New Yorker*）上指出：「如果人人都擁有大學學位，那麼擁有大學學位就不再是特殊的事。爲了獲得理想的工作，人們得擠進一所菁英大學。於是高等教育就成了某種主要只有利於軍火商的『軍備競賽』，只不過這裡的軍火商角色改由大學來擔綱。」

身在軍備競賽裡的人鮮少體認這一點。陷阱在於：每個投資、每個進步，就其本身看來都是有益的；但所有行爲者的總得分卻是〇，甚至是負分。務必洞悉這樣的局勢。當你預期自己又將陷入軍備競賽，趕緊退出吧。你肯定無法在其中找到美好的人生。

該如何退出呢？請你爲自己尋找一個沒有軍備競賽的活動領域。我與幾位好友共同創辦「getAbstract」這家商業書摘公司時，我們的準則之一就是：不要捲入軍備競賽的動能裡。說得直白一點，就是開闢一個沒有競爭的利基。的確，曾有超過十年的時間，我們是市場上唯一的商業書摘供應商；這是個十分夢幻的處境。

前一章介紹了專業化的重要性。但光是專業化還不夠，就算在某些十分微小的利基裡，往往也暗潮洶湧地進行著軍備競賽。是以你需要一個可以在其中出類拔萃，同時又不會受制於軍備競賽動能的利基。

存在於許多人的工作行爲中的軍備競賽是相當顯而易見的。如果同事的工作時間較長，你也必須拉長自己的工時，否則就會相形失色。如此一來，你的工作時間就會超過有意義的生產力臨界點，徒然浪費了多做的工時。和狩獵、採集的先祖相比，他們的每週工時大約是十五到二十小時左右，其餘全是休閒時間。那簡直是天堂啊。如果沒有軍備競賽，我們也能享有同樣的生活。也難怪人類學家會將狩獵與採集的時代稱爲「原始的富裕社會」。當時的人們完全無法進行資產競爭，因爲他們還沒有定居下來。弓、箭、毛皮、小孩，居無定所的人得扛在身上的東西已經夠多了。有什麼會讓人想再額外增加更多負擔呢？不，謝了！當時根本不存在軍備競賽的激勵系統。

如今的情況截然不同，不單只在職場，私生活也是如此，一個不留神，可能很快會捲入軍備競賽的漩渦中。如果他人更頻繁地推文，你也得這麼做才能在推特保有一席之地；別人更用心經營臉書，你也必須多加把勁，否則可能會淪爲社群媒體的邊緣人；越來越多朋友跑去整形，你很快就會覺得自己迫切需要挨一刀。這種情形放諸服裝、飾品、房屋大小、休閒運動（像是馬拉松、鐵人三項等等）、汽車馬力和其他社會尺度皆準。

如今全球每年大約有兩百多萬篇科學研究發表。一百年前，大約在愛因斯坦的時代，科學研究的產量還不及這個數目的百分之一。儘管如此，在科學研究上取得突破的頻率，卻是相差無幾。就連科學研究也被軍備競賽扭曲的動能所左右。時至今日，學者們的薪資和晉升主要取決於發表論文的數量和它們被引用的頻繁性。如果有人發表更多論文，如果有人的論文更常被引用，爲了不落人後，其他人也得發表更多論文。這樣的競賽早已偏離了追求知識的宗旨。漁翁得利的只是那些科學期刊。

如果你想當個職業音樂家，千萬不要選擇鋼琴或小提琴。這兩種音樂演奏者可謂是世上最不幸的音樂家，因爲這兩種樂器的相關競爭壓力最是殘酷。每年有數以千計來自亞洲、剛出爐的鋼琴或小提琴演奏家湧入世界各地的音樂廳，致使競爭壓力不斷飆高。請愼選利基樂器。如此一來，你會更容易被某個交響樂團所錄用。就算你還沒達到世界級的水準，人們也會很快被你的才能打動。相反地，身爲鋼琴師或小提琴師，你只會一直被拿來與郎朗或慕特（Anne-Sophie Mutter）相比。就連你自己也會這麼做。這對你的幸福很傷。

結論：試著擺脫軍備競賽那扭曲的動能。每個個別的軍備步驟，就其本身看來，似乎都有其益處，那股動能因而難以察覺。是以，請你偶爾脫離部隊，從高處觀察人生的戰場。切勿淪爲這種瘋狂舉動的犧牲品。軍備競賽是一條慘勝的鎖鍊，你最好掙脫與它的連結。唯有在人們不會爲此爭鬥的地方，你才能找到美好的人生。

47 接受異類當你的朋友

為何你該認識局外人，但別做個局外人

「監事會的先生們在此鄭重宣布：憑藉寫在法律裡的所有詛咒，我們流放、驅逐、譴責、詛咒巴魯赫・史賓諾莎（Baruch Spinoza）。他在白日該被詛咒，他在黑夜該被詛咒，他睡著的時候該被詛咒，他醒著的時候該被詛咒，他進去的時候該被詛咒，他出來的時候該被詛咒。願主不饒恕他。我們嚴正警告，不許任何人以口頭或書面的方式與他交流，不許任何人對他伸出援手，不許任何人與他同在一個屋簷下，不許任何人距離他少於四碼，也不許任何人閱讀他所寫的東西。」

因爲這道革出教門的命令（發佈於一六五六年，未刪減的原版約有上面引述內容的四倍長和五倍嚴厲），當時年僅二十三歲、多愁善感的史賓諾莎被逐出阿姆斯特丹的猶太社群。人們正式將他貶爲「不受歡迎人物」，貶爲局外人。雖然史賓諾莎此時尚未發表任何作品，但這位年輕思想家自由奔放的觀點，在領導階層眼中已成一大麻煩。時至今日，史賓諾莎被譽爲史上最偉大的哲學家之一。

這樣一道封殺令在今日看來或許十分有趣，但，面對如此窘境，可憐的史賓諾莎恐怕

笑不出來。設想有關當局在電視新聞、報章雜誌、街頭海報、所有社群媒體上鋪天蓋地地詛咒你，還四處佈下特務，命令他們不得讓任何人靠近你、與你交談，這大概就是史賓諾莎當時所面臨的、令人毛骨悚然的處境。

如果你是某個商業俱樂部的成員，就會曉得身爲會員的好處。你可以免費使用俱樂部的空間、長絨毛的躺椅舒適到令人想睡上一覺、桌上總是擺放著最新的期刊、隨時都能找一個志同道合的夥伴暢快地閒談一番。簡言之，俱樂部裡的所有基礎設施都是爲了滿足你的需求。

絕大多數人都是一個或多個「俱樂部」的成員：身爲某家企業的員工、某所學校的學生、某所大學的教授、某個城市的市民、某個協會的會員。所有這些「俱樂部」都是在滿足我們的需求，我們會自在、舒適地安頓於其中，還會相應地感受到獲得良好的照料。

但總有人是離群的「孤鳥」。要不是他們自願遠離群體，要不就是群體根本不接受他們，甚至趕走他們，正如史賓諾莎那樣。雖然不全然如此，但局外人多半是怪咖。三不五時，他們之中就會有人獨力促使世界更加進步。科學、經濟與文化等方面的突破，應歸功於這些局外人的比例出人意料地多。愛因斯坦找不到任何大學教職，就在伯恩的專利局當個三級技術員，領取微薄的薪水勉強度日。在那裡，他利用閒暇時間，爲物理界帶來一場革命。再往前兩百多年，年輕的牛頓闡明了萬有引力定律，發展出一個完整的數學分支。當時他的「俱樂部」（劍橋大學三一學院）因爲瘟疫肆虐而不得不關閉，他有兩年的時間避居鄉間。達爾文也是個自由的學者，他的名字從不曾出現在任何研究所的支薪表上，他也從未擔任過教授。柴契爾夫人（Margaret Thatcher），最強悍的英國首相之一，她原本是個家庭主婦，從無到有地投身政壇。爵士樂是一種完全由異類所創造出的音樂風格，饒舌歌也是。偉大的作家、思想家和藝術家之中，不乏為數不少的桀傲不馴之人：克萊斯特（Bernd Heinrich Wilhelm von Kleist）、尼采（Friedrich Wilhelm Nietzsche）、王爾德、托爾斯泰（Leo Tolstoy）、索忍尼辛、高更（Eugène Henri Paul Gauguin）。所有宗教的創立者也毫無例外地盡是異類。當然，我們不該高估這些「偉人」（參閱第十四章），如果不是他們，也會有其他替代者做出類似的優異成就；重點只在於異類的動作往往快於同類，從而更早有所作為。

異類享有戰略上的優勢。他們不需要遵守統治集團的規定，不會因此浪費時間。他們不需要跟著眾人瞎攪和，無須參與大多數「俱樂部」的狗屎固定程序。也不必讓那些華而不實、愚蠢透頂的 PowerPoint 幻燈片秀來侮辱自己的智慧。他們可以規避會議中令人神經緊張的強勢進攻，可以自信地忽視所有的形式主義，不必接受任何邀請，不必參加任何「只為了露臉」的活動；因為他們根本不會被邀請。他們無須為了避免被趕出去而非得政治正確，因為他們早就在外面。

另一項優勢是：旁觀的立場有益於看清當局者視而不見的主流系統缺失與矛盾。局外人可以看得更透澈，對於現狀的批評不至流於表面，而會深入根本。

這會讓人對身爲異類產生浪漫的遐想。儘管如此，勸你還是不要成爲異類。社會會把矛頭指向你，猛烈的逆風會無情地向你吹襲。幾乎所有異類都會因傾全力對抗世界而心力交瘁，只有極少數人發出彗星般的光芒。不，異類的生存方式適合寫成電影劇本，卻不適合美好人生！

該怎麼辦呢？請你把一隻腳穩穩地留在體制內，如此一來，你就能確保所有「俱樂部會員」的好處。但把另一隻腳放在體制外。我知道，這聽起來像是一種不可能的考驗，但事實上是可行的。請你和異類交朋友。做起來可能有點難。以下是與異類相處的幾個原則：⑴不必奉承，只需誠心地關切他們的工作。⑵放下身段。異類根本不在乎你有沒有博士頭銜、是不是扶輪社主席。⑶寬容。異類很少會準時。有時他們可能會蓬頭垢面，也可能奇裝異服。⑷互惠。請你回饋對方一些什麼，像是點子、金錢或關係等等。

如果你能掌握這種「劈腿」技巧，或許你也能成爲連接元素，就像賈伯斯或比爾·蓋茲成功辦到的那樣；這兩位體制內的成員與一些瘋狂的科技怪咖有著頻繁的交流。時至今日，我們很少見到願意和異類打交道的ＣＥＯ。無怪乎許多企業都缺乏創意。

結論：有幅梵谷的畫掛在牆上，好過當梵谷。越多活生生的梵谷圍繞在你身邊越好，他們那新鮮有趣的觀點，會爲你的美好人生帶來有益的影響。

48 祕書問題

為何我們的人生樣本數太小

你想雇用一位女祕書（抱歉，如今應該稱爲「特助」才對），有一百位女性看到招聘廣告前來應徵。你以隨機排序的方式請她們一個一個前來面試。每次面試結束後，你必須決定是否要錄用她，不能考慮到明天，也不能延遲到面試完所有應徵者再決定。此外，你不能收回在面試後隨即做成的決定。在這種情況下，你會怎麼做？

你會錄用看來十分精明幹練的首位應徵者嗎？如此一來，你或許會錯失最佳應徵者，因爲後頭可能還有許多跟她一樣好，甚至比她優秀的應徵者。又或者你會先面試前百分之九十五的應徵者，藉此掌握應徵者的平均素質，然後從最後百分之五的應徵者中，挑選一位最接近至今你見過的最佳應徵者人選？萬一剩下那百分之五的應徵者素質全都糟到慘不忍睹，又該怎麼辦？

這個問題在數學圈裡廣爲人知，它還被貼了一個政治不正確的標籤：「祕書問題」。耐人尋味的是，這所謂的「祕書問題」確實有個最佳解答：先面試並拒絕前百分之三十七的應徵者。你會從這百分之三十七的應徵者身上察覺最佳人選應具有怎樣的素質。接著你繼續面試，一旦有人的條件超越前百分之三十七應徵者中的最佳人選，便直接錄取。這絕對會是上上之選。也許你無法從一百位應徵者中挑到最好的那個，但你的選擇肯定是好的。統計結果證實，其他方法都無法得出更好的結果。

三十七這個數字是怎麼來的？三十七是一百除以數學常數e（二·七一八）所得出的結果。假設你只有五十個人選，就先面試並拒絕前十八位（50／e）應徵者，隨後第一個條件優於這十八個應徵者的那位，就是你該直接錄取的人。

祕書問題原本叫作「求婚者問題」。談的是：在我結婚前，該先「試用」多少位可能的女性（或男性）人選？由於無法預知配偶候選人的數量，進而最佳化上述解答方式，數學家們才給這個問題改了名字。

然而，美好的人生並非數學精確性的遊戲。套句巴菲特的話：「寧可要大約的正確，也不要準確的錯誤。」如同巴菲特抱持這種態度投資，你也應該據此處理人生問題。那麼，祕書問題爲什麼重要？因爲它給了一個提示，就重要問題做出最終決定前，我們到底應該先反覆嘗試多久。祕書問題點出絕大多數人都太快決定人選了，我們應該反向操作。選擇事業、職業、行業、配偶、居住地點、最喜歡的作家、樂器、最喜歡的運動或理想的度假地點前，絕對值得你先花點時間嘗試不同的選項，再做出最後決定。還沒對諸多可能性好好了解一番便貿然下決定，這絕對是不理性的。

爲何我們會傾向過早做出決定？急躁從何而來？採樣其實是種很奢華的行爲。如果求職五次就能找到工作，爲什麼要求職一百次？決定從事某個工作之前，幹嘛要經歷十種不同的求職過程？這實在很費勁，比我們想像得到的還費勁。此外，樣本還具有黏性。人很容易只因爲在年輕時稍微有點接觸，就一直停留在某種行業裡。當然，人們確實可以在那裡頭幹得有聲有色。但如果還有點冒險精神，或許也能在別的行業裡做得更成功、從中獲得更多幸福感。我們之所以傾向過快做出決定的第三個原因是：喜歡有個被清空的腦袋。我們希望能夠盡快解決某個問題，好空出手解決下一個問題。碰上不重要的事情倒還好，但如果是重要的決定，這麼做往往適得其反。

幾個月前的某一天，裸姆（現年二十歲）面帶愁容地來敲我家大門。她的初戀，也是至今唯一交往過的男朋友跟她分手了。看著眼淚忍不住奪眶而出的她，我們試著以理性的方式勸她清醒一點：「妳還年輕，還有大好的光陰！先交往個十到二十個男朋友，這麼一來，妳就會比較清楚感情或婚姻市場上有什麼樣的對象，知道誰才眞的適合與妳長相廝守。」聽完這一席話，她那陰鬱的臉上勉強擠出一點笑容。我是不太相信我們可以說服她啦，至少在那當下不可能。

遺憾的是，人們往往如同這位裸姆，樣本數太小、決定得過於匆忙，或套句統計學家的話，不具代表性。我們依靠一個錯誤描繪的現實，認爲試個兩、三次，就能在浩瀚的宇宙中找到眞命天子、理想的工作、最佳的居住地點。是的，有時這確實行得通。如果你的情況如此，我由衷地祝福你，但這不過是偶然的好運，不應該對此有不切實際的指望。

世界遠比我們所以爲的更大、更豐富、更多樣。趁年輕時盡可能多採集樣本。若剛成年不久，生活的重點不該擺在賺錢或打拚事業，而該擺在認識人生的基本整體性。請敞開心胸接受各種事物。請品嚐所有偶然爲你送上的菜餚。請多多閱讀，因爲小說和短篇故事都是很不錯的人生模擬。等你老了以後，再改變模式。到時，請你懂得精挑細選。到時你會曉得自己喜歡什麼、不喜歡什麼。

49 期望管理

期望越小，幸福越大

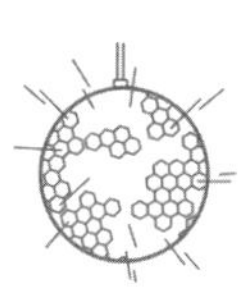

一九八七年除夕。我的初戀女友在半年前離開了我，從那時起，我變得鬱鬱寡歡，要不縮在破舊的宿舍房間裡（一個小閣樓，樓下有共用的衛浴），要不就窩在圖書館裡。不能再這麼下去！必須找個新女朋友！當時琉森的呂特利餐廳門口貼了一張海報，將在歲末年終舉辦一場盛大的除夕派對。抱著滿滿的期待，我弄來一張入場券。抹上厚厚的髮膠，今晚只許成功，不許失敗！

在我盡可能耍酷，實際上或許十分笨拙地跳著迪斯可時，我的目光也在煙霧瀰漫的大廳裡不停來回偵測。所有正妹似乎都已名花有主，就算她們有一兩秒鐘脫離男伴的魔掌，讓我有機會對著她們笑一笑，她們也彷彿把我當空氣。時間越是接近一年的終結，我越是強烈地感受到，我的心猶如被人慢慢地擰進一把開塞鑽。接近午夜時分，我離開了派對。這個晚上，我徹底失敗了，不僅口袋裡少了二十法郎，也沒有釣上半個新娘！

大腦不會在沒有預期的狀況下運作。基本上，大腦是台如假包換的預期機。如果扳動門把，便預期門會打開；打開水龍頭，就預期有水會流出來；搭上一架飛機，就預期空氣動力會在空中支撐著它；預期太陽在早上升起，傍晚落下。我們從不會意識到這些，人生的規律性被寫入大腦，無須主動揣想。

遺憾的是，大腦也會對人生中不規律的情況產生預期，正如我在那場除夕派對裡痛苦經歷的那樣。如果我能花點時間，切實思考對於那個機會的預期心理，或許就能避免失望的下場。

相關研究證實，預期對幸福感有著巨大的影響。不切實際的期望是最厲害的幸福殺手。舉例來說，年收入十萬歐元左右還會因收入增加而有效激發幸福感，超過這個數額，金錢就會變得無足輕重（參閱第十三章）。然而，縱使低於這個門檻，幸福也可能會因某種矛盾而被摧毀，也就是說，如果「收入預期」的增長速度快過「收入本身」，幸福感就會蕩然無存，誠如倫敦政經學院的心理學家保羅．多蘭所指出。

那麼，在處理期望方面，我們最好採取什麼樣的方式呢？我的建議是：有如急救醫師在進行檢傷分類時那樣，整理自己的想法，把事情區分成「我非要擁有」、「我想要擁有」、「我期望擁有」。第一個句子代表的是一種必要性，第二個句子代表的是一種願望（偏好、目標），第三個句子代表的則是一種期望。且讓我們來觀察一下這套排序。

經常聽到有人說：「我絕對要當上CEO」、「我非寫出這本小說不可」、「我無論如何必須有子嗣」。不，這一切都不是你非要不可的。除了呼吸、吃飯、喝水，根本就沒有什麼事情是你非要不可的！很少有願望是出於眞正的必要性。因此，請你寧可這麼說：

「我想成爲CEO」、「我希望寫出一本小說」、「我的目標是生養小孩」。把願望看成生活必需品，只會讓你變成一個悶悶不樂、鬱鬱寡歡的人。它只會煽動你做出愚蠢的行爲，無論你有多麼聰明。越早將這些貌似生活必需品的事情從你的人生曲目中刪除越好。

接著來談談願望。一個沒有願望（目標、偏好）的人生是個虛擲的人生。但我們不能把自己綁在這些事情上。切記，願望有時無法實現，因爲很多事情不是你能控制的。你能否當上CEO，除了董事會以外，還得取決於競爭對手、股市行情、媒體和你的家庭等許多你根本無法完全掌控的因素。小說寫作和養兒育女也一樣。對此，古希臘哲學有個很不錯的表達方式，將我們所希求的事物稱爲「無關緊要的偏好」。也就是說，雖然我有某種偏好（例如，相較於福斯的 Golf，我更想要保時捷），但那對我的幸福終究無關緊要。

緊接在貌似生活必需品的願望之後，讓我們進入到分類的第三項，期望。你的諸多不幸時刻，都該歸咎於馬馬虎虎的期望管理；特別是對他人的期望。你不能夠期望別人總會順你的意，正如你也不能夠期望天氣總會順你的意。

期望能夠對外發揮的力量非常有限，對內的影響卻十分巨大。因爲我們在處理自己的期望上可說非常不嚴謹，還允許他人影響我們的期望。廣告無非就是一種期望工程，推銷也是。舉例來說，銀行專員將某種金融商品推銷給你，當著你的面，畫出未來可能會有的高額獲利大餅，這無非就是一種期望工程。我們不只是把期望建築在沙地上，還門戶洞開地讓別人也能在沙箱裡一起鏟沙。請你不可放任這種情況發生！

我們該如何構築切合實際的期望呢？第一步：在每個會面、約會、計畫、派對、度假、閱讀和打算之前，請你明確地做出必要性、願望和期望的區別。第二步：請先以〇到十的數值來評估自己的期望。你所預期的是一場災難（〇），還是某個人生夢想的實現（十）？第三步：將這個數值減掉兩分，並在思想上適應這個數值。整個過程最多只要十秒左右。斟酌一個數值，可以中斷產生不切實際的期望的自動機制。藉由這樣的方式，你賦予自己一個所謂的「安全邊際」（margin of safety）。這時你的期望不僅變得適度，還可能略低於合理的期望值。我每天有好幾次機會進行這三個步驟，而就打造我個人的幸福來說，確實有令人稱羨的效果。

結論：面對自己的期望，就像是面對氣球。我們任由它們上升，越飛越高，直到爆炸，化成皺巴巴的碎片從天上掉落。請你停止將不可或缺的事物、目標和期望共冶一爐。明確地區分這三者、清醒地構築期望，這種能力也是促成美好人生的重要一環。

50 史鐸金定律

如何調整你的狗屎偵測器

科幻小說作家難為。尤其是當他們必須為大眾市場寫作時。文學作家視他們的作品如糞土。事實上，產量驚人的科幻故事，絕大多數也的確是三流作品。少數的優質作品很難為這種類型累積聲望。

席奧多・史鐸金（Theodore Sturgeon）是一九五〇、六〇年代最多產的美國科幻作家之一。有道是，人紅是非多。他經常得承受文學評論家類似這樣的評語：百分之九十的科幻小說都是垃圾！對此，他的回應是：是的，一點也沒錯；但無論是什麼類型的出版品，百分之九十也都是廢話！他的回答後來被貼上一個標籤，稱為「史鐸金定律」（Sturgeon's law）。

乍看之下，史鐸金的評論似乎有點苛刻；但這只是乍看之下。不妨仔細回想，有多少書是你可以欲罷不能地從頭讀到尾，又有多少書是你翻了幾頁就失望地束之高閣？電視播放的電影，有多少是你會從頭看到尾，又有多少是你看了幾分鐘就轉台？這個比例應該和史鐸金定律相去不遠。

在美國哲學家丹尼爾・丹尼特看來，史鐸金定律還不只適用於書本和電影方面：「所有的東西，大概有九成都是垃圾，無論它們所涉及的是物理、化學、演化心理學、社會學、醫學……搖滾樂或鄉村音樂。」確切的比例究竟是百分之九十、百分之八十，還是百分之九十五，這點或許有所爭議。但這種爭議其實沒什麼意義，也無關緊要。簡單起見，姑且以百分之九十爲準。

初聞史鐸金定律，我眞的大大解脫。在成長的過程中，我深信人類的每項創造都是重要的、經過深思熟慮的、富有價値的。當我覺得它們有什麼地方怪怪的，我總認爲問題可能出在我身上。如今我明白了：當我覺得某部歌劇很失敗，問題並不在於我缺乏藝術涵養；如果某個商業計畫看來慘不忍睹，問題並不在於我缺乏商業頭腦；如果晚宴上百分之九十的賓客都令我感到無聊，問題並不在於我缺乏仁愛之心。不，問題並不出在我，而是出在這個世界。我們可以大聲地說：百分之九十的產品都是爛貨；百分之九十的廣告都是垃圾；百分之九十的電子郵件都是廢話；百分之九十的推文都是胡說；百分之九十的會議都是浪費時間；在這些會議中，百分之九十的發言都是空話；百分之九十的邀請都是我們最好避開的陷阱。簡言之，被投進這世界的物質或精神事物，百分之九十全是狗屎！

一個人若能認清史鐸金定律，就能活得更好。史鐸金定律是一項出色的思想工具，它「讓」我們不會因爲「冷落」大部分的所見、所聞、所讀而感到良心不安。這個世界是個空談俱樂部，你無須聆聽。

但別急著掃清這世上的廢話。這件事你是辦不到的。這個世界保持非理性的時間，絕對比你保持理性的時間還久。所以，請懂得愼選，試著把重心放在少數富有價值的事物上，其他的一切，不妨就晾在一旁。

早先史鐸金十年，許多聰明的投資人已經明白這個道理。在一九四九年出版的《智慧型股票投資人》（*The Intelligent Investor*）一書中，作者班傑明．葛拉漢（Benjamin Graham）把股市比喻成非理性的人，亦即「市場先生」（Mr. Market）。「市場先生」是個有躁鬱傾向的傢伙，每天都會對你大喊他願意買賣股票的新價格。有時市場先生會極度亢奮而樂觀，有時則十分恐慌而悲觀。他的心情就像溜溜球，時上時下。好在，身爲投資人，你不是非得接受市場先生的出價，你可以等待時機，冷眼旁觀市場的喧囂，直到市場先生出了一個你不接受就顯得愚蠢的好價錢，譬如他在股市陷入恐慌時以極低的價格賤賣一些好股票。在我看來，市場先生所喊出的價格中，有百分之九十……應該是百分之九十九，是你可以安心忽略的。遺憾的是，許多投資人不把股市看成非理性、具有躁鬱傾向、愛吵鬧的小孩，卻視之爲眞實的反映；他們混淆了股票的價格與價值，因此在投機中損失金錢。

不僅股票市場喧囂，其他市場也會每天提供你新的產品、電影、遊戲、生活方式、新聞、私人情誼、休閒活動、度假勝地、美食餐廳、運動競賽、電視明星、逗趣影片、政治觀點、事業機會或一些小玩意兒。你應該像忽略水果攤上的爛蘋果那樣，忽略絕大多數的事物。它們百分之九十都是愚蠢的、三流的廢物。當市場的喧囂變得過於嘈雜，請摀起耳朵或繼續前進。市場並非一件事物重要、美好或價值的指標。

實踐可沒那麼簡單。原因就跟所有問題一樣，都出在我們的過去。想像自己活在三萬年前，是個狩獵者或採集者，生活在一個爲數大約五十人的小團體裡。你所遇到的事物大多非常重要。植物，要不能吃，要不就有毒；動物，要不你獵捕牠，要不牠獵捕你；部落成員，要不拯救你，要不就危害你的性命。當時的情況正好與史鐸金定律所說的相反，百分之九十的事物都是重要的。那百分之十的垃圾，頂多就是人們在營火旁講述的一兩個故事、在山洞裡描繪的動物圖畫，或是你這個聰明的部落成員所藐視的風俗習慣。百分之九十的重要事物，百分之十的狗屎。

最後，且讓我們坦承面對自己：史鐸金定律不僅適用於外面的世界，也能套用在我們身上。就我個人而言，我承認我有九成的想法都是沒有用的，有九成的情感都是沒理由的，有九成的願望都是荒謬的。由於我曉得這一點，所以會更加注意自己認眞看待了哪些「內在產品」，又對哪些部分一笑置之。

結論：別對所有廢物或垃圾來者不拒。切勿只因一時興起，便屈從於每一次的衝動。別只因爲存在著某些小玩意兒，就每個都想試試。眞正重要、一流、富有價值的事物極其稀少。史鐸金定律能幫助你省卻許多時間和惱怒的情緒。請你懂得分辨點子與好點子、產品與好產品、投資與好投資。是狗屎就當成狗屎。對了，還有一條一再爲我個人經驗所證實的小原則，那就是：如果你不確定那事物到底是不是狗屎，那它就是狗屎！

51 讚美謙卑

越不看重自己，人生會越美好

奧斯曼大道、福煦大街、藍斯洛博士路、保羅．杜美大街、忒阿杜勒．里伯路、克勒貝爾大街、拉斯帕伊大道，這些全是巴黎市區響叮噹的路名。但如今還有誰曉得這些路名紀念的是什麼人？猜猜看，這些人從前是做什麼的？

他們無疑都是所處時代的重要人物，有的是都市計畫師、有的是將軍、有的是學者。假設你生在當時，受邀與喬治—歐仁．奧斯曼男爵（Georges-Eugène Haussmann）共進晚餐，你可能會感到無上光榮。

如今呢？當你步出拉法葉百貨公司（Galeries Lafayette），踏上奧斯曼大道，你才不會想著這些。你的手肘上可能掛著購物袋，裡頭裝滿了你真正需要的東西。此時正值夏季，大道上蒸騰的熱氣猶如一面液態玻璃，融化的香草冰淇淋先是滴到你的T恤，又流到百慕達短褲上。摩肩擦踵的觀光客搞得手指黏膩的你更加惱火；事實上，你也是個觀光客。最讓你心煩意亂的，莫過於在這條紀念某位德高望重的都市計畫師的石頭路上，從你身邊呼嘯而過的車輛。你一點也不在乎他的大名。奧斯曼，誰啊？早被歷史的蟑螂啃光了！

如果奧斯曼、福煦（Ferdinand Jean Marie Foch）或拉斯帕伊（François-Vincent Raspail）這些人的鼎鼎大名，其「有效期限」大約只有四個世代，那麼，當今一些知名人物如雷貫耳的名號勢必也會在幾個世代後無人聞問。也就是說，一百年後，最晚兩百年後，將幾近無人知曉比爾・蓋茲、川普或梅克爾（Angela Merkel）是誰。至於你我這種名不見經傳的升斗小民，也許幾十年之後便無人聞問。

假設A和B是兩種不同類型的人。A類型的自我價值感高張，B類型的自我價值感則低落。如果有人偷了他們的食物、搶走他們的棲身之所、奪走他們的伴侶，B會冷靜地反應，說這就是人生，我會再去找別的食物、別的棲身之所、別的伴侶。A的反應則相反，他們會發怒，激烈地捍衛所有。問題來了，哪種類型比較有機會將基因傳給下一代呢？當然是A。事實上，沒有一定程度的自我，一個人是不可能存活的。你不妨試著一整天都不講「我」或「我的」這類用語。我曾經這麼嘗試，結果嚴重破功。簡言之，我們都屬於A類型。

問題在於繼承自A類型祖先的自我價值感弄亂了我們的人生，因爲它太過敏感了。我們就連面對最微小的侮辱都會爆氣，縱使這些侮辱和石器時代的種種生命威脅相比簡直可笑至極。別人不太稱讚我們、別人沒有對我們付出的努力給予適切的回應、別人拒絕我們的邀請。在大多數情況裡，別人確實是對的；我們其實沒有自己所以爲的那麼重要。

我的建議是：不妨用下個世紀的視角觀看自己的重要性，也就是，不論你現在多了不起，就從大名歸零的時點來觀看你自己。別把自己看得太重是促成美好人生的重要關鍵。這當中甚至存在著反向關係：越不看重自己，你的人生會越美好。爲何？原因有三。

第一，看重自己需要耗費精力。看重自己的人，必須同時經營一個放送系統和一個雷達系統。一方面要向世界發送你的自我表現，另一方面就像雷達一樣，不斷記錄這個世界對你的反應。不妨省下這些力氣，把放送系統與雷達系統一起關閉，專注在工作上就好。說得更白一點：不要老王賣瓜、不要大肆宣揚自己的豐功偉業、不要自抬身價！你是否剛獲得教宗的私人接見，一點也不重要。如果是，你可以暗自高興一下，但沒必要把照片放在別人都看得到的地方。如果你是個富豪，不要堅持冠名才願意贊助某些大樓、教職或足球場。這是愛慕虛榮。你幹嘛不乾脆去買電視廣告來讚揚自己的光榮事蹟呢？奧斯曼等人的大名成爲街道名稱至少還是免費的！

第二，越是看重自己，就越容易陷於「自利偏誤」。你的所作所爲將不再是爲了達成目標，而是爲了抬高身價。投資人身上經常可見自利偏誤的現象。購買某些迷人的飯店或性感的科技企業的股票，並不是因爲那是優質的有價證券，而是想藉此「提升個人價值」。此外，看重自己的人總會高估自己的學識與能力（所謂的「過度自信」〔overconfidence〕）；這容易導致一個人做出嚴重的錯誤決定。

第三，容易樹立敵人。看重自己的人不允許別人看重他們自己。因爲地位高低是相對的，別人增高就等於我的降低。最遲等到你有所成就，同樣看重自己的人就會對你展開攻擊。

由上可知，與其說自我是你的朋友，還不如說是你的敵人。這件事也算不上新知，在兩千五百年前，這甚至是標準觀點。斯多噶學派早就知道要抑制過度膨脹的自我價值感。馬可·奧里略是個經典範例。對他而言，成爲羅馬皇帝並不怎麼快樂。借助寫日記自省，他一再強迫自己保持謙卑；這對世上最有權力的人來說可不容易。不僅在哲學中，在宗教裡也能找到用以抑制自我膨脹的思想工具。許多宗教甚至將自我價值感視爲魔鬼的表現。然而，在過去的兩百多年裡，文化的自我剎車逐漸放鬆。時至今日，人人都儼然是個人小品牌的經理。

別忘了，你我只不過是全世界數億人口中的一個，短暫存活，有個偶然的起點、偶然的終點。每個人（包括我）都在這段短暫的時間裡做了不少蠢事。你該爲沒有街道以你爲名而感覺幸運，因爲那只會讓你倍感壓力。謙卑的人過得比較好，甚過招搖的人。自信很簡單，每個人都會；謙卑卻很困難，但它更符合現實，還能撫平情緒的波瀾。

許多人認爲，謙卑會受罰。這麼做，難道不是在邀請別人來踐踏你嗎？正好相反。如果你奉行一套清楚的個人外交政策（參閱第九章），當你越謙卑，別人越會尊敬你。藉由誠實，尤其是對自己誠實，最能幫助你做到這一點。

傲慢已然成爲一種眞正的文明病。我們就像一條狗緊咬著舊鞋，緊抓著自我不放。放開那隻鞋，它不僅沒有營養價值，還很快就會讓你嚐到濃濃的腳臭味！

52 內在的成功

為何投入比產出重要

每個國家都有這樣一個排行榜。「《平衡》三百排行榜」（BILANZ-300-Liste）的榜上人物是瑞士最富有的三百個人；德國《經理人雜誌》（*Manager Magazin*）每年會發表德國五百大富豪排行榜；法國的富豪排行榜則由商業雜誌《挑戰》（*Challenges*）加以公布；至於美國的商業雜誌《富比士》（*Forbes*），每年都會集合全球的富豪排行榜。排行榜結果給人的印象是：這是全球最成功的一群人，都是些企業家（或他們的後代）。

也有針對最有權力的CEO、論文最常被引用的學者、作品最常被閱讀的作家、作品售價最高的藝術家、最成功的音樂家、被以最高金額交易的運動員、年收入最多的明星等所做的類似排行。每個行業都有自己的成功排名。然而，這些成功人士到底有多成功，端視人們對成功做何理解。

透過衡量成功與賦予威望的方式，社會可以操控個人如何投資自己的時間。美國心理學教授羅伊．鮑梅斯特（Roy Baumeister）曾寫道：「在爲了生存奮鬥的小型社會裡，威望被分配給把最多蛋白質帶回家的人（獵人），或是殺掉最多敵人的人（戰士），這點絕非偶然。母親的威望也根據同樣的道理升降；這取決於社會有沒有更高的人口需求。」現代社會標舉《富比士》排行榜，宛如揮舞著一支閃亮的旗幟，藉此指引我們：這才是王道！

爲何現代社會試圖將它的「綿羊」引向物質的成功，而不是諸如更爲悠閒這樣的方向呢？爲什麼只有富豪排行榜，卻沒有最滿足的人的排行榜？很簡單，因爲經濟成長維繫了社會。「有一個展望更高生活水準的願景，便能夠抑制財富分配的壓力，無論這個願景有多麼難以企及」，銀行家薩特雅吉特．達斯（Satyajit Das）曾如此寫道；他還引述美國聯準會前理事亨利．華利奇（Henry Wallich）的話：「只要有經濟成長，就會有希望，而希望讓人可以忍受巨大的財富不均。」

爲了不被《富比士》排行榜弄得精神錯亂，有兩件事情我們必須了解。

數千年前，根本無法想像《富比士》排行榜是怎麼一回事；數千年後，它也將是匪夷所思的事情。多年來一直與比爾．蓋茲共同盤踞在《富比士》排行榜上的巴菲特坦承，自己或許永遠也上不了「石器時代的《富比士》排行榜」：「如果我誕生於數千年前，恐怕只會淪爲某隻動物的午餐，因爲我既跑不快，又不會爬樹。」根據出生年代的不同，社會揮舞的成功大旗也有所差異；但都是想要說服你相信它的成功定義。不可盲目地跟隨這些大旗。我們幾乎可以肯定，美好的人生會在別處等候你。

此外，物質方面的成功，純粹事關偶然。儘管誰也不想讓偶然作爲成功的原因，但事實如此。基因、誕生城市或地區的郵遞區號、聰明才智、意志力，誠如在第七章裡所見，你對這一切都無能爲力。當然，成功的企業家會努力工作、會做出明智的決定。但這又是基因、出身和群落生境所促成的結果。因此，請將《富比士》排行榜視爲「偶然排行榜」，拒絕崇拜榜上那些人。

前不久，有位朋友十分驕傲地告訴我，他有幸受邀，和某某富豪共進晚餐。我聽了之後聳聳肩。有什麼好驕傲的？與某位富豪見面有什麼好值得興奮的？這位富豪送他錢的機率是〇。這表示，重點應該是所見的這個人是不是個有趣的談話對象。他的財富一點也不重要。

請容我爲你介紹一種截然不同的成功定義，一種至少有兩千年歷史的成功定義。根據這種定義，成功既不取決於一個社會如何分配威望，也不取決於庸俗的排名。這種定義就是：眞正的成功其實是「內在的成功」。你瞧！

這與薰香、打坐或瑜珈全然無關。追求內在的成功可謂是最理性的態度之一；它同時也是西方思想的根源。如前所述，古希臘羅馬的哲學家稱這種成功爲「心神安定」。一個人若能達到心神安定的境界，即使遭逢命運打擊，也能泰然自若。換言之，無論得意或失意，一個人都不會讓自己失去平靜，那便是成功。

如何追求內在的成功呢？那就是：只專注在我們可以發揮影響的事物，對其他一切則視而不見。以投入取代產出。我們可以控制自己的投入，卻無法控制產出，偶然總會左右大局。金錢、權力和名望都是難以控制的。如果你專注在這些事物上頭，一旦失去它們，

就會淪於不幸。但若你訓練自己保持沉著、冷靜、心平氣和，無論命運帶給你什麼衝擊，你將永遠幸福。簡言之，內在的成功比外在的成功更穩定。

約翰·伍登（John Wooden）是美國有史以來最成功的籃球教練。他要求子弟兵以截然不同的方式定義成功：「當你竭盡所能，力求自己可以達到的最佳表現時，那時的心靈平靜就是成功。」成功並非冠軍、獎牌或轉會費，而是一種態度。諷刺的是，當時的美國總統小布希（George Walker Bush）居然頒發「總統自由勳章」給他，那是美國最重要的獎章。比起伍登本人，也許小布希總統更為那次的贈勳所感動。

說句坦白話，沒人能夠全心追求內在的成功，卻對外在的成功嗤之以鼻。儘管如此，還是可以藉由日常練習，接近「心神安定」的理想境界。請在結束一天生活後自我反省：今天在哪失敗了？今天在哪被有毒的情緒給毒害了？你讓哪些控制權不在你手中的打擊給撼動了？為了改善自我，你必須鍛鍊哪些心理工具？你無須是墓園裡最富有的那個，寧可自己在當下取得最大的內在成功。伍登總是惕勵球員：「讓每天都成為你的傑作！」請你也這麼做！內在的成功永遠無法完全企及，那是必須練習一輩子的課題。沒有人能夠代替你完成這項工作。

追求外在成功的人（例如追求財富、CEO職位、金牌或獎章等等）同樣也瞄準了內在的成功，只是他們自己不知道罷了。某位CEO用自己的獎金，以二十萬歐元的代價買下一只萬國錶的超卓複雜型腕錶；或許是因為看著手腕可以讓自己開心，又或許是因為這樣可以惹人羨慕。不管如何，他砸重金購買萬國錶，爲的就是讓自己感覺良好。否則他就不會這麼做。

無論從哪個角度看，情況都是：人們之所以想要在外在取勝，爲的是在內在取勝。既然如此，你幹嘛要捨近求遠地取道外在成功呢？請選擇直通幸福的道路！

後記

我們常會落入「人生很簡單」的看法陷阱裡，特別是年輕的時候，當然其他時候也會有這樣的誤解。美好的人生從不是「小菜一碟」的易事，即使是最聰慧的人，也未必能夠擁有。爲何不能？

因爲我們創造了一個難以理解的世界，充滿複雜性與不穩定性，此時直覺再也不是可靠的羅盤。身在不透明的世界裡，我們卻試圖借助一個爲了截然不同的世界，即爲了石器時代所打造的大腦來給自己導航。緩慢的演化進程讓大腦來不及適應迅速的文明發展。即便外部世界在過去一千多年裡已徹底改變，但我們內部世界的軟、硬體（大腦）卻和長毛象依然活躍的年代沒什麼兩樣。這也難怪種種系統性的錯誤不單只出現在抽象的思考中，也出現在具體的日常生活裡。

這也是爲什麼備好一個你能反覆利用的心理工具箱是如此重要。思考工具有助於我們以比較客觀的態度看待世界，長期以理性的態度去行爲。如果學會掌握這些心理工具，換言之，在日常生活中活用它們，就能逐漸改變或改善大腦結構。這些思考模式（在心理學上也稱爲「啓發法」〔heuristics〕）雖然不能保證讓你擁有美好的人生，但相較於仰賴直覺，這些思考模式卻能幫助你（就平均而言）做出更好的決定、採取更好的舉措。我深信心理工具比金錢、比關係更重要，甚至也比智力重要。

自從我開始寫作關於美好人生的文章，人們經常會問我：那到底是什麼？該如何定義？我的回答是：我不曉得。我的方法相當於中古世紀的「否定神學」。對於「上帝是誰或什麼？」這個問題，神學家們答道：我們無法確切地說上帝是什麼，我們只能說上帝「不是」什麼。美好的人生也是一樣。我們無法確切地說美好的人生是什麼，只能肯定地說美好的人生「不是」什麼。你一定知道你過的不是美好的人生，如果某位朋友未能擁有美好的人生，你肯定也看得出來。許多讀者都很困擾，為何我寫美好的人生，卻不給任何定義。我得說，在我看來，硬要給美好的人生強加一個定義，實在沒什麼意義。借用諾貝爾獎得主理查．費曼的話：「就算你曉得世界各地的人各是如何稱呼某種鳥，你對那種鳥本身絕對還是一無所知……因此，且讓我們仔細地端詳牠、觀察牠、看看牠的行為模式。這才是真正重要的。我在非常年輕時就已學會區別『知道某些事物的名稱』和『知道某些事物』之間的差異。」

本書所提的五十二種心理工具從何而來？主要來源有三。一是過去四十年的心理學研究，包括了心智心理學、社會心理學、幸福研究、啓發法研究（啓發法與認知偏誤）、行為經濟學，以及臨床心理學的一些方法，特別是成效卓著的認知行為治療（cognitive behavioral therapy；簡稱：ＣＢＴ）。

第二個來源是斯多噶學派的理論。這是一種高度實用的哲學，在古希臘萌芽，到了西元二世紀，在羅馬帝國裡開花。芝諾（Zeno of Elea；這種思考取向的創始人）、克律西波斯（Chrysippus；斯多噶學派在古希臘最重要的代表人物）、塞內卡（在我看來，他就等於「古羅馬的查理．蒙格」）、穆索尼烏斯．盧夫斯（Musonius Rufus；成功的學者，曾被羅馬皇帝尼祿〔Nero〕放逐）、愛比克泰德（盧夫斯的學生，奴隸出身）與羅馬皇帝馬可．奧里略等人都是斯多噶學派的重要人物。順道一提，馬可．奧里略曾寫過一本書，和你手上拿著的這本同名；那本書是從他自己稱爲《沉思錄》（*Tà εἰς ἑαυτόν*）的自省筆記裡所節錄出。令人遺憾的是，隨著羅馬帝國滅亡，斯多噶學派的地位也一落千丈，從此未能復興。即便如此，過去一千八百年裡，若有人想要尋找一套適用於現實生活的哲學，總能在其中發現珍貴的祕訣。

斯多噶學派十分側重實際演練（如同我一再建議的那樣）與座右銘。座右銘極具價值，因爲它們既簡單好記，又能像警戒線般，保護我們免於做出有欠考慮的行爲。冒著貌似簡單的風險，我允許自己在本書中，除了引用的座右銘以外，也安插一些我自己的座右銘。

第三個來源則奠基於投資文獻的一項悠久傳統。巴菲特的夥伴查理．蒙格可謂是世界上最成功的價值投資人之一，同時也是本世紀最偉大的思想家之一（並非只有我這麼認爲）。因此，我允許自己經常引述他的話。投資人承受一種特殊的刺激，激勵他們盡可能看透這個不透明的世界。儘管一無所知，他們還是得力圖好好評估未來。他們得出的結果會反映在收益或損失上。所以，自班傑明．葛拉漢以降的投資人，無不極力追求一種盡可能客觀的世界觀，以及能夠保護自己免於莽撞決定的思想態度。過去一百年裡的投資人因而發展出一個極爲有用的心理工具箱。這些心理工具遠不只在金錢世界發揮效用。令人訝異的是，從價值投資人的座右銘與心態中，居然能夠抽取出如此大量的人生智慧！

現代心理學、斯多噶學派的思想、價值投資的思維可以完美地相互結合，完美到我們或許會認爲這三者出自同一人之手，但它們其實是彼此獨立產生的。人的一生中少有恍然大悟的瞬間，而當我了解到這三個齒輪能夠平滑順暢、合作無間地相互嚙合，我頓覺醍醐灌頂。

最後，我要補充四點說明。第一，心理工具遠不只本書所介紹的這五十二種。我之所以選擇五十二這個數目，是因爲這本書與我的兩部前作，《思考的藝術》和《行爲的藝術》，具有某種親屬關係，它們同樣也都有五十二個篇章。前兩本書的主題是思考錯誤，本書所說的則是思考工具。此外，這五十二種工具很好用。依實際情況不同，你會同時需要兩種，最多三種工具。

第二，許多篇章都曾以專欄的形式發表於《新蘇黎世報》（*Neue Zürcher Zeitung*）與《商報》（*Handelsblatt*）。專欄必須精彩、緊湊。因此，個別文章並未提及相關的筆記摘要與資料出處，而是統一集中於附錄。

第三，簡單起見，我多半選擇使用傳統的男性語言形式，但我所指稱的當然含括男性和女性。對於美好的人生而言，藐視女性肯定是錯誤的處方！

第四，本書所有的錯誤與不完備，皆由我獨自負責。

魯爾夫・杜伯里，伯恩，二〇一七

謝詞

感謝我的朋友 Koni Gebistorf 爲本書做了可靠的校對與必要的潤色。若沒有每週出刊的壓力，讓我不得不將自己的想法轉化成可讀的形式，或許就沒有今日這本書。我要感謝《新蘇黎世報》的副刊總編 René Scheu 讓我得以用每週專欄的形式，先行發表書中的部分文章。在文藝水準頗高的《新蘇黎世報》副刊寫作生活實用專欄，著實需要一點厚臉皮。同樣地，我也要感謝 Gabor Steingart 與 Thomas Tuma 讓我的文章能在德國的《商報》上有個溫暖的家。我由衷地感謝插畫家 El Bocho，他爲本書的每個篇章繪製了精美的插圖。

Piper 出版社的 Martin Janik 是我所認識最專業的非小說類圖書編輯之一。幫助我順利出版兩部前作《思考的藝術》與《行爲的藝術》後，此次出版很幸運地又得到他的協助。我也要感謝德國 Bonnier 公司的CEO Christian Schumacher-Gebler、出版人 Felicitas von Lovenberg，以及 Piper 出版社優秀的全體同仁。我從未在其他出版社受到更爲熱烈的歡迎。

感謝 Guy Spier 送了我一尊重達四十公斤的查理·蒙格半身銅像。如今這尊銅像被安放在我的花園裡。花園裡的長春藤纏繞著蒙格的頭部，看起來有點像羅馬的皇帝。

多年前，Peter Bevelin 帶我認識了經典價值投資人的人生智慧。為此，我深表感謝。他的書可說是貨眞價實的藏寶箱，令我受益匪淺。

如果沒有我在過去幾年所進行過的，無數關於美好人生這項主題的對話與信件往來，恐怕就沒有今日這本書。對於他們帶給我的種種啓發，我在此一併向這些對話夥伴致上誠摯的謝忱（隨機排序）：Thomas Schenk、Kevin Heng、Bruno Frey、Alois Stutzer、Frederike Petzschner、Manfred Lütz、Urs Sonntag、Kipper Blakeley、Rishi Kakar、Schoscho Rufener、Matt Ridley、Michael Hengartner、Tom Ladner、Alex Wassmer、Marc Walder、Ksenija Sidorova、Avi Avital、Uli Sigg、Numa & Corinne Bischof Ullmann、Holger Ried、Ewald Ried、Marcel Rohner、Raffaello D'Andrea、Lou Marinoff、Tom Wujec、Jean-Rémy & Natalie von Matt、Urs Baumann、Erica Rauzin、Simone Schürle、Rainer Marc Frey、Michael Müller、Tommy Matter、Adriano Aguzzi、Viola Vogel、Nils Hagander、Christian Jund、André Frensch、Marc & Monica Bader Zurbuchen、Georges & Monika Kern、Martin Hoffmann、Markus & Irène Ackermann、Robert Cialdini、Dan Gilbert、Carel van Schaik、Markus Imboden、Jonathan Haidt、Joshua Greene、Martin Walser、Angela & Axel Keuneke、Guy Spier、Franz Kaufmann、Dan Dennett。謝謝我的朋友和以上所提及的思想家、作家、學者。本書的一切不是源自於我，而是源自他們。

我的父母 Ueli 與 Ruth 是正向的好榜樣，從他們身上，我看到如何才能穩定維持美好的人生達數十年。萬分感謝他們賦予我的一切。

我要向妻子致上最大的謝意。本書所提到的許多思考工具都出自她的心理學研究與個人生活經驗。她是我的第一審校，手上無情的紅筆是所有這些文章的讀者的厚禮，她的人生智慧則是我們全家的珍貴資產。

最後，我要感謝我那兩個三歲大的雙胞胎兒子，Numa與Avi。雖然他們在我寫作期間奪走我不少睡眠，但矛盾的是，如果沒有這對可愛的小子，我恐怕也寫不出這本書。

附錄

幾乎每種心理工具，在認知心理學與社會心理學方面，都有無數相關的科學研究。在此所註明的僅侷限於最重要的一些引述、出處、評論及閱讀推薦。大部分引述都以原文形式呈現。我視自己爲翻譯者，負責將所提及的科研成果轉化成日常語言。我的目標是要讓種種哲學思想與科學知識靈活應用在你我的日常生活中。在此，向以科學方式研究這些思考工具的學者致上崇高的敬意！

前言

查理・蒙格是傳奇投資人華倫・巴菲特的生意夥伴。在我看來，他可謂是本世紀最偉大的思想家之一。比爾・蓋茲曾讚譽查理・蒙格：「他是我所見過最恢弘的思想家。」（He is truly the broadest thinker I have ever encountered.）（Griffin, Tren : *Charlie Munger – The Complete Investor*, Columbia Business School Press, 2015, p. 46）

一九九四年，在一場對學生的演說中，查理・蒙格透露了自己的思考祕密：「你必須在腦袋裡建構一些模型，並將自己的經驗，無論是以直接或變形的方式，置入這些模型的網格結構中。你會發現，有些學生只會死記，卻不會活用。這些人終究會在學業和人生中失敗。你必須把經驗嵌入你腦袋裡那些模型的網格結構中。」（Charlie Munger, Speech at the USC Business School with the title "A Lesson on Elementary Worldly Wisdom", 1994. In : Griffin, Tren : *Charlie Munger – The Complete Investor*, Columbia Business School Press, 2015, p. 44）

蒙格所談的是「mental models」，字面上翻譯作「心智模型」。但這樣的翻譯並不正確。蒙格所說的「models」並非是建築模型或模擬模型。他所指的是思考工具、思考方法、思考策略和心態。是以，我在本書中使用的是「心理工具」或「思考工具」之類的字眼。

我相信，如果我們沒有一套準備好的、牢靠的思考工具可資憑藉，便極有可能在人生中栽個大跟頭。我也無法想像一個沒有任何思考工具的領導者該如何成爲一位成功的領導者。

心理會計

關於「心理會計」：理查．塞勒（Richard Thaler）被認爲是心理會計理論的創始人。（Heath, Chip; Soll, Jack B.: "Mental Budgeting and Consumer Decisions". In: *Journal of Consumer Research*, 1996, Bd. 23, Nr. 1, p. 40 – 52）

我曾在《行爲的藝術》（*Die Kunst des klugen Handelns*）的〈私房錢效應〉（House Money Effect）篇章裡約略提過心理會計的思考錯誤。參閱：Dobelli, Rolf: *Die Kunst des klugen Handelns*, Carl Hanser Verlag, 2012, p. 145 ff. / Dobelli, Rolf: *The Art of Thinking Clearly*, HarperCollins Publishers, 2013, p. 251。

關於「峰終定律」，參閱：Kahneman, Daniel; Fredrickson, Barbara L.; Schreiber, Charles A. and Redelmeier, Donald A.: "When More Pain Is Preferred to Less: Adding a Better End". In: *Psychological Science*, November 1993, Bd. 4, Nr. 6, p. 401 – 405。

關於事實的建設性詮釋：從前，股票投資組合的漲跌總會搞得我神經緊張。如今我再也不會這樣。我運用了心理會計：萬一我的股票市值減半，在我看來，還算不上是悲劇。股票只佔我眞正資產的一小部分。在我眞正的資產中，至少有九成是由我的家人、寫作、「WORLD.MINDS」基金會和我的朋友所構成。即便股市崩盤，導致我的股票市值腰斬，我充其量也只不過是損失百分之五的資產罷了。相對地，我也不會因爲股票市値翻倍而狂喜。因爲我的資產也只不過因此多了百分之五。

高超的修正技巧

查理・蒙格的觀察與艾森豪將軍的意見不謀而合：「At Berkshire there has never been a master plan. Anyone who wanted to do it, we fired because it takes on a life of its own and doesn't cover new reality. We want people taking into account new information.」（Clark, David: *Tao of Charlie Munger*, Scribner, 2017, p. 141）

關於計畫的脆弱性，另有一段發人深省的話：「人生猶如棋局，雖然我們對兩者都有著一定的計畫，然而，在棋局中，計畫得取決於對手，在人生中，計畫則得取決於命運。見招拆招、相機行事可謂十分重要。只不過，在這樣的情況下，到頭來，我們原本的計畫往往變得面目全非。」（Schopenhauer, Arthur, *Die Kunst, glücklich zu sein*, Verlag C.H. Beck, 1999, p. 61）

關於「文憑與事業成功的關連性」：「Education is an important determinant of income – one of the most important – but it is less important than most people think. If everyone had the same education, the inequality of income would be reduced by less than 10 %. When you focus on education you neglect the myriad other factors that determine income. The differences of income among people who have the same education are huge.」（Kahneman, Daniel: "Focusing Illusion". In: Brockman, John: Edge Annual Question 2011, *This Will Make You Smarter*, HarperCollins, 2012, p. 49。另可參閱：https://www. edge.org/response-detail/11984〔截至 2017.07.07〕）

誓言

在接受《紐約客》雜誌訪問時，克雷頓・克里斯汀生解釋爲何許多管理者都會家庭破碎：「In three hours at work, you could get something substantial accomplished, and if you failed to accomplish it you felt the pain right away. If you spent three hours at home with your family, it felt like you hadn't done a thing, and if you skipped it nothing happened. So you spent more and more time at the office, on high-margin, quick-yield tasks, and you even believed that you were staying away from home for the sake of your family. He had seen many people tell themselves that they could divide their lives into stages, spending the first part pushing forward their careers, and imagining that at some future point they would spend time with their families – only to find that by then their families were gone. Christensen had made a pledge to God not to work on Sundays, and a pledge to his family not to work on Saturdays and to be home during the week early enough for dinner and to play ball with the kids while it was still light. Sometimes, in order to keep these commitments, he would go to work at three in the morning.」（MacFarquhar, Larissa: "When Giants Fail". In: *The New Yorker Magazine*, 2012.05.14）

在一場與英國名醫奧利佛・薩克斯（Oliver Sacks）的對話中，諾貝爾獎得主羅伯特・約翰（Robert John）提到遵守安息日的事：「這與帶動社會進步無關，所關乎的是改善自己的生活品質。」（Sacks, Oliver: *Dankbarkeit,* Rowohlt, 2015, p. 52 f.）奧利佛・薩克斯轉述了羅伯特・約翰的想法：「他跟我講了許多關於諾貝爾獎及頒獎儀式的有趣故事，但他強調，如果對方要求他在週六前往斯德哥爾摩，他或許會拒絕領獎。他必須無條件地遵守安息日，他在這個日子裡能獲得滿足的平靜與遁世的需求，其重要性，或許更勝於諾貝爾獎。」（同一出處，p. 53）

關於「決策疲勞」，參閱：Dobelli, Rolf: *Die Kunst des klugen Handelns*, Hanser, 2012, p. 9 ff./Dobelli, Rolf: *The Art of Thinking Clearly*, HarperCollins, 2013, p. 1 – 4 & p. 158 – 160。

關於載滿甘油炸藥的貨車一例，參閱：Schelling, Thomas C.: "An Essay on Bargaining". In: *The American Economic Review*, 1956, Bd. 46, Nr. 3, p. 281 – 306。

關於「百分之百遵守誓言，會比只有百分之九十九遵守誓言來得容易」，克雷頓・克里斯汀生所說的，其實是百分之九十八，而非百分之九十九：「He told them about how at Oxford he had refused to play basketball on a Sunday, even though it was the national championships, because he had promised God he wouldn't; and how much pressure his coach and teammates had put on him to compromise just that one time. Later, he realized that if he had said yes that time he would have had no standing to say no another time, and what he learned – one of the most important lessons of his life – was that it was easier to do the right thing a hundred per cent of the time than ninety-eight per cent of the time.」（MacFarquhar, Larissa: "When Giants Fail". In: *The New Yorker Magazine*, 2012.05.14）

黑盒子思考

關於「哈維蘭彗星一型」，參閱：https://de.wikipedia.org/wiki/De_Havilland_Comet（截至2017.07.17）。

關於發明黑盒子的事故調查員大衛・華倫，參閱：https://de.wikipedia.org/wiki/David_Warren（截至2017.07.17）。

「黑盒子思考」的概念源自馬修・席德。他以此為名寫了一本十分出色的書。Syed, Matthew: *Black Box Thinking: The Surprising Truth About Success*, Hodder, 2015。雖然本書的重點擺在組織性的錯誤，不過「黑盒子思考」的心理策略也能完美地套用到私生活方面。

「薩利」機長的原文：「Everything we know in aviation, every rule in the rule book, every procedure we have, we know because someone somewhere died ... We have purchased at great cost, lessons literally bought with blood that we have to preserve as institutional knowledge and pass on to succeeding generations. We cannot have the moral failure of forgetting these lessons and have to relearn them.」（Syed, Matthew: “How Black Box Thinking Can Prevent Avoidable Medical Errors”. In: *WIRED UK Magazine*, 2015.11.12。另可參閱：http://www.wired.co.uk/article/preventing-medical-error-deaths（截至2017.07.17）。

關於「股票並不曉得人們擁有它……」這段話，巴菲特的原文是：「One of the important things in stocks is that the stock does not know that you own it. You have all these feelings about it: You remenber what you paid. You remember who told you about it – all these little things. And it doesn't give a *damn*. It just sits there. If a stock's at $ 50, somebody's paid $ 100 and feels terrible, somebody else has paid $ 10 and feels wonderful – all these feelings. And it has no impact whatsoever ... 」（Bevelin, Peter: *Seeking Wisdom*, PCA Publications, 2007, p. 60）

保羅．多蘭曾描述體重增加的人是如何逐漸轉移自己的焦點：「As people put on weight, they shift the focus of their attention away from parts of their lives that are associated with weight, like health, toward aspects where their weight is less important, like work. This shift in attention explains some of the behaviors we observe; many of us gain weight but do not lose it. The effort needed to lose weight may be greater than the effort required to shift the attention you give to your health and weight.」（Dolan, Paul: *Happiness by Design*, Penguin, 2015, E-Book Location 1143）

大腦專家克里斯多夫．柯霍（Christof Koch）曾寫道：「沒有人能夠免於自欺。我們都有複雜的、潛意識的防衛機制，它們能讓我們維護所看重的信念，即使這些信念背離事實。」（Nobody is immune from selfdeception and self-delusion. We all have intricate, subliminal defense mechanisms that allow us to retain beliefs that are dear to us, despite contravening facts.）（Koch, Christof: *Consciousness – Confessions of a Romantic Reductionist*, MIT Press, 2012, p. 158）

關於羅素的引文，參閱：Russell, Bertrand: *Eroberung des Glücks*, Suhrkamp Verlag, 1977, p. 166 與 p. 84。

查理・蒙格的原文：「If you won't attack a problem while it's solvable and wait until it's unfixable, you can argue that you're so damn foolish that you deserve the problem.」（Bevelin, Peter: *Seeking Wisdom*, PCA Publications, 2007, p. 93）

艾力克斯・哈利的原文：「If You Don't Deal with Reality, then Reality Will Deal with You.」In: *Jet Magazine*, 1980.03.27, p. 30。另可參閱：http://bit.ly/2sXCndR（截至 2017.07.17），或：Bevelin, Peter: *Seeking Wisdom*, PCA Publications, 2007, p. 92。

關於「偶爾失敗、犯錯，其實無傷大雅……」這句話：「We've done a lot of that – scrambled out of wrong decisions. I would argue that that's a big part of having a reasonable record in life. You can't avoid wrong decisions. But if you recognize them promptly and do something about them, you can frequently turn the lemon into lemonade.」（Bevelin, Peter: *Seeking Wisdom*, PCA Publications, 2007, p. 101）

關於「問題並不像老酒那樣……」這句話，巴菲特曾說：「You see, your problem won't improve with age.」（Bevelin, Peter: *Seeking Wisdom*, PCA Publications, 2007, p. 93）

反生產力

關於伊凡・伊利奇，參閱：https://en.wikipedia.org/wiki/Ivan_Illich（截至 2017.07.17）。麻省理工媒體實驗室的斯潘達・卡姆瓦爾（Sepandar Kamvar）讓我認識了伊凡・伊利奇和「反生產力」這個概念。參閱卡姆瓦爾的談話：https://www.youtube.com/watch?v=dbB5na0g_6M.（截至 2017.07.17）。伊利奇甚至還計入了因為交通意外而必須住院的機率，它們同樣也是種時間的浪費，更別說在醫院裡花在醫療上的其他工作時間。

關於電子郵件的成本：「But modern technology has brought a few costs, too, the biggest of which is distraction. A recent study estimated the combined cost of distractions for US businesses to be around $ 600 billion per year.」（Dolan, Paul: *Happiness by Design*, Penguin, 2015, E-Book Location 2644）以及：「*... e-mail alone costs UK businesses about £ 10,000 ($ 16,500) per employee per year.*」（同一出處，E-Book Location 2633）

美好人生的負面藝術

Marks, Howard: *The Most Important Thing*, Columbia University Press, 2011, p. 172 f.。霍華・馬克斯介紹了查爾斯・艾利斯以〈輸家遊戲〉（The Loser's Game）為名所寫的一篇文章，這篇文章在一九七五年發表於《金融分析師雜誌》（*The Financial Analyst's Journal*）。另可參閱：http://www.cfapubs.org/doi/pdf/10.2469/faj.v51.n1.1865（截至 2017.07.17）。

關於「在業餘網球中，比賽不是『贏來的』，而是『輸掉的』」這句話：美國海軍上將山謬・莫里森（Samuel Morison）曾分析過無數的戰爭，他最終得出一個結論：戰爭有點像業餘的網球比賽。「在其餘條件相同的情況下，策略性錯誤犯得比較少的一方就會贏得戰爭。」（Morison, Samuel Elison: *Strategy and Compromise*, Little Brown, 1958）

無數的相關研究顯示，這些打擊（半身不遂、身障、離婚）的影響，消失得比我們所想的還要快。最重要的研究：Brickman, Philip; Coates, Dan; Janoff-Bulman Ronnie: "Lottery Winners and Accident Victims: Is Happiness Relative?" *In: Journal of Personality and Social Psychologie*, 1978.08, Bd. 36, Nr. 8, p. 917 – 927。

關於「巴菲特與蒙格會特別留心，什麼事情應該避免……」：「Charlie generally focuses first on what to avoid – that is, on what NOT to do – before he considers the affirmative steps he will take in a given situation.」（Peter D. Kaufman in: Munger, Charles T.: *Poor Charlie's Almanack*, The Donning Company Publishers, 2006, p. 63）

查理・蒙格的原文：「It is remarkable how much long-term advantage people like us have gotten by trying to be consistently not stupid, instead of trying to be very intelligent.」（Munger, Charlie: *Wesco Annual Report*, 1989）

查理・蒙格的原文：「All I want to know is where I'm going to die, so I'll never go there.」（Munger, Charles T.: *Poor Charlie's Almanack*, The Donning Company Publishers, 2006, p. 63）。這句話也是側寫巴菲特與蒙格最好的作品之一的書名：Bevelin, Peter: *All I Want to Know Is Where I'm Going to Die so I'll Never Go There: Buffett & Munger – A Study in Simplicity and Uncommon, Common Sense*, PCA Publications, 2016。

卵巢樂透

關於「巴菲特的思想實驗」原文：「Imagine there are two identical twins in the womb, both equally bright and energetic. And the genie says to them, "One of you is going to be born in the United States, and one of you is going to be born in Bangladesh. And if you wind up in Bangladesh, you will pay no taxes. What percentage of your income would you bid to be the one that is born in the United States?" It says something about the fact that society has something to do with your fate and not just your innate qualities. The people who say, "I did it all myself" and think of themselves as Horatio Alger – believe me, they'd bid more to be in the United States than in Bangladesh. That's the Ovarian Lottery.」（Schroeder, Alice: *The Snowball*, Bantam Books, 2008, E-Book Location 11073）

關於「所有曾經住在這個地球上的人，目前約有百分之六活著」，參閱：https://www.ncbi.nlm.nih.gov/pubmed/12288594（截至 2017.07.17）。

華倫・巴菲特的原文：「If I'd been born thousands of years ago I'd be some animal's lunch because I can't run very fast or climb trees. So there's so much chance in how we enter the world.」參閱：http://www.businessinsider.com/warren-buffett-nails-it-on-the-importance-of-luck-in-life-2013-10（截至 2017.07.17）。

如果你每天都做一次感恩練習，藉此增進幸福的效果就有部分會不起作用，因爲我們的大腦已對此習以爲常。在他們共同撰寫的論文〈美好人生：與他們的情緒預測相反，在心理上減少正面的事情有益改善人們的情緒狀態〉（*It's a Wonderful Life: Mentally Subtracting Positive Events Improves People's Affective States, Contrary to Their Affective Forecasts*）裡（*Journal of Personality and Social Psychology*, 2008.11, Bd. 95, Nr. 5, p. 1217 – 1224. doi:10.103），作者 Minkyung Koo、Sara B. Algoe、Timothy D. Wilson 與 Daniel T. Gilbert 寫道：「Having a wonderful spouse, watching one's team win the World Series, or getting an article accepted in a top journal are all positive events, and reflecting on them may well bring a smile; but that smile is likely to be slighter and more fleeting with each passing day, because as wonderful as these events may be, they quickly become familiar – and they become more familiar each time one reflects on them. Indeed, research shows that thinking about an event increases the extent to which it seems familiar and explainable.」

內省錯覺

關於「在德文裡，大約有一百五十多個描述不同情緒的形容詞。在英文裡，這類形容詞的數量甚至是德文的一倍」，參閱：http:// www.psychpage.com/learning/library/assess/feelings.html（截至2017.07.17）。

史瓦茲蓋伯的原文：「The introspection of current conscious experience, far from being secure, nearly infallible, is faulty, untrustworthy, and misleading – not just *possibly* mistaken, but massively and pervasively. I don't *think* it's just me in the dark here, but most of us.」（Schwitzgebel, Eric: *Perplexities of Consciousness*, MIT Press, 2011, p. 129）

關於「誰不喜歡自己是空間中唯一的權威呢？」：「Because no one ever scolds us for getting it wrong about our experience and we never see decisive evidence of error, we become cavalier. This lack of corrective feedback encourages a hypertrophy of confidence. Who doesn't enjoy being the sole expert in the room whose word has unchallengeable weight?」（Schwitzgebel, Eric: "The Unreliability of Naive Introspection", 2007.09.07）參閱：http://www.faculty.ucr.edu/~eschwitz/SchwitzPapers/Naive070907.htm（截至 2017.07.17）。

率真陷阱

關於達爾文的葬禮：「He was sitting in the front seat as eldest son and chief mourner, and he felt a drought on his already bald head; so he put his black gloves to balance on the top of his skull, and sat like that throughout the service with the eyes of the nation upon him.」（Blackburn, Simon: *Mirror, Mirror,* Princeton University Press, 2016, p. 25）這個故事是布雷克本引述自達爾文的孫女關・拉維拉特（Gwen Raverat），她曾記述達爾文的幾個兒子的一些事蹟。參閱：Acocella, Joan: "Selfie". In: *The New Yorker Magazine,* 2014.05.12。參閱：http://www.newyorker.com/magazine/2014/05/12/selfie（截至 2017.07.17）。

關於艾森豪將軍的「第二自我」：「Eisenhower was never a flashy man, but two outstanding traits defined the mature Eisenhower, traits that flowed from his upbringing and that he cultivated over time. The first was his creation of a second self. Today, we tend to live within an ethos of authenticity. We tend to believe that the "true self" is whatever is most natural and untutored. That is, each of us has a certain sincere way of being in the world, and we should live our life being truthful to that authentic inner self, not succumbing to the pressures outside ourself. To live artificially, with a gap between your inner nature and your outer conduct, is to be deceptive, cunning, and false. Eisenhower hewed to a different philosophy.」（Brooks, David: *The Road to Character*, Random House, 2015, p. 67）

五秒鐘的不

蒙格的「五秒鐘的不」原文：「The other thing is the five-second no. You've got to make up your mind. You don't leave people hanging.」（Lowe, Janet: *Damn Right, Behind the Scenes with Berkshire Hathaway Billionaire Charlie Munger*, John Wiley & Sons, 2000, p. 54）

蒙格的原文：「Charlie realizes that it is difficult to find something that is really good. So, if you say "No" ninety percent of the time, you're not missing much in the world.」（Otis Booth on Charlie Munger, 參閱：Munger, Charlie: *Poor Charlie's Almanack*, Donning, 2008, p. 99）

巴菲特的原文：「The difference between successful people and very successful people is that very successful people say "no" to almost everything.」……「You've got to keep control of your time. And you won't keep control of your time unless you can say no. You can't let other people set your agenda in life.」（Bevelin, Peter: *All I Want to Know Is Where I'm Going to Die so I'll Never Go There: Buffett & Munger – A Study in Simplicity and Uncommon, Common Sense,* PCA Publications, 2016, p. 51）

聚焦錯覺

卡納曼對於「聚焦錯覺」的定義：「Nothing in life is as important as you think it is while you are thinking about it.」參閱：https://www.edge.org/response-detail/11984（截至 2017.07.17）。另可參閱：Brockman, John: *This Will Make You Smarter*, Doubleday Books, 2012, p. 49。

爲擋風玻璃除冰的故事借自最著名的心理學研究之一，這項研究名爲「住在加州會讓人快樂嗎？」（*Does Living in California Make People Happy?*）（Schkade, David A.; Kahneman, Daniel: "Does Living in California Make People Happy? A Focusing Illusion in Judgments of Life Satisfaction". In: *Psychological Science*,

2016, Bd. 9, Nr. 5, p. 340 – 346）在那當中，卡納曼教授和施卡德教授頭一次描述了「聚焦錯覺」；他們比較了美國中西部與加州，所得出的結果是：在比較A和B兩種選項時，人們往往會高估差異性，低估共同性。

種種的購置是如何消失在空氣中

關於「在汽車這種東西上你擁有多少快樂？」，參閱：Schwarz, Norbert; Kahneman, Daniel; Xu, Jing: "Global and Episodic Reports of Hedonic Experience". In: Belli, Robert F., Stafford, Frank P. and Alwin, Duana F.: *Calendar and Time Diary*, SAGE Publications Ltd, p. 156 – 174。

巴菲特的原文：「Working with people who cause your stomach to churn seems much like marrying for money – probably a bad idea under any circumstances, but absolute madness if you are already rich.」（Connors, Richard: *Warren Buffett on Business: Principles from the Sage of Omaha,* John Wiley & Sons, 2010, p. 30）

去你的錢

我估計，在德國和瑞士大概要有十萬歐元。至於在美國，則大概要有七萬五千美元。「The satiation level beyond which experienced well-being no longer increases was a household income of about $ 75000 in high-cost areas (it could be less in areas where the cost of living is lower). The average increase of experienced well-being associated with incomes beyond that level was precisely zero.」（Kahneman, Daniel: *Thinking Fast and Slow*, Farrar, Straus and Giroux, 2013, p. 397）

關於樂透得主的生活滿意度，參閱：Brickman, Philip; Coates, Dan; Janoff-Bulman Ronnie: "Lottery Winners and Accident Victims: Is Happiness Relative?" In: *Journal of Personality and Social Psychologie*, 1978.08, Bd. 36, Nr. 8, p. 917 – 927。

Richard Easterlin: "Income and Happiness: Towards a Unified Theory". In: *The Economic Journal*, Bd. 111, 2001, p. 465–484。

其他研究所得出的結果並未如伊斯特林的研究結果那般絕對。國內生產總值的增長確實能夠提升生活滿意度，其效用雖不是〇，但極其微小，無論如何，遠比許多人所以爲，或政治人物想讓我們相信的還要微小。Hagerty, Michael R.; Veenhoven, Ruut: "Wealth and Happiness Revisited – Growing National Income Does Go with Greater Happiness". In: *Social Indicators Research*, 2003, Bd. 64, p. 1–27。

一九四六年（人均年收入爲一三八六九美元）到一九七〇年（人均年收入爲二三〇二四美元）期間，美國的生活水準幾乎翻了一倍；這是以穩定的市場價格爲基礎所做的描述（二〇〇九）。參閱：https://www.measuringworth.com/usgdp/（截至 2017.07.17）。Johnston, Louis; Williamson, Samuel H.: *What Was the U. S. GDP Then?*, MeasuringWorth, 2017。

關於「fuck-you-money」的語源，參閱：Wolff-Mann, Ethan: "How Much Money Would You Need to Ditch Your Job – Forever?" In: *Money Magazine*, 2016.10.17。參閱：http://time.com/money/4187538/f-u-money-defined-how-much-calculator/（截至 2017.07.17）。

「去你的錢」讓你可以客觀地觀察與思考。查理・蒙格曾表示：「Elihu Root, probably the greatest cabinet officer we ever had, said one of my favorite comments: No man is fit to hold public office who isn't perfectly willing to leave it at any time.」還有：「Is a director really fit to make tough calls who isn't perfectly willing to leave the office at any time? My answer is no.」（Bevelin, Peter: *All I Want to Know Is Where I'm Going to Die so I'll Never Go There: Buffett & Munger – A Study in Simplicity and Uncommon, Common Sense,* PCA Publications, 2016, p. 33）

能力圈

查理・蒙格談論「能力圈」的另一段話：「If you want to be the best tennis player in the world, you may start out trying and soon find out that it's hopeless – that other people blow right by you. However, if you want to become the best plumbing contractor in Bemidji, that is probably doable by two-thirds of you. It takes a will. It takes the intelligence. But after a while, you'd gradually know all about the plumbing business in Bemidji and master the art. That is an attainable objective, given enough discipline. And people who could never win a chess tournament or stand in center court in a respectable tennis tournament can rise quite high in life by slowly developing a circle of competence – which results partly from what they were born with and partly from what they slowly develop through work.」In: Farnham Street Blog: *The "Circle Of Competence" Theory Will Help You Make Vastly Smarter Decisions,* quoted in: *Business Insider,* 2013.12.05。參閱：http://www.businessinsider.com/the-circle-of-competence-theory-2013–12（截至 2017.07.17）。

湯姆・華生的原文：「I'm no genius. I'm smart in spots – but I stay around those spots.」

Evans, Dylan: *Risk Intelligence*, Atlantic Books, 2013, p. 198。

黛比・米爾曼的原文：「Expect anything worthwile to take a long time.」參閱「Brain Pickings」：http://explore.brainpickings.org/post/53767000482/the-ever-wise-debbie-millman-shares-10-things-she（截至 2017.07.08）。

安德斯・埃里克森（Anders Ericsson）曾針對著名的「一萬小時定律」（the 10,000-hour rule）進行研究。Ericsson, Anders; Pool, Robert: *Peak. Secrets of the New Science of Expertise*, Eamon Dolan/Houghton Mifflin Harcourt, 2016。

凱文・凱利曾寫過許多關於癡迷的事：「Obsession is a tremendous force; real creativity comes when you're wasting time and when you're fooling around without a goal. That's often where real exploration and learning and new things come from.」（Edge.org: "The Technium. A Conversation with Kevin Kelly", foreword by John Brockman, 2014.03.02。參閱：https://www.edge.org/conversation/kevin_kelly-the-technium〔截至 2017.07.08〕）

守恆的祕密

「Charlie and I just sit around and wait for the phone to ring.」（Hagstrom, Robert: *The Essential Buffett*, Wiley, 2001, p. 34.）

「我們會系統性地高估作爲、低估不作爲，高估行動、低估思考，高估出擊、低估等待。」這與人類過去的演化有關：我們的祖先並不是依靠等待、耐心和固守存活，而是依靠果決的行動；寧可多跑開一次，也不願多等待與思考一次，寧可多出擊一次，也不願多等待與思考一次。也因此，我們會有在情況不明時貿然行動的傾向；我曾在前作介紹過這種稱爲「行動偏誤」（action bias）的傾向。Dobelli, Rolf: *Die Kunst des klaren Denkens*, Hanser, 2011, p. 177 ff./Dobelli, Rolf: *The Art of Thinking Clearly*, HarperCollins, 2013, p. 128 – 130。

關於有史以來賣得最好的書，參閱：https://www.die-besten-aller-zeiten.de/buecher/meistverkauften/（截至 2017.07.08）。關於賣得最好的商品，參閱：http://www.businessinsider.com/10-of-theworlds-best-selling-items-2014-7（截至 2017.07.08）。在飲料方面，可口可樂獨佔鰲頭；據估計，可口可樂自一八八六年上市以來，已在全球銷售超過三十兆瓶。在食品方面，樂事洋芋片拔得頭籌，自一九三二年上市以來，估計已在全球銷售超過四兆包。至於玩具方面，執牛耳的則是魔術方塊，自一九八〇年至今，已在全球賣出超過三億五千萬個。

「長期成功的形成就猶如加了發酵粉的蛋糕。」在金融界，這就是愛因斯坦稱爲「世界第八大奇蹟」的「複利」。參閱：http://www.goodreads.com/quotes/76863-compound-interest-is-the-eighth-wonder-of-the-world-he（截至 2017.07.08）。

Russell, Bertrand: *Eroberung des Glücks*, Suhrkamp Verlag, 1977, p. 45 ff.。這句話始於「Ebenso war das Leben bedeutender Männer...」。爲了閱讀的流暢性，我把原本的「Ebenso」改成了「So」。

關於「高調的舉止與良好的思想之間，躁動與洞悉之間，作爲與結果之間，並不存在某種正相關」這段話，參閱華倫．巴菲特所說的：「We don't get paid for activity, just for being right. As to how long we'll wait, we'll wait indefinitely.」（Buffett, Warren: *Berkshire Hathaway Annual Meeting 1998.*）

本章最後的那段話，查理．蒙格的原文是：「You don't have to be brilliant, only a little bit wiser than the other guys, on average, for a long, long time.」（Bevelin, Peter: *All I Want to Know Is Where I'm Going to Die so I'll Never Go There: Buffett & Munger – A Study in Simplicity and Uncommon, Common Sense,* PCA Publications, 2016, p. 7）

使命的專橫

關於聖安東尼，參閱：https://en.wikipedia.org/wiki/Anthony_the_Great（截至 2017.07.08）。

我最早是在萊恩．霍利德（Ryan Holiday）那裡讀到約翰．甘迺迪．涂爾的悲慘故事。（Holiday, Ryan: *Ego is the Enemy*, Penguin Random House, 2016, p. 180）霍利德的書很適合用來帶出謙卑、低調、知足這類主題，因此也和本書的第七、十六及五十一章有關。

羅素的原文：「One of the symptoms of approaching nervous breakdown is the belief that one's work is terribly important.」In: Russell, Bertrand: *The Conquest of Happiness*, 1930。參閱：https://en.wikiquote.org/wiki/The_Conquest_of_Happiness（截至 2017.07.08）。

我曾在另一本書裡詳細介紹「存活者偏誤」（survivorship bias）與「自我選擇偏誤」（self-selection bias）。參閱：Dobelli, Rolf: *Die Kunst des klaren Denkens*, Hanser, 2011, p. 5 – 7 & p. 193 – 195/ Dobelli, Rolf: *The Art of Thinking Clearly*, HarperCollins, 2013, p. 1 – 4 & p. 139 – 141。

「如果你在自己有天分的事情上懷有熱情，你會做得更好。如果當初華倫．巴菲特去跳芭蕾舞，如今恐怕沒人聽過這號人物。」（You'll do better if you have passion for something in which you have aptitude. If Warren had gone into ballet, no one would have heard of him.）（Bevelin, Peter: *All I Want to Know Is Where I'm Going to Die so I'll Never Go There: Buffett & Munger – A Study in Simplicity and Uncommon, Common Sense*, PCA Publications, 2016, p. 75）

美名監獄

關於巴布．狄倫的回應，In：“Dylan bricht sein Schweigen.”, *Die Zeit*, 2016.10.29。參閱：http://www.zeit.de/kultur/literatur/2016–10/nobelpreis-bob-dylan-interview-stockholm（截至 2017.07.08）。

巴菲特的原文：「Would you rather be the world's greatest lover, but have everyone think you're the world's worst lover? Or would you rather be the world's worst lover but have everyone think you're the world's greatest lover? Now, that's an interesting question. Here's another one. If the world couldn't see your results, would you rather be thought of as the world's greatest investor but in reality have the world's worst record? Or be thought of as the world's worst investor when you were actually the best? In teaching your kids, I think the lesson they're learning at a very, very early age is what their parents put the emphasis on. If all the emphasis is on what the world's going to think about you, forgetting about how you really behave, you'll wind up with an Outer Scorecard. Now, my dad: He was a hundred percent Inner Scorecard guy. He was really a maverick. But he wasn't a maverick for the sake of being a maverick. He just didn't care what other people thought. My dad taught me how life should be lived. I've never seen anybody quite like him.」（Schroeder, Alice: *The Snowball*, Bantam Books, 2008, p. 30 – 31）

「下回與朋友聚會時，你不妨稍微留意一下，將不難發現，有百分之九十的談話內容都圍繞在談論其他人。」數學家們一起在大學餐廳裡共進午餐時，談的都是什麼呢？是數學界的「千禧年大獎難題」嗎？才怪！他們在八卦自己的同事：誰跟誰有一腿、誰竊取了誰的點子、誰不配獲得榮譽博士……

Brooks, David: *The Road to Character*, Penguin, 2016, E-Book-Location 4418。

歷史終結錯覺

關於「歷史終結錯覺」，參閱：Quoidbach, Jordi; Gilbert, Daniel T.; Wilson, Timothy D.: "The End of History Illusion". In: *Science*, 2013.01.04, Bd. 339 (6115), p. 96 – 98。

長年以來，心理學界咸認爲，大約從三十歲起，一個人的個性就會定型。人們更提出了「五大性格特質」（Big Five personality traits）的理論，包括了：「經驗開放性」、「盡責性」、「外向性」、「親和性」、「情緒不穩定性」。然而，如今人們明白，所有性格特質都會隨人生經歷而改變。我們不太能察覺這一點，因爲每天都身處其中，不太會注意到微小的變化。然而，過了幾十年後，如同機場的情況那樣，就會發生顯著的改變。我們的個性完全不像「孔固力」那樣，澆灌之後就變得硬邦邦。順道一提，如果有什麼會像「孔固力」，無非就是我們的政治觀點（參閱 Haidt, Jonathan: *The Righteous Mind: Why Good People Are Divided by Politics and Religion*, Pantheon, 2012）。我們可以了解，是地球繞著太陽運行，我們也可以接受某些嶄新的意見，但就是無法接受政治方面的意見。對於所有的政治人物，我的建議是：省省那些你想用來讓選民轉向的錢。你永遠不會成功的。

你可以對自己的個性改變發揮一點影響。「My old boss, Ben Graham, when he was 12 years old, wrote down all of the qualities that he admired in other people and all the qualities he found objectionable. And he looked at that list and there wasn't anything about being able to run the 100-yard dash in 9.6 or jumping 7 feet. They were all things that were simply a matter of deciding whether you were going to be that kind of person or not. ... Always hang around people better than you and you'll float up a little bit. Hang around with the other kind and you start sliding down the pole.」（Warren Buffett quoted in: Lowe, Janet: *Warren Buffett Speaks: Wit and Wisdom from the World's Greatest Investor*, John Wiley & Sons, 2007, p. 36）

另一個由華倫．巴菲特所提出的思想實驗是：請回想一下自己在學的時光，回想當時的班級。假設老師出了以下習題：請從班上選出一位學生，你可以從他那裡獲得他這輩子工作收入的百分之十，相對地，作爲對價，你也必須把自己這輩子工作收入的百分之十交給對方。你會根據什麼標準來解這道習題呢？請不要考慮如今已知的事實，例如哪位同學現已成爲億萬富翁。當時你並不曉得這些事。這裡的重點在於，你解答這道習題所依據的標準。你會不會選擇班上最會踢足球的同學；這在當時是人人稱羨的？你會不會選擇肌肉最發達的同學？你會不會選擇最受女生青睞的同學？你會不會選擇家裡最有錢的同學？你會不會選擇最聰明的同學？或者，你想選的是你最欣賞的同學？老師最疼愛的同學？最勤奮的同學？最值得信賴的同學？

在這項思想實驗中，我們立刻就會發現：當時賦予地位的重要標準，像是球技、力量、帥氣、有錢的父母等等，在這個習題中完全無關緊要。重要的其實是值得信賴、勤奮、聰明，特別是你是否喜歡那個人等等標準。除了聰明才智以外，所有標準都不是天生的，也都毫無隱瞞地向所有的人揭露。「You are all second-year MBA students, so you have gotten to know your classmates. Think for a moment that I granted you the right – you can buy 10% of one of your classmate's earnings for the rest of their lifetime. You can't pick someone with a rich father; you have to pick someone who is going to do it on his or her own merit. And I gave you an hour to think about it. Will you give them an IQ test and pick the one with the highest IQ? I doubt it. Will you pick the one with the best grades? The most energetic? You will start looking for qualitative factors, in addition to (the quantitative) because everyone has enough brains and energy. You would probably pick the one you responded the best to, the one who has the leadership qualities, the one who is able to get other people to carry out their interests. That would be the person who is generous, honest and who gave credit to other people for their own ideas. All types of qualities. Whomever you admire the most in the class. Then I would throw in a hooker. In addition to this person you had to go short one of your classmates. That is more fun. Who do I want to go short? You wouldn't pick the person with the lowest IQ, you would think about the person who turned you off, the person who is egotistical, who is greedy, who cuts corners, who is slightly dishonest. As you look at those qualities on the left and right hand side, there is one interesting thing about them, it is not the ability to throw a football 60 yards, it is not the ability the run the 100 yard dash in 9.3 seconds, it is not being the best looking person in the class, they are all qualities that if you really want to have the ones on the left hand side, you can have them. They are qualities of behavior, temperament, character that are achievable, they are not forbidden to anybody in this group. And if you look at the qualities on the right hand side the ones that turn you off in other people, there is not a quality there that you have to have. You can get rid of it. You can get rid of it a lot easier at your age than at my age, because most behaviors are habitual. The chains of habit are too light to be felt until they are too heavy to be broken. There is no question about it. I see people with these self-destructive behavior patterns at my age or even twenty years younger and they really are entrapped by them.」（Connors, Richard: *Warren Buffett on Business: Principles from the Sage of Omaha*, John Wiley & Sons, 2010, p. 171 – 172）

關於「聘用態度，訓練技能」，參閱：Taylor, Bill: "Hire for Attitude, Train for Skill". In: *Harvard Business Review*, 2011.02.01。

巴菲特說：「We don't try to change people. It doesn't work well ... We accept people the way they are.」（Bevelin, Peter: *All I Want to Know Is Where I'm Going to Die so I'll Never Go There: Buffett & Munger – A Study in Simplicity and Uncommon, Common Sense*, PCA Publications, 2016, p. 107）

關於愛跑趴的社交高手娶了內向的美貌嬌妻：他或許該聽查理・蒙格的話，他說：「如果你要保證自己有個慘兮兮的人生，就請你帶著改變某人的想法與對方結婚。」（If you want to guarantee yourself a life of misery, marry somebody with the idea of changing them.）（Bevelin, Peter: *All I Want to Know Is Where I'm Going to Die so I'll Never Go There: Buffett & Munger – A Study in Simplicity and Uncommon, Common Sense*, PCA Publications, 2016, p. 108）

查理・蒙格的原文：「Oh, it's just so useful dealing with people you can trust and getting all the others the hell out of your life. It ought to be taught as a catechism. ... But wise people want to avoid other people who are just total rat poison, and there are a lot of them.」（Clark, David: *Tao of Charlie Munger*, Scribner, 2017, p. 177）

人生的小意義

泰瑞・皮爾斯的原文：「When I called Gary's house to thank him, I connected with an old-style answering machine with a new-style message: "Hi, this is Gary, and this is not an answering machine, it is a questioning machine! The two questions are, 'Who are you?' and 'What do you want?' Then there was a pause, and the message added, 'and if you think those are trivial questions, consider that 95% of the population goes through life and never answers eiter one!'」（Pearce, Terry: *Leading out Loud*, Jossey-Bass; 3rd edition, 2013, p. 10）

「你所做的一切，都應該對準某個目標。請你總是注視著這個目標。」另一種較新的譯文是：「每個工作都該有某種目的，有某種特定的關係。」（Seneca: *Von der Seelenruhe*, Anaconda Verlag, 2010, Kapitel 12）。英文版的譯文則是：「Let all your efforts be directed to something, let it keep that end in mind.」（Seneca, "On the Tranquility of Mind", 12.5）（Holiday, Ryan: *The Daily Stoic*, Portfolio, 2016, E-Book-Location 215）

關於「人生目標極其重要」，參閱：Nickerson, Carol; Schwarz, Norbert; Diener, Ed et al.: "Happiness: Financial Aspirations, Financial Success, and Overall Life Satisfaction: Who? and how?" In: *Journal of Happiness Studies*, 2007.12, Bd. 8, p. 467 – 515。

卡納曼的原文：「The same principle applies to other goals – one recipe for a dissatisfied adulthood is setting goals that are especially difficult to attain.」（Kahneman, Daniel: *Thinking Fast and Slow*, Farrar, Straus and Giroux, 2013, p. 402）

你的兩個我

丹尼爾．卡納曼提出了「經歷中的我」和「記憶中的我」這兩個概念。（Kahneman, Daniel: *Thinking Fast and Slow*, Farrar, Straus and Giroux, 2013, p. 380 ff）

關於學者研究學生在休假期間的快樂感受，參閱：Wirtz, Derrick; Kruger, Justin; Napa Scollon, Christie; Diener, Ed: "What to Do on Spring Break? The Role of Predicted, On-line, and Remembered Experience in Future Choice". In: *Psychological Science*, 2003.09, Bd. 14, Nr. 5, p. 520 – 524。

關於「峰終定律」，參閱：Kahneman, Daniel; Fredrickson, Barbara L.; Schreiber, Charles A.; Redelmeier, Donald A.: "When More Pain Is Preferred to Less: Adding a Better End". In: *Psychological Science*, 1993.11, Bd. 4, Nr. 6, p. 401 – 405。

記憶帳戶

Zhang, Jia Wei; Howel, Ryan T.: "Do Time Perspectives Predict Unique Variance in Life Satisfaction Beyond Personality Traits?" In: *Personality and Individual Differences*, 2011.06, Bd. 50, Nr. 8, p. 1261 – 1266。

人生故事是鬼話連篇

美國心理學家湯瑪斯・蘭多爾（Thomas Landauer）可說是首位針對一般人所能儲存的資訊量進行研究的學者。「Every technique he tried led to roughly the same answer: 1 gigabyte. He didn't claim that this answer is precisely correct. But even if it's off by a factor of 10, even if people store 10 times more or 10 less than 1 gigabyte, it remains a puny amound. It's just a tiny fraction of what a modern laptop can retain. Human beings are not warehouses of knowledge.」（Sloman, Steven; Fernbach, Philip: *The Knowlege Illusion*, Riverhead Books, 2017, p. 26）

寧可有個美好的人生，也不要有個美好的死亡

美國的學者們也曾拿類似的人生故事詢問受試學生。參閱：Diener, Ed; Wirtz, Derrick; Oishi, Shigehiro: "End Effects of Rated Life Quality: The James Dean Effect". In: *Psychological Science*, 2001.03, Bd. 12, Nr. 2, p. 124 – 128。

「你能希望你的敵人遇上什麼比死更可怕的事情呢？稍安勿躁，不必勞動到你的一根小指頭，對方也會死！」（Seneca in: https://www.aphorismen.de/zitat/188497〔截至 2017.07.08〕）爲了閱

讀的流暢性，我用「對方」取代了「你的敵人」。

自憐漩渦

關於「如果你發現自己身在一個洞裡，最重要的是，別再往下挖！」，參閱：https://en.wikipedia.org/wiki/Law_of_holes（截至 2017.07.08）。

查理・蒙格所述故事原文：「Self-pity can get pretty close to paranoia. And paranoia is one of the very hardest things to reverse. You do not want to drift into self-pity. I had a friend who carried a thigh stack of lignin-based cards. And when somebody would make a comment that reflected self-pity, he would slowly and portentously pull out his huge stack of cards, take the top one and hand it to the person. The card said "Your story has touched my heart. Never have I heard of anyone with as many misfortunes as you." Well, you can say that's waggery, but I suggest it can be mental hygiene. Every time you find you're drifting into self-pity, whatever the cause, even if your child is dying of cancer, self-pity is not going to help. Just give yourself one of my friend's cards. Self-pity is always counterproductive. It's the wrong way to think. And when you avoid it, you get a great advantage over everybody else, because self-pity is a standard response. And you can train yourself out of it.」（Munger, Charlie: "Commencement Address at USC Law School", 2007, in: Farnam Street: *The Munger Operating System: How to Live a Life That Really Works*, 2016.04.13）參閱：https://www.farnamstreetblog.com/2016/04/munger-operating-system/（截至2017.07.08）。

關於「在五百年前，有一百萬位與你有直接血緣關係的祖先活在這個地球上」：每個世紀約有四個世代，五百年大約共有二十個世代。

關於「即使曾在童年時期遭逢嚴峻的命運打擊，這也與長大成人後的成功或滿意度幾乎無關」，參閱：Clarke, Ann M.: *Early Experience: Myth and Evidence*. Free Press; Rutter, Michael: "The long-term effects of early experience". In: *Developmental Medicine and Child Neurology*, 1980, Bd. 22, p. 800 – 815。

關於馬丁・塞里格曼的分析：「I think that the events of childhood are overrated; in fact, I think past history in general is overrated. It has turned out to be difficult to find even small effects of childhood events on adult personality, and there is no evidence at all of large – to say nothing of determining – effects.」（Seligman, Martin: *Authentic Happiness*, Free Press, 2002, E-Book-Location 1209 ff.）

「命運會往你的頭上砸下種種事情。人生完全不是弱者所玩得起。」（Seneca, Brief 107 an Lucilius）／英文版譯文爲：「Things will get thrown at you and things will hit you. Life's no soft affair.」（Seneca, Letters to Lucilius, Letter 107.）

關於「一時遭逢不幸，就要一直不幸下去，其中的意義何在？」：這句話同樣也是出自塞內卡，英文版的譯文爲：「What point is there in "being unhappy, just because once you were unhappy?"」引述自：Irvine, William B.: *A Guide to the Good Life*, Oxford University Press, 2008, p. 220。

查理・蒙格的鐵律是：「Whenever you think that some situation or some person is ruining your life, it is actually you who are ruining your life ... Feeling like a victim is a perfectly disastrous way to make go through life. If you just take the attitude that however bad it is in any way, it's always your fault and you just fix it as best you can – the so-called iron prescription.」參閱：http://latticeworkinvesting.com/quotes/（截至 2017.07.09）。

享樂主義與幸福

關於「柏拉圖與亞里斯多德認爲，人應當要勇敢、節制、正義、明智」，參閱：https://de.wikipedia.org/wiki/Eudaimonie（截至 2017.07.09）。

關於「天主教教會笑納了這四個標語，進而將它們升級成二・〇版，稱爲『樞德』」，參閱：https://de.wikipedia.org/wiki/Kardinaltugend（截至 2017.07.09）。

丹尼爾・吉爾伯特的原文是：「By muddling causes and consequences, philosophers have been forced to construct tortured defences of some truly astonishing claims – for example, that a Nazi war criminal who is basking on an Argentinean beach is not really happy, whereas the pious missionary who is being eaten alive by cannibals is.」（Gilbert, Dan: *Stumbling on Happiness*, Vintage, 2007, p. 34）

關於保羅・多蘭的立場：「So experiences of pleasure and purpose are all that matter in the end. Hedonism is the school of thought that holds that pleasure is the only thing that matters in the end. By adding sentiments of purpose to pleasure, I define my position as sentimental hedonism. I am a sentimental hedonist and I think that, deep down, we all are.」（Dolan, Paul: *Happiness by Design*, Penguin, 2015, E-Book-Location 1442）

「看了就知」可算是美國最高法院歷史上最爲人所熟知的名言。只不過當初關乎的不是「意義」，而是「色情」。參閱：https://en.wikipedia.org/wiki/I_know_it_when_I_see_it（截至 2017.07.09）。

卡納曼的原文是：「The novel idea is to consider "meaningful" and "meaningless" as experiences, not judgments. Activities, in his view, differ in a subjective experience of purposefulness – volunteer work is associated with a sense of purpose that channel-surfing lacks. For Dolan, purpose and pleasure are both basic constituents of happiness. This is a bold and original move.」（Paul Dolan, *Happiness by Design*, Penguin, 2015, foreword by Daniel Kahneman, E-Book-Location 75）

關於近期的電影研究，參閱：Oliver, Mary Beth; Hartmann, Tilo: "Exploring the Role of Meaningful Experiences in Users' Appreciation of 'Good Movies'". In: *Projections*, Winter 2010, Bd. 4, Nr. 2, p. 128 –150。

尊嚴圈—Part 1

關於「敦克爾克的奇蹟」，參閱：https://en.wikipedia.org/wiki/Dunkirk_evacuation（截至2017.07.09）。

關於那封電報的故事，參閱：Stockdale, Jim: *Thoughts of a Philosophical Fighter Pilot*, Hoover Institution Press, 1995, E-Book-Location 653。

根據傳記作家愛麗絲・施勒德（Alice Schroeder）所述，華倫・巴菲特的原則之一就是：「Commitments are so sacred that by nature they should be rare.」（Schroeder, Alice: *The Snowball*, Bantam Books, 2008, p. 158）

如果推動社會改革是你的使命，那麼你就是在與成千上萬極力想要維持現狀的人或組織爲敵。你應當盡可能限縮自己的使命。你不可能在所有方面對抗主流秩序。社會比你更強大。唯有在明確界定的道德利基中，你才能達到個人的勝利。

馬丁・路德・金恩的原文：「If an individual has not discovered something that he will die for, he isn't fit to live.」（Martin Luther King, Speech at the Great March on Detroit, 1963.06.23.）

尊嚴圈—Part 2

詹姆士・史托克達爾曾在一段影片中講述戰鬥機被擊落及自己被捕的經過。參閱：https://www.youtube.com/watch?v=Pc_6GDWl0s4（截至 2017.07.09）。

關於「那晚，我躺著大哭了一場。我何其有幸，居然擁有反抗他們的力量」這段話，參閱：https://www.youtube.com/watch?v=Pc_6GDWl0s4（大約在 9: 50 與 13: 30 處）。

關於武契奇的部分：「由於十分惱怒在某個網頁上污衊他的評論，在一場訪問中，他要求那位國營電視台的記者，當場親自將那些不雅的文字唸一遍。這位記者先是唸了一下，隨即發現，自己著實唸不下去，於是便拒絕繼續往下唸。」參閱：https://www.nzz.ch/international/wahl-in-serbiendurchmarsch-von-vucic-ins-praesidentenamt-ld.155050（截至 2017.07.10）。

在他的《品格：履歷表與追悼文的抉擇》（*The Road to Character*）一書裡，大衛・布魯克斯述及美國女性政治家法蘭西絲・柏金斯（Frances Perkins）的一生。在一九三三年時，富蘭克林・羅斯福（Franklin D. Roosevelt）拔擢她成爲美國的首位女性閣員。柏金斯也曾採取過類似的策略。「如果對手以惡毒的方式攻擊她，她會請他們複述自己的問題，她相信，沒有人能夠惡意毀謗人兩次。」（When opponents made vicious charges against her, she asked them to repeat their question, believing that no person can be scurrilous twice.）（Brooks, David: *The Road to Character*, Penguin, 2016, p. 44）

尊嚴圈—Part 3

關於「一位婦女願意以一萬美元的代價，讓人在她的額頭上刺上某個公司的名稱」，參閱：Sandel, Michael J.: *What Money Can't Buy*, Farrar, Straus and Giroux, 2012, p. 184。

憂慮之書

關於麻雀的實驗，參閱：Zanette, Liana Y.; White, Aija F.; Allen, Marek C.; Clinchy, Michael: "Perceived Predation Risk Reduces the Number of Offspring Songbirds Produce per Year", *Science*, 2011.12.09, Bd. 334, Nr. 6061, p. 1398 – 1401。另可參閱：Young, Ed: "Scared to Death: How Intimidation Changes Ecosystems", In: *New Scientist*, 2013.05.29。

「『Don't worry, be happy』這類陳腔濫調是沒用的；請你留心，那些老是叫人『放輕鬆』的人，自己其實很少這麼做。」（"Don't worry, be happy" bromides are of no use; notice that people who are told to "relax" rarely do.）（Gold, Joel: "Morbid Anxiety". In: Brockman, *What Should We Be Worried About?*, Harper Perennial, 2014, p. 373）

Russell, Bertrand: *Eroberung des Glücks*, Suhrkamp, 1977, p. 56。

馬克・吐溫的原文：「I am an old man and have known a great many troubles, but most of them have never happened.」參閱：http://quoteinvestigator.com/2013/10/04/never-happened/（截至 2017.07.09）。

意見火山

強納森・海德特的原文：「When people are given difficult questions to think about – for example, whether the minimum wage should be raised – they generally lean one way or the other right away, and then put a call in to reasoning to see whether support for that position is forthcoming.」（Haidt, Jonathan: *The Happiness Hypothesis*, Basic Books, 2006, E-Book Location 1303）

我曾在前作介紹「情意的捷徑」，參閱：Dobelli, Rolf: *Die Kunst des klugen Handelns*, Hanser, 2012, p. 65 – 67/Dobelli, Rolf: *The Art of Thinking Clearly*, HarperCollins, 2013, p. 197 – 199。

精神堡壘

Boethius: *Trost der Philosophie*, Artemis & Winkler, 1990.

「精神堡壘」一詞是源自「內心堡壘」。「內心堡壘」則是出自馬可・奧里略的《沉思錄》。有時也被翻作「內心城堡」。

嫉妒

戈爾・維達爾的原文：「Whenever a friend succeeds a little something in me dies.」引述自：*The Sunday Times Magazine*, 1973.09.16。

爲了喚醒讀者們的記憶，以下是濃縮版的《白雪公主》：白雪公主的後母嫉妒她這位繼女的美貌，於是派出了殺手（獵人），要奪走白雪公主的性命，可是這位殺手卻並未依約完成使命，居然放走了白雪公主，白雪公主逃到森林裡，投靠七個小矮人，白雪公主的後母覺得外包很不可靠，認爲求人不如求己，索性親自動手毒殺了白雪公主。

伯特蘭．羅素將嫉妒說成不幸最重要的原因之一。「……在我看來，那是人類最廣泛且最根深柢固的癖好之一。」（Russell, Bertrand: *Eroberung des Glücks*, Suhrkamp, 1977, p. 59）

同樣是羅素：「在社會分級嚴重的時代裡，位居下層者並不嫉妒位居上層者，一如當時人們普遍相信，這種貧富區分是出於上帝的旨意。乞丐並不嫉妒富翁，而是嫉妒比自己乞得更多東西的乞丐。現代世界缺乏社會階級的穩定性，伴隨著民主與社會主義的平等論調，於是嫉妒的範疇大舉擴張……這就是我們這個時代的情況，在這當中，嫉妒扮演著一個特別重要的角色。」（出處同上，p. 64）

關於「法律規定加州大學應當公布該校員工的薪資」：「Researchers recently made employees at the University of California feel worse off by providing them with a Web link to the salaries of their colleagues (made possible by the state's "right-to-know law"). Those who were earning less than the median wage were less satisfied with their jobs after they viewed that link.」（Dolan, Paul: *Happiness by Design*, Penguin, 2015, E-Book Location 2352）

關於「臉書搞得大量用戶極度沮喪與挫折」：「We find that "envy" emerges as the category of the highest importance with 29.6% of respondents mentioning it as a major reason behind frustration and exhaustion of "others". Feelings of envy by far surpass such causes, as "lack of attention" (19.5%), "loneliness" (10.4%), and "time loss" (13.7%).」（Krasnova, Hanna et al.: "Envy on Facebook: A Hidden Threat to Users' Life Satisfaction?",

Publikation der TU Darmstadt, 2013, p. 1477 – 1491）

查理・蒙格曾說：「在意別人賺錢賺得比你快，這種想法可說是致命的罪過之一。嫉妒確實是種愚蠢的罪過，因爲你永遠無法從中獲得樂趣。那只會帶來許多痛苦，不會帶來任何快樂。你何苦非得找自己的碴呢?」（The idea of caring that someone is making money faster than you are is one of the deadly sins. Envy is a really stupid sin because it's the one you could never possibly have any fun at. There's a lot of pain and no fun. Why would you want to get on that trolley?）（Munger, Charles T.: *Poor Charlie's Almanack*, Donning 2008, p. 431）

我曾在前作寫過「嫉妒」這個主題。參閱：Dobelli, Rolf: *Die Kunst des klugen Handelns*, Hanser, 2012, p. 153 ff./Dobelli, Rolf: *The Art of Thinking Clearly*, HarperCollins, 2013, p. 257 – 259。

預防

愛因斯坦的原文：「A clever person solves a problem. A wise person avoids it.」參閱：http://www.azquotes.com/quote/345864（截至 2017.07.11）。這句話是否出自愛因斯坦並未獲得確認。

「一盎司的預防措施與一磅的治療等值。」這句話出自才華洋溢的班傑明・富蘭克林，他也是美國的開國元勛之一。他在一封回答《費城紀事報》（*Philadelphia Gazette*）讀者的匿名信裡寫下了這句話，後來更促成了義勇消防隊的組建。參閱：https://de.wikipedia.org/wiki/Benjamin_Franklin#Gr.C3.BCndung_von_Freiwilligen_Feuerwehren（截至 2017.07.11）。

查理・蒙格的原文：「I have a rule in life, if there is a big whirlpool you don't want to miss it with 20 feet – you round it with 500 feet.」（Bevelin, Peter: *All I Want to Know Is Where I'm Going to Die so I'll Never Go There: Buffett & Munger – A Study in Simplicity and Uncommon, Common Sense*, PCA Publications, 2016, p. 58）

霍華・馬克斯的原文：「I tell my father's story of the gambler who lost regularly. One day he heard about a race with only one horse in it, so he bet the rent money. Halfway around the track, the horse jumped over the fence and ran away. Invariably things can get worse than people expect. Maybe "worst-case" means "the worst we've seen in the past". But that doesn't mean things can't be worse in the future.」（Marks, Howard: *The Most Important Thing, Uncommon Sense for the Thoughtful Investor*, Columbia Business School Publishing, 2011, p. 55, quoted in: Bevelin, Peter: *All I Want to Know Is Where I'm Going to Die so I'll Never Go There: Buffett & Munger – A Study in Simplicity and Uncommon, Common Sense*, PCA Publications, 2016, p. 62）

查理・蒙格的原文：「You may well say, "Who wants to go through life anticipating trouble?" Well, I did, trained as I was. All my life I've gone through life anticipating trouble ... It didn't make me unhappy to anticipate trouble all the time and be ready to perform adequately if trouble came. It didn't hurt me at all. In fact it helped me.」（Bevelin, Peter: *All I Want to Know Is Where I'm Going to Die so I'll Never Go There: Buffett & Munger – A Study in Simplicity and Uncommon, Common Sense*, PCA Publications, 2016, p. 62）

關於「事前驗屍」，參閱：https://en.wikipedia.org/wiki/Pre-mortem（截至 2017.07.11）。

心理災難工作

關於「志工的謬誤」，參閱：Dobelli, Rolf: *Die Kunst des klugen Handelns*, Hanser, 2012, p. 61 – 63/ Dobelli, Rolf: *The Art of Thinking Clearly*, HarperCollins, 2013, p. 193 – 195。

理查・費曼的原文：「[John] von Neumann gave me an interesting idea: that you don't have to be responsible for the world that you're in. So I have developed a very powerful sense of social irresponsibility as a result of von Neumann's advice. It's made me a very happy man ever since. But it was von Neumann who put the seed in that grew into my *active* irresponsibility!」（Feynman, Richard: *Surely, You're Joking, Mr. Feynman !*, W. W. Norton & Company, 1997, p. 132）

關注陷阱

關於華倫・巴菲特與比爾・蓋茲席間的對話：「Then at dinner, Bill Gates Sr. posed the question to the table: What factor did people feel was the most important in getting to where they'd gotten in life? And I said, "Focus". And Bill said the same thing. It is unclear how many people at the table understood "focus" as Buffett lived that word. This kind of innate focus couldn't be emulated. It meant the intensity that is the price of excellence. It meant the discipline and passionate perfectionism that made Thomas Edison the quintessential American inventor, Walt Disney the king of family entertainment, and James Brown the Godfather of Soul. It meant single-minded obsession with an ideal.」（Schroeder, Alice: *The Snowball*, Bantam Books, 2008, E-Book-Location 19788）

「要是有哪個人對你的身體施暴，你應該都會發怒。那麼你也不該畏懼任何對你的情感施暴的人。」（Epiktet: *Handbüchlein der Moral*, Abschnitt 28）

凱文・凱利的原文：「Here's something else that's interesting. Everybody who's watching me right now, you and I, we all spend four, maybe more, five years with deliberate study and training to learn how to read and write, and that process of learning how to read and write actually has rewired our brains. We know that from plenty of studies of literate and illiterate people from the same culture – that reading and writing changes how your brain works. That only came about because of four or five years of deliberate practice and study, and we shouldn't expect necessarily that the real mastery of this new media is something we can deduce by hanging around. You can't learn calculus just hanging around people who know calculus, you actually have to study it. It may be that for us to really master the issues of attention management, critical thinking, learning how technological devices work and how they bite back, all this techno-literacy may be something that we have to spend several years being trained to do. Maybe you can't just learn it by hanging around people who do it or else just hanging around trying to learn it by osmosis. It may require training and teaching, a techno-literacy, and learning how to manage your attention and distractions is something that is probably going to require training.」（Edge.org: "The Technium, A Conversation with Kevin Kelly", 2014.03.02, foreword by John Brockman。參閱：https://www.edge.org/conversation/kevin_kelly-the-technium〔截至2017.07.08〕）。

保羅・多蘭的原文：「Your happiness is determined by how you allocate your attention. What you attend to drives your behavior and it determines your happiness. Attention is the glue that holds your life together.」（Dolan, Paul: *Happiness by Design*, Penguin, 2015, E-Book Location 224）

保羅・多蘭另外還寫道：「The production process for happiness is therefore how you allocate your attention. ... The same life events and circumstances can affect your happiness a lot or a little depending on how much attention you pay to them.」（Dolan, Paul: *Happiness by Design*, Penguin, 2015, E-Book Location 891）

查理・蒙格曾說：「我的成功並不是依靠聰明才智，而是因爲我有持久的專注力……我從未想過，藉由多工來成就榮耀。」（Bevelin, Peter: *All I Want to Know Is Where I'm Going to Die so I'll Never Go There: Buffett & Munger – A Study in Simplicity and Uncommon, Common Sense*, PCA Publications, 2016, p. 6）

減量閱讀，但要加倍精細

關於杜斯妥也夫斯基凝視小霍爾班的《墓中基督》，參閱：*Literarischer Spaziergang in Basel*, SRF, Schweizer Radio & Fernsehen。參閱：https://www.srf.ch/radio-srf-2-kultur/srf-kulturclub/streifzug-literarischerspaziergang-in-basel（截至 2017.07.08）。

教條陷阱

Rozenblit, Leonid; Keil, Frank: "The Misunderstood Limits of Folk Science: An Illusion of Explanatory Depth" In: *Cognitive Science*, 2002.09.01, Bd. 26, Nr. 5, p. 521 – 562。

以下是「無可反駁」的另一個例子：「這個世界其實是由無法被證明的、會飛的義大利麵怪所創造。這個義大利麵怪是慈祥且全能的。如果發生了什麼好事，那全得感謝義大利麵怪。壞事只在人類狹隘且受限的角度看來才是糟的，從義大利麵怪全能的視角看來則否。因此，請堅定不移地相信義大利麵怪，你定能有個美好的人生；即使不在人間，也會在身後的世界。」人們無法反駁會飛的義大利麵怪；正如我們無法反駁上帝、宙斯或阿拉等想法。乍看之下，那似乎是種很有力的想法，但事實上卻正好相反。順道一提，會飛的義大利麵怪其實是美國物理學家鮑比．韓德森（Bobby Henderson）所創的一個虛構宗教。參閱：https://de.wikipedia.org/wiki/Fliegendes_Spaghettimonster（截至 2017.07.12）。

關於孔漢思對上帝所做的描述，參閱：Küng, Hans: *Existiert Gott?*, dtv, 1981, p. 216。

查理．蒙格曾說：「如果你宣稱自己隸屬某個如邪教般的團體，而且還大聲宣揚教條的意識形態，你正在做的無非就是，讓那些想法更深植於你的腦海。」（*When you announce that you're a loyal member of some cult-like group and you start shouting out the orthodox ideology, what you're doing is pounding it in, pounding it in, pounding it in.*）（Bevelin, Peter: *All I Want to Know Is Where I'm Going to Die so I'll Never Go There: Buffett & Munger – A Study in Simplicity and Uncommon, Common Sense*, PCA Publications, 2016, p. 113）

蒙格曾提出另一種與我所介紹的「虛構電視脫口秀」類似的啓發法：「我有一種我自己稱之

爲『鐵則』的方法，在我偏好某種強烈的意識形態更勝於其他看法時，它會幫助我保持清醒。我覺得，除非我比反對我的人更能反駁我自己的立場，否則我不配擁有意見。我認爲，唯有當我達到這樣的狀態，我才有資格發言。」（I have what I call an "iron prescription" that helps me keep sane when I drift toward preferring one intense ideology over another. I feel that I'm not entitled to have an opinion unless I can state the arguments against my position better than the people who are in opposition. I think that I am qualified to speak only when I've reached that state.）（Bevelin, Peter: *All I Want to Know Is Where I'm Going to Die so I'll Never Go There: Buffett & Munger – A Study in Simplicity and Uncommon, Common Sense*, PCA Publications, 2016, p. 114）這是一項廣爲人知作爲對抗「確認偏誤」（confirmation bias）的方法。我曾在前作詳細介紹過「確認偏誤」，參閱：Dobelli, Rolf: *Die Kunst des klaren Denkens*, Hanser, 2011, p. 29 – 36/Dobelli, Rolf: *The Art of Thinking Clearly*, HarperCollins, 2013, p. 19 – 23。

心理減法

關於心理減法的實用練習：這套特別的練習是多年前我內人想出來的，當時她曾幫助一些高階管理人員進行心理治療。

關於「心理免疫系統」：「Human beings have the ability to make the best of a bad situation. After anticipating a devastating divorce, say, people find that their spouses were never really right for them. I like to say that people have a psychological immune system. We suffer the slings and arrows of outrageous fortune more capably than we might predict.」（Gilbert, Daniel: "Forecasting the Future", Interview with Susan Fiske, in: *Psychology Today*, 2002.11.01）參閱：https://www.psychologytoday.com/articles/200211/forecasting-the-future（截至2017.07.11）。

關於感恩成習慣的問題：在他們共同撰寫的論文〈美好人生：與他們的情緒預測相反，在心理上減少正面的事情有益改善人們的情緒狀態〉（*It's a Wonderful Life: Mentally Subtracting Positive Events Improves People's Affective States, Contrary to Their Affective Forecasts*）裡（*Journal of Personality and Social Psychology*, 2008.11, Bd. 95, Nr. 5, p. 1217 – 1224. doi:10.103），作者 Minkyung Koo，Sara B. Algoe，Timothy D. Wilson 與 Daniel T. Gilbert 寫道：「Having a wonderful spouse, watching one's team win the World Series, or getting an article accepted in a top journal are all positive events, and reflecting on them may well bring a smile; but that smile is likely to be slighter and more fleeting with each passing day, because as wonderful as these events may be, they quickly become familiar – and they become more familiar each time one reflects on them. Indeed, research shows that thinking about an event increases the extent to which it seems familiar and explainable.」

關於在巴塞隆納奧運期間針對獎牌得主所做的研究，出處同上。

關於自出生時起算的預期壽命，參閱：https://en.wikipedia.org/wiki/Life_expectancy（截至2017.07.11）。

保羅・多蘭的原文：「Our happiness is sometimes not very salient, and we need to do what we can to make it more so. Imagine playing a piano and not being able to hear what it sounds like. Many activities in life are like playing a piano that you do not hear ...」（Dolan, Paul: *Happiness by Design*, Penguin, 2015, E-Book Location 1781）

思考極限值

「經驗就是，當你想得到什麼卻未能得到，所得到的東西。」這句箴言的出處眾說分歧。參閱：https://www.aphorismen.de/zitat/73840 與 https://en.wikiquote.org/wiki/Randy_Pausch（截至2017.07.11）。

別人的鞋子

本・霍羅維茲所講述的故事，其原文是：「The very next day I informed the head of Sales Engineering and the head of Customer Support that they would be switching jobs. I explained that, like Jodie Foster and Barbara Harris, they would keep their minds, but get new bodies. Permanently. Their initial reactions were not unlike the remake where Lindsay Lohan and Jamie Lee Curtis both scream in horror.」（Horowitz, Ben: *The Hard Thing*, HarperCollins, 2014, E-Book Location 3711）

Schwitzgebel, Eric; Rust, Joshua: "The Behavior of Ethicists", In: *The Blackwell Companion to Experimental Philosophy*, Wiley-Blackwell, 2014。

改變世界錯覺—Part 1

納爾遜・曼德拉的原文：「We can change the world and make it a better place. It is in your hands to make a difference.」

史帝夫・賈伯斯的原文：「The ones who are crazy enough to think that they can change the world, are the ones who do.」

關於「聚焦錯覺」，參閱：Kahneman, Daniel: "Focusing Illusion". In: Brockman, John: Edge Annual Question 2011, *This Will Make You Smarter*, HarperCollins, 2012, p. 49。參閱：https://www.edge.org/response-detail/11984（截至 2017.07.12）。

關於「刻意立場」：另外要說明的是，這也是爲何我們對宗教如此敏感的原因之一。在看不出存在著任何人類或動物的意圖之處，神明就會冒出來。爲何一座火山會爆發？如今我們曉得，並沒有什麼神明隱藏在那後頭，板塊運動才是成因。

馬特・瑞德利的原文：「... we tend to give too much credit to whichever clever person is standing nearby at the right moment.」（Ridley, Matt: *The Evolution of Everything*, HarperCollins, 2015, E-Book Location 61）另可參考 WORLD.MINDS-Video: https://www.youtube.com/watch?v=rkqq8xX98lQ（截至 2017.07.12）。

馬特・瑞德利的原文：「"Martin Luther is credited with the Reformation" he wrote. "But it had to happen. If it had not been Luther it would have been someone else." The chance result of a battle could bring forward or delay the ruin of a nation, but if the nation was due to be ruined it would happen anyway. Montesquieu thus made the distinction between ultimate and proximate causes that became such a useful concept in social science.」（Ridley, Matt: *The Evolution of Everything*, HarperCollins, 2015, E-Book-Location 3162）

關於科爾特斯：今日的美國之所以是個獨立的國家，原因之一，同樣也是（在完全不經意且偶然的情況下）動用了某種類似的生物武器。一七七六年對英軍作戰的勝利不該歸功於一代「偉人」喬治・華盛頓。不，美國的成功獨立應當歸功於「蚊子」！英軍取道南部各州，對美軍發動攻擊。特別是在海岸附近，那裡的沼澤區滿是瘧蚊；這些瘧蚊很快就收拾掉大批英軍。相對地，美軍則是集結在瘧疾風險較小的北部地區。駐紮在南部地區的當地士兵主要都是黑奴。這些人的祖先在非洲居住了上千年，早已對瘧疾有了一定的免疫力。因此，美國的獨立得要感謝「蚊子」，而非「偉人」。對此，馬特・瑞德利曾寫道：「"Mosquitoes" says McNeill, "helped the Americans snatch victory from the jaws of stalemate and win the Revolutionary War, without which there would be no United States of America. Remember that when they bite you next Fourth of July."」（Ridley, Matt: *The Evolution of Everything*, HarperCollins, 2015, E-Book-Location 3242）

在第二次世界大戰後，瑞士幾乎沒有哪家客棧的牆上不掛著格森將軍（Henri Guisan）的肖像；大多都是掛在主桌上方。在我小時候，這個在硬領上掛了個花環的老人家，比耶穌更常出現在瑞士全國各地，在我眼中，他是個不折不扣的英雄。直到一九七〇年代末，格森將軍的肖像才逐漸從我們的日常生活中消失。時至今日，在許多牆壁上都還留有歲月在壁紙上所造成的一個色差方框。如果你閉上眼，發揮一點想像力，不難再把那位「偉人」投射在那些方框上。格森將軍對瑞士真如此重要嗎？不。瑞士之所以未被捲入第二次世界大戰，根本和這位深受人民愛戴的將軍毫無關係，所關乎的其實是偶然、命運、幸運。德國有比瑞士更重要的目標要攻打。換作是其他任何一位將領，全國各地的客棧同樣也會爭相懸掛他們的肖像。

改變世界錯覺—Part 2

馬特・瑞德利的原文：「A less pragmatically Marxist version of Deng might have delayed the reform, but surely one day if would have come.」（Ridley, Matt: *The Evolution of Everything*, HarperCollins, 2015, E-Book Location 3188）

關於燈泡與電話的發明：「... it was utterly inevitable once electricity became commonplace that light bulbs would be invented when they were. For all his brilliance, Edison was wholly dispensable and unnecessary. Consider the fact that Elisha Gray and Alexander Graham Bell filed for a patent on the telephone on the very same day. If one of them had been trampled by a horse en route to the patent office, history would have been much the same.」（Ridley, Matt: *The Evolution of Everything*, HarperCollins, 2015, E-Book-Location 1739）

華倫・巴菲特的原文：「My conclusion from my own experiences and from much observation of other businesses is that a good managerial record (measured by economic returns) is far more a function of what business boat you get into than it is of how effectively you row (though intelligence and effort help considerably, of course, in any business, good or bad). Some years ago I wrote: "When a management with a reputation for brilliance tackles a business with a reputation for poor fundamental economics, it is the reputation of the business that remains intact." Nothing has since changed my point of view on that matter. Should you find yourself in a chronically-leaking boat, energy devoted to changing vessels is likely to be more productive than energy devoted to patching leaks.」（Greenwald, Bruce C. N.; Kahn, Judd; Sonkin, Paul D.; van Biema, Michael: *Value Investing: From Graham to Buffett and Beyond*, John Wiley & Sons, 2001, p. 196）

馬特・瑞德利評論ＣＥＯ的原文：「Most CEOs are along for the ride, paid well to surf on the waves their employees create, taking occasional key decisions, but no more in charge than the designers, middle managers and above all customers who chose the strategy. Their careers increasingly reflect this: brought in from the outside, handsomly rewarded for working long hours, then ejected with litle ceremony but much cash when things turn sour. The illusion that they are feudal kings is maintained by the media as much as anything. But it is an illusion.」（Ridley, Matt: *The Evolution of Everything*, HarperCollins, 2015, E-Book Location 3279）

公正世界謬誤

以德國爲例，所有遭到舉報的犯行，大約只有一半能被調查清楚（這還沒有將犯罪黑數考慮進去）。參閱：http://www.tagesspiegel.de/politik/neue-polizeistatistik-wie-gefaehrlich-ist-deutschland/8212176.html（截至 2017.07.11）。

Gray, John: *Straw Dogs: Thoughts on Humans and Other Animals*, Granta Books, 2002, p. 106 f.。

貨物崇拜

關於「Moleskine 的筆記本」，參閱：https://www.welt.de/wirtschaft/article146759010/Der-kleine-Schwindel-mit-Hemingways-Notizbuechern.html（截至 2017.07.11）。

關於羅伯特．格林伯格對尚—巴蒂斯特．盧利的評論，參閱：https://robertgreenbergmusic.com/scandalous-overtures-jean-baptiste-lully/（截至 2017.07.11）。

跟自己賽跑的人獲勝

關於作家的專業化：順道一提，最早以楔形文字寫下的東西，不是詩歌，而是帳目。

軍備競賽

華倫．巴菲特於一九六二年以超低價格收購了不賺錢的紡織公司波克夏．海瑟威（Berkshire-Hathaway）後，他立即添購了更有效率的新型紡織機，藉以降低生產成本、拉高獲利。此舉確實降低了生產成本，但獲利卻未跟著提高。數以百萬計的投資價值到底流到哪裡去？答案就是：流到了新型紡織機廠商和消費者身上。

巴菲特對於「軍備競賽」的比喻：「我們老是在添購新的設備，它們總是言之鑿鑿地承諾我們能夠增加獲利，但這樣的情況卻從未實現，因爲其他人也都添購了同樣的設備。這就好比你擠在一堆人當中，每個人都踮起腳尖，你不會因而改善自己的視野，只會讓自己的腳受傷。」（We always had new machinery that held the promise of increasing our profit, but never did because everyone else bought the same machinery. It was sort of like being in a crowd, and everyone stands on tip-toes – your view doesn't improve, but your legs hurt.）（Berkshire Hathaway Annual Meeting, 2004, Records by Whitney Tilson, www.tilsonfunds.com）

關於路易斯．卡洛爾的《愛麗絲鏡中奇緣》：在某些版本中，「紅皇后」被翻成了「黑皇后」。

關於「在我們這裡，如果你想待在同一個地方，你就必須盡可能跑快一點」，參閱：Dodgson, Charles AKA Lewis Carroll: *Alice im Spiegelland*. Hrsg.: World Public Library Association, Sesam-Verlag, 1923, übersetzt von Helen Scheu-Riesz, 2. Kapitel: Der Garten der lebenden Blumen, p. 26。（英文原本：*Through the*

Looking-Glass, and What Alice Found There, London, 1871）

約翰・卡西迪的原文：「If almost everybody has a college degree, getting one doesn't differentiate you from the pack. To get the job you want, you might have to go to a fancy (and expensive) college, or get a higher degree. Education turns into an arms race, which primarily benefits the arms manufacturers – in this case, colleges and universities.」（Cassidy, John: "College Calculus: What's the Real Value of Higher Education?" In: *The New Yorker*, 2015.09.07）

關於「原始的富裕社會」，參閱：https://en.wikipedia.org/wiki/Original_affluent_society（截至2017.07.11）。

在瑞士、德國和其他許多國家的某些地方，父母會爭相把兩歲大的子女送進私立幼稚園，這是爲了幫子女獲得進入明星私立中小學的入場券，也是爲了幫助子女在進入明星高中的淘汰過程中得以存活，也是爲了幫助子女在菁英大學中取得一席之地。說穿了，一切舉動其實只是因爲鄰居們都這麼做。這些莘莘學子在幼年時期就得投入「軍備競賽」的行列。只不過獲利的不是他們，而是私立學校。

接受異類當你的朋友

關於驅逐史賓諾莎的禁令，參閱：https://de.wikipedia.org/wiki/Baruch_de_Spinoza（截至2017.07.11）。

祕書問題

萬一剩餘的應徵者都比不上頭百分之三十七遭拒的應徵者中最好的人選，我們當然就得錄取最後一位應徵者。不過，就統計上看來，如果我們經常反覆這樣的過程，利用所建議的這套解答，在平均上可以獲致最好的結果。

我要感謝魯道夫・塔希納教授（Rudolf Taschner）指出，應徵者如何利用這套「祕書演算法」。「……一個雖然在專業上不夠出色，但讀過杜伯里的文章的應徵者，可以設法讓自己成爲緊接在頭百分之三十七的應徵者之後的第一位應徵者，如此一來，他將擁有這套有個看似十分精確的答案的數學模型所未預見的優勢。」（2017.06.07 的私人通信）。

祕書問題彰顯了絕大多數人都太快決定人選，特別是在線上交友方面。參閱：https://en.wikipedia.org/wiki/Secretary_problem#cite_note-0（截至 2017.07.11）。

關於「等你老了以後，再改變模式」：到時，請你要懂得精挑細選。對此，我們不妨參考馬歇爾・溫伯格（Marshall Weinberg）跟巴菲特在曼哈頓共進午餐的故事。「巴菲特點了客火腿乳酪三明治，覺得很好吃。幾天後，我們再度出去吃午飯。他說：『就去那家餐廳。』我說：『但我們上次才去過。』他說：『沒錯，何必冒險換另一家餐廳？我們知道這家的口味錯不了！』這也是巴菲特選股的態度，他只投資有勝算、不會讓他失望的公司。」（Lowe, Janet: *Warren Buffett Speaks: Wit and Wisdom from the World's Greatest Investor*, John Wiley & Sons, 2007, p. 142）

期望管理

關於除夕派對：強納森・史庫勒（Jonathan Schooler）、丹・艾里利（Dan Ariely）與喬治・羅文斯坦（George Loewenstein）共同做成的一項研究也得出類似的結果。在他們的論文裡，描述了一場從一九九九年邁向二〇〇〇年的除夕派對。那些懷抱很高期望前去參加派對的人，還有事前花了很多時間或金錢預作準備的人，從事後看來，最是感到失望和不滿。「The results of this field study suggest that high expectations can lead to disappointment and that spending time and effort (and perhaps money) on an event can increase dissatisfaction.」（Schooler, Jonathan; Ariely, Dan; Loewenstein, George: "The pursuit and assessment of happiness can be self-defeating". In: *The Psychology of Economic Decisions*, 2003, Bd. 1, p. 60）

關於「相關研究證實，預期對幸福感有著巨大的影響」：「人們會根據由自己的希望和預期所形塑出的目標水準，來評價自己的處境。如果一個人達到了自己的目標水準，他就會對自己的生活感到滿意。」（People evaluate their situation with regard to an aspiration level that is formed by their hopes and expectations. If people attain their aspiration levels they are satisfied with their lives.）（Frey, Bruno S.; Stutzer, Alois: *Happiness and Economics*, Princeton University Press, 2001, p. 12）

保羅・多蘭的原文：「There is also evidence, again using reports of life satisfaction and mental health, that the gains from increases in income can be completely offset if your expectations about gains in income rise faster than does income itself.」（Dolan, Paul: *Happiness by Design*, Penguin, 2015, E-Book Location 1690）

就連惡名昭彰的「U形曲線」也與錯誤的期望有關。年輕人之所以覺得幸福，是因爲他們認爲自己的境況會越來越好；越來越多的收入、越來越多的權力、越來越多的機會。到了中年階段，大約在四十到五十五歲之間，人們會走到人生的最低點。他們必須接受自己無法實現年輕時的遠大理想。不僅如此，此時還得面臨子女、事業、收入壓力等因素的內外交迫。進入老年時期，人們又會頗覺幸福，因爲這時人們已能超脫那些不切實際的期望。（Schwandt, Hannes: "Unmet Aspirations as an Explanation for the Age U-shape in Wellbeing". In: *Journal of Economic Behavior & Organization*, 2016, Bd. 122, Issue C, p. 75 – 87）

關於「無關緊要的偏好」：「藉由表示，我雖然挑選了無關緊要的偏好，但我還是選擇品德高尚的行爲，斯多噶學派點出了，我們應當選擇健康而非利益，這之間的途徑差異。」（The Stoics mark the distinction between the way we ought to opt for health as opposed to virtue by saying that I select (eklegomai) the preferred indifferent but I choose (hairoûmai) the virtuous action.）（*Stanford Encyclopedia of Philosophy*：參閱：https://plato.stanford.edu/entries/stoicism/〔截至 2017.07.11〕）

在新年新希望方面，請你扣掉三分而不是兩分。新年新希望，例如更常運動、更少喝酒、完全戒菸等等，其實鮮少實現。參閱：Polivy, Janet; Herman, C. Peter: "If at First You Don't Succeed – False Hopes of Self-Change". In: *American Psychologist*, 2002.09, Bd. 57, Nr. 9, p. 677 – 689。另可參閱：Polivy, Janet: "The False Hope Syndrome: Unrealistic Expectations of Self-Change". In: *International Journal of Obesity and Related Metabolic Disorders*, 2001.05, 25 Suppl. 1, p. 80 – 84。

在巴菲特看來，就連婚姻也是一個期望管理的問題：「什麼是成就完美婚姻的祕訣？不是外表、不是聰明才智、不是金錢，祕訣就是不要有太高的期望。」（What's the secret of a great marriage? It's not looks, nor intelligence, nor money – it's low expectations.）（Sellers, Patricia: "Warren Buffett's Wisdom for Powerful Women". In: *Fortune*, 2010.10.06。參閱：http://fortune.com/2010/10/06/warren-buffetts-wisdom-forpowerful-women/〔截至 2017.07.11〕）

史鐸金定律

席奧多・史鐸金的原文：「When people talk about the mystery novel, they mention *The Maltese Falcon* and *The Big Sleep*. When they talk about the western, they say there's *The Way West* and *Shane*. But when they talk about science fiction, they call it "that Buck Rogers stuff", and they say "ninety percent of science fiction is crud". Well, they're right. Ninety percent of science fiction is crud. But then ninety percent of everything is crud, and it's the ten percent that isn't crud that is important, and the ten percent of science fiction that isn't crud is as good as or better than anything being written anywhere.」（Dennett, Daniel: *Intuition Pumps and Other Tools for Thinking*, W. W. Norton, 2013, E-Book Location 639）

丹尼爾・丹尼特的原文：「90 % of everything is crap. That is true, whether you are talking about physics, chemistry, evolutionary psychology, sociology, medicine – you name it – rock music, country western. 90 % of everything is crap.」參閱：https://en.wikipedia.org/wiki/Sturgeon%27s_law#cite_ref-5（截至 2017.07.11）。

數年前，普林斯頓大學的哲學教授哈利・法蘭克福（Harry Frankfurt）曾以聳動的「放屁」爲名寫了一本書，這本書後來還成了暢銷書。（Frankfurt, Harry G.: *On Bullshit*, Princeton University Press, 2005, p. 61）法蘭克福教授在書中指出，眞理最大的敵人並非謊言，而是「bullshit」，大抵就是胡說八道、無稽之談、垃圾。他把「bullshit」定義成內容空洞，卻包裝得好像十分重要的言論。我認爲我們大可廣泛應用「bullshit」這個概念。「bullshit」正是史鐸金定律所指的那百分之九十無關緊要的東西，不管是書籍、時裝，還是生活風格。

「這個世界保持非理性的時間，絕對比你保持理性的時間還久。」（The world can stay irrational longer than you can stay sane.）我把這句話當成是「史鐸金定律」的配對物。這句話是改編自凱因斯（John Maynard Keynes）的名言：「這個世界保持非理性的時間，絕對比你保持償付能力的時間還久。」（The market can stay irrational longer than you can stay solvent.）參閱：https://www.maynardkeynes.org/keynes-the-speculator.html（截至 2017.07.11）。

關於班傑明・葛拉漢的「市場先生」比喻，參閱：https://en.wikipedia.org/wiki/Mr._Market（截至 2017.07.11）。

讚美謙卑

一個人得要有多重要，才會受邀參加艾菲爾鐵塔（一八八九年）、泰姬瑪哈陵（一六四八年）或古夫金字塔（西元前二五八一年）的落成儀式？太棒了，古夫法老（Cheops）親自邀請！受邀者坐在那裡，在看台上，望著新落成的金字塔，奴隸在一旁搧動的熱風迎面而來，出席者們無不希望，這場包含舞蹈表演、致詞及閱兵儀式的落成典禮能夠快快結束，或是直接進行某些比較宜人的部分就好。如果你受邀參加這樣的儀式，你會覺得自己該有多重要？超重要！

以下是關於謙卑與理性的好例子：一如當時所流行的那樣，美國名將喬治・馬歇爾（George Catlett Marshall；著名的「馬歇爾計畫」便是以他為名）必須讓人為他繪製一幅肖像。為此，他得要一連數小時動也不動地端坐在椅子上。當畫師告知他，肖像已繪製完成，馬歇爾起身道謝，隨即準備離開。畫師見狀便在他背後呼喊：「你不想看看這幅肖像嗎？」馬歇爾親切地回答：「不了，謝謝！」接著便步出房間……誰會有時間去端詳自己的畫像呢？（「There is another story of Marshall sitting for one of the many official portraits that was required of him. After appearing many times and patiently honoring the requests, Marshall was finally informed by the painter that he was finished and free to go. Marshall stood up and began to leave. "Don't you want to see the painting?" the artist asked. "No, thank you", Marshall said respectfully and left.」〔Holiday, Ryan: *Ego Is the Enemy*, Penguin Random House, 2016, E-Book Location 1628〕「Who has time to look at a picture of himself? What's the point?」〔出處同上，E-Book Location 1634〕）

我曾在前作詳細介紹過「自利偏誤」與「過度自信」，參閱：Dobelli, Rolf: *Die Kunst des klaren Denkens*, Hanser, 2011, p. 185 – 187 & p. 13 – 15/Dobelli, Rolf: *The Art of Thinking Clearly*, HarperCollins Publishers, 2012, p. 134 – 136 & p. 43 – 45。

內在的成功

羅伊・鮑梅斯特的原文：「By linking prestige and esteem to particular activities or accomplishments, a culture can direct many people to devote their energies in those directions. It is no accident that in small societies struggling for survival, prestige comes with bringing in large amounts of protein (hunting) or defeating the most dangerous enemies (fighting). By the same token, the prestige of motherhood probably rises and falls with the society's need to increase population, and the prestige of entertainers rises and falls with how much time and money the population can devote to leisure activities.」（Baumeister, Roy: *The Cultural Animal*, Oxford University Press, 2005, p. 146）

關於「爲何只有富豪排行榜，卻沒有最滿足的人的排行榜？」：如今也有生活滿意度的排行榜，但那是在國家的層次，而不是在個人的層次。「經濟合作暨發展組織」（Organization for Economic Co-operation and Development，簡稱：ＯＥＣＤ）每年都會就此發表一項結構嚴謹的排行榜；多年來，挪威與瑞士一直在爭奪榜首。參閱：http://www.oecdbetterlifeindex.org（截至2017.07.12）。

薩特雅吉特・達斯的原文：「Growth is needed to maintain social cohesion. The prospect of improvements in living standards, however remote, limits pressure for wealth redistribution. As Henry Wallick, a former Governor of the US Federal Reserve, accurately diagnosed: "So long as there is growth there is hope, and that makes large income differential tolerable."」（Das, Satyajit: "A World Without Growth?" In: Brockman, *What Should We Be Worried About?*, Harper Perennial, 2014, p. 110）

華倫・巴菲特的原文：「If I'd been born thousands of years ago I'd be some animal's lunch because I can't run very fast or climb trees. So there's so much chance in how we enter the world.」參閱：http://www.businessinsider.com/warren-buffett-nails-it-on-the-importance-of-luck-in-life-2013-10（截至2017.07.11）。

約翰・伍登的原文：「Success is peace of mind, which is a direct result of selfsatisfaction in knowing you made the effort to do your best to become the best that you are capable of becoming.」（Wooden, John: *The Difference Between Winning and Succeeding*, TED-Talk, 2009）參閱：https://www.youtube.com/watch?v=0MM-psvqiG8（在 3: 00 處）。

關於「你無須是墓園裡最富有的那一個，寧可自己在當下取得最大的內在成功」：引述自約翰．斯佩爾（John Spears）的話：「You don't have to be the richest guy in the cemetery.」（Green, William; O'Brian, Michael: *The Great Minds of Investing*, Finanzbuch Verlag, 2015, p. 72）

約翰．伍登的原文：「Make each day your masterpiece.」參閱：https://en.wikipedia.org/wiki/John_Wooden#cite_note-94（截至 2017.07.11）。

後記

理查．費曼的原文：「You can know the name of a bird in all the languages of the world, but when you're finished, you'll know absolutely nothing whatever about the bird ... So let's look at the bird and see what it's doing – that's what counts. I learned very early the difference between knowing the name of something and knowing something.」參閱：https://www.youtube.com/watch?v=ga_7j72CvIc 與 http://www.quotationspage.com/quote/26933.html（截至 2017.07.11）。

截至目前爲止，我所聽過關於「美好的人生」最棒的定義之一，乃出自斯多噶學派的愛比克泰德。「一種輕輕柔柔流動著的生活。」（Epiktet, Diskurs, I.4）另一種定義則是我在和某位朋友共進午餐時脫口而出。我這位朋友是個企業家，身家大概有數百萬歐元。當時正值夏季，我們坐在一家小酒館的戶外，外頭擺了一些上了好幾層漆的金屬桌，鞋底下佈滿小小的礫石。喝冰茶時，我們得要當心別誤食了攀附在杯緣的黃蜂。我們聊了我的工作，也就是這本書的寫作計畫，還有他的工作：投資策略、併購、基金會管理、募款、與員工的問題、與司機的問題、與公務人員的問題、私人飛機的維修，最重要的是，在一些監事會裡的耗時事務（他並非只因自己的財富才成爲他們所倚重的成員）。突然間，我脫口而出：「我親愛的朋友，你幹嘛要做這些事呢？如果我有你所坐擁的身家，我就不會把時間耗在閱讀、思考和寫作以外的事情上。」直到在回家的路上，我才赫然發現，這不就是我自己正在做的嗎！這或許可以是「美好的人生」的一種定義：即便有人送給你幾百萬歐元，你也絲毫不想改變現有的生活。

國家圖書館出版品預行編目資料

生活的藝術：52個打造美好人生的思考工具 / 魯爾夫．杜伯里（Rolf Dobelli）著 ; 艾爾．波丘（El Bocho）繪圖 ; 王榮輝 譯. -- 二版. -- 臺北市：商周出版, 城邦文化事業股份有限公司出版：英屬蓋曼群島商家庭傳媒股份有限公司城邦分公司發行, 2024.11

面： 公分

譯自：Die Kunst des guten Lebens：52 überraschende Wege Zum Glück

ISBN 978-626-390-306-7（平裝）

1. CST：思考　2. CST：生活指導

176.4　　113014766

生活的藝術

原著書名 / Die Kunst des guten Lebens
作者 / 魯爾夫．杜伯里（Rolf Dobelli）
繪者 / 艾爾．波丘（El Bocho）
譯者 / 王榮輝
企畫選書 / 林宏濤
責任編輯 / 楊如玉、陳薇

版權 / 吳亭儀、游晨瑋
行銷業務 / 林詩富、周丹蘋
總編輯 / 楊如玉
總經理 / 彭之琬
事業群總經理 / 黃淑貞
發行人 / 何飛鵬
法律顧問 / 元禾法律事務所　王子文律師
出版 / 商周出版
城邦文化事業股份有限公司
台北市南港區昆陽街16號4樓
電話：(02) 2500-7008 傳眞：(02) 2500-7579
E-mail：bwp.service@cite.com.tw
Blog：http://bwp25007008.pixnet.net/blog
發行 / 英屬蓋曼群島商家庭傳媒股份有限公司城邦分公司
台北市南港區昆陽街16號8樓
書虫客服服務專線：(02)25007718・(02)25007719
24小時傳眞服務：(02)25001990・(02)25001991
服務時間：週一至週五09:30-12:00・13:30-17:00
郵撥帳號：19863813　戶名：書虫股份有限公司
讀者服務信箱E-mail：service@readingclub.com.tw
歡迎光臨城邦讀書花園 網址：www.cite.com.tw
香港發行所 / 城邦（香港）出版集團有限公司
香港九龍土瓜灣土瓜灣道86號順聯工業大廈6樓A室
電話：(852) 25086231　傳眞：(852) 25789337
Email：hkcite@biznetvigator.com
馬新發行所 / 城邦（馬新）出版集團 Cité (M) Sdn. Bhd.
41, Jalan Radin Anum, Bandar Baru Sri Petaling,
57000 Kuala Lumpur, Malaysia
電話：(603)90563833　傳眞：(603) 90576622

封面設計 / A+ Design
排版 / 新鑫電腦排版工作室
印刷 / 韋懋實業有限公司
經銷商 / 聯合發行股份有限公司
電話：(02) 29178022　傳眞：(02) 29110053

■2024年11月二版

定價 430元

Printed in Taiwan
城邦讀書花園
www.cite.com.tw

ISBN　978-626-390-306-7
9786263903036（EPUB）

廣　告　回
北區郵政管理登記
台北廣字第000791
郵資已付，免貼郵

115 台北市南港區昆陽街16號8樓

英屬蓋曼群島商家庭傳媒股份有限公司　城邦分公

請沿虛線對摺，謝謝！

書號：BK5132X	**書名：**生活的藝術	**編碼：**

請於此處用膠水黏貼

讀者回函卡

感謝您購買我們出版的書籍！請費心填寫此回函卡，我們將不定期寄上城邦集團最新的出版訊息。

不定期好禮相贈！
立即加入：商周出版
Facebook 粉絲團

姓名：________________ 性別：☐男 ☐女

生日：西元________年________月________日

地址：________________

聯絡電話：________________ 傳真：________________

E-mail ：

學歷：☐ 1. 小學 ☐ 2. 國中 ☐ 3. 高中 ☐ 4. 大學 ☐ 5. 研究所以上

職業：☐ 1. 學生 ☐ 2. 軍公教 ☐ 3. 服務 ☐ 4. 金融 ☐ 5. 製造 ☐ 6. 資訊

☐ 7. 傳播 ☐ 8. 自由業 ☐ 9. 農漁牧 ☐ 10. 家管 ☐ 11. 退休

☐ 12. 其他________________

您從何種方式得知本書消息？

☐ 1. 書店 ☐ 2. 網路 ☐ 3. 報紙 ☐ 4. 雜誌 ☐ 5. 廣播 ☐ 6. 電視

☐ 7. 親友推薦 ☐ 8. 其他________________

您通常以何種方式購書？

☐ 1. 書店 ☐ 2. 網路 ☐ 3. 傳真訂購 ☐ 4. 郵局劃撥 ☐ 5. 其他________

您喜歡閱讀那些類別的書籍？

☐ 1. 財經商業 ☐ 2. 自然科學 ☐ 3. 歷史 ☐ 4. 法律 ☐ 5. 文學

☐ 6. 休閒旅遊 ☐ 7. 小說 ☐ 8. 人物傳記 ☐ 9. 生活、勵志 ☐ 10. 其他

對我們的建議：________________

____

____

【為提供訂購、行銷、客戶管理或其他合於營業登記項目或章程所定業務之目的，城邦出版人集團（即英屬蓋曼群島商家庭傳媒（股）公司城邦分公司、城邦文化事業（股）公司），於本集團之營運期間及地區內，將以電郵、傳真、電話、簡訊、郵寄或其他公告方式利用您提供之資料（資料類別：C001、C002、C003、C011 等）。利用對象除本集團外，亦可能包括相關服務的協力機構。如您有依個資法第三條或其他需服務之處，得致電本公司客服中心電話 02-25007718 請求協助。相關資料如為非必要項目，不提供亦不影響您的權益。】

1.C001 辨識個人者：如消費者之姓名、地址、電話、電子郵件等資訊。
2.C002 辨識財務者：如信用卡或轉帳帳戶資訊。
3.C003 政府資料中之辨識者：如身分證字號或護照號碼（外國人）。
4.C011 個人描述：如性別、國籍、出生年月日。

請於此處用膠水黏貼